献给中国海洋大学 90 华诞

海大报文丛

总主编　王宣民

厚重海大

主　编　孙丽君
副主编　纪玉洪　王淑芳

中国海洋大学出版社
·青岛·

图书在版编目(CIP)数据

厚重海大 / 孙丽君主编 . 一青岛：中国海洋大学出版社，2014.10
ISBN 978-7-5670-0757-4

Ⅰ. ①厚… Ⅱ. ①孙… Ⅲ. ①中国海洋大学—概况 Ⅳ. ① G649.285.23

中国版本图书馆 CIP 数据核字（2014）第 223339 号

出版发行	中国海洋大学出版社
社　　址	青岛市香港东路 23 号
邮政编码	266071
出 版 人	杨立敏
网　　址	http://www.ouc-press.com
电子信箱	1922305382@qq.com
订购电话	0532—82032573（传真）
责任编辑	邵成军　　　　　　　电　话　0532—85902533
印　　制	日照日报印务中心
版　　次	2014 年 10 月第 1 版
印　　次	2014 年 10 月第 1 次印刷
成品尺寸	170 mm × 230 mm
印　　张	15.625
字　　数	302 千
定　　价	32.00 元

总 序

《中国海洋大学报》是中共中国海洋大学委员会和校行政机关报,教育部主管,中共中国海洋大学委员会主办,中国海洋大学报社编辑出版,自1931年5月4日创刊至今,已走过83年历程,出版1865期。2004年5月,《中国海洋大学报》被中共山东省委高校工委授予"山东省高校优秀校报"称号;1999年以来,《中国海洋大学报》连续八届15年蝉联山东省新闻出版局报刊出版质量综合评估优秀。

1931年5月4日,《中国海洋大学报》的前身《国立青岛大学周刊》创刊。《国立青岛大学周刊》四开八版,主要报道学校重要活动和重大兴革,并有四版为图书专栏,及时介绍新书消息、内容和有关评价。在西方留过学并经过五四运动洗礼的杨振声校长十分重视利用校报推动教学科研和校政工作,为以后学校的发展打下了基础,也为校报的发展打下了基础。他是学校这一时期的扛鼎者,也是校报发展史上的奠基人。

1932年9月2日,杨振声校长辞职,同日学校更名为国立山东大学,由赵太侔继任校长。赵太侔同样特别重视校报这个舆论窗口和学术阵地,并为易名的校报题写了《国立山东大学周刊》报头。这个时期的校报没有因为学校改名、校长易人而停刊一期。

随着抗战爆发,1937年11月,学校内迁安徽安庆后又迁四川万县,《国立山东大学周刊》也随之休刊。

休刊前的校报忠实地记录了学校30年代的辉煌历史。当时学校教师队伍阵容强大,名师云集,阵容和水平除北大、清华外,较之于其他国立大学都毫不逊色。学生勤奋攻读,校园学术气氛活跃,教学科研均取得了丰硕成果,学生爱国运动更是名扬全国。校报作为见证者,成为考察和认识校史的宝贵资源。

抗战胜利后的1946年2月,国立山东大学正式筹备复校。复校后的第一次校务会议就由校长赵太侔提出校报的复刊问题,会议决定,1946年10月25日校报正式复刊,并组成了编辑委员会。这一时期的校报,记录了学校在解放战争时期动荡的历史。后曾休刊,直到青岛解放前夕的1949年4月27日,校报复刊为《山大生活》,每周三出版。

1951年3月19日,校报易名为《新山大》,寓意学校和校报获得新生,国立山东大学改名为山东大学。在我党著名的马克思主义理论家、历史学家、党委书记兼校长华岗主持和指导下,校报《新山大》成为全国最先向师生宣传介绍马列主义的报纸之一。华岗校长把《新山大》作为学校重要的舆论阵地,通过校报有力地推动了学校的各项工作。他讲授的社会发展史、辩证唯物论,自1953年9月至1954年12月共讲了35次,11个专题,都被记录整理发表在《文史哲》《新山大》上。这些报告的刊登和每次学习消息的报道如春风化雨,不但山大师生受益,还吸引了青岛市、山东省乃至全国的读者,他们竞相订阅校报。校报的广泛发行,对当时普及马克思主义哲学,推动马克思主义哲学的学习和运用,起了重要作用。这个时期,学校无论是在自然科学研究还是社会科学研究方面都取得了空前的进展,面貌为之一新,校报有力的报道更是为之推波助澜,订阅量迅速增多,订户遍及全国。这时的校报成为全国有影响、有声望的校报之一。

1958年6月17日,校报易名《山东大学》。1958年9月,学校主体迁往济南,留在青岛的海洋系、水产系、生物系的海洋生物专业、物理系和化学系的部分教研室以及直属教研组部分人员,筹建山东海洋学院。1959年3月30日,中共中央批准山东海洋学院成立。

1959年10月1日,校报《山东海洋学院》创刊,承担起新的发展时期的光荣使命。

1979年3月30日,乘改革开放的春风,《山东海洋学院》在经历了"文革"十年动乱后复刊,1986年9月13日易名为《山东海洋学院报》,1988年3月19日易名为《青岛海洋大学》,报名系邓小平同志为青岛海洋大学题写的校名拼缀;1991年4月1日易名为《青岛海洋大学报》。

1999年9月9日,校报由四开旬报改为四开周报并正式启用国家统一刊号CN37-0825/(G)。

2002年11月7日,校报易名《中国海洋大学报》,并由四开单面彩印扩为对开彩印,报头系邓小平同志1988年为青岛海洋大学题写的校名拼缀。

2005年12月30日,第1 448期推出月末版。月末版以"文化月刊·大家风范·面向师生·辐射社会"为定位,旨在弘扬大学精神,拓展读者视野,为师生提供人文熏陶的一片园地,打造高校校园文化建设国内知名品牌。郭沫若先生的关门弟子、著名书法家袁守启(启笛)先生为月末版题写刊名《厚重海大》。

英国人马丁·沃克在其著作《报纸的力量》中说:"一家报纸的历史,就是出版这家报纸的国家、地区的历史;一家报纸就是一个国家文化的一部日记。"《中国海洋大学报》所记录的就是中国海洋大学的历史,就是中国海洋大学一部不可替代的日记。昨天的新闻,是今天的历史;今天的新闻,是明天的历史。新闻诉说着历史,历史又昭示着未来。《中国海洋大学报》在学校的建设和发展中发挥着见证历史、凝心聚力的重要作用。她用深情的目光见证着学校所发生的历史性变革,生动地记载着学校抢抓机遇、与时俱进、不断壮大的历程,用心血和汗水编织着海大人的光荣与梦想,分享着海大人收获的喜悦和自豪。由此,在中国海洋大学90华诞之际,海大报文丛适时出版。

海大报文丛由《共同走过》《心血结晶》《厚重海大》三本书构成。

《共同走过》是2008年出版的《我们共同见证——中国海洋大学改革发展30年新闻集萃》的姊妹篇,撷取的是2009年以来发表在校报上的消息、通讯精品以及历年十大新闻。

《心血结晶》是校报名牌栏目"我在教学一线"的精选集萃,集中展示了一批殚精竭虑、默默奉献、坚守三尺讲台、挥洒心血和汗水的优秀教师,他们堪称教书育人的"脊梁"。

《厚重海大》是校报月末版作品精选。从近几年近百期月末版精挑细选出十余期作品结集,重在展示校园文化、海洋特色、人物春秋、学子风采。

2014年,对于中国海洋大学,注定将以不平凡而载入史册。中国海洋大学必将以90年所铸就的蓝色辉煌为新起点,更加意气风发地走在建设高水平特色大学的康庄大道上,向着国际知名、特色显著的高水平大学目标阔步前进。

而作为参与者、见证者、记录者的校报人,也将——

追梦,不休不止。

王宣民
2014年10月

目 录

二〇〇六年九月月末版 / 1

◎ 百年老屋 / 2
◎ 我在北极的日子 / 4

二〇〇六年十一月月末版 / 11

◎ 百年老树 / 12
◎ "法桐"的走红 / 14
◎ 青岛遗传学座谈会的前前后后 / 15

二〇〇七年四月月末版 / 21

◎ 最后的贵族 / 22
◎ 我们在海大留学 / 28

二〇〇七年七月月末版 / 35

◎ 愿海鸥精神常青不衰 / 36
◎ 飞翔吧,海鸥 / 37

二〇〇八年十月月末版 / 41

◎ 卓越的物理海洋学家、教育家赫崇本 / 42
◎ 怀念慈父 / 45

◎ 恩师 / 47

二〇〇八年十一月月末版 / 51

◎ 驻校作家·迟子建·茅盾文学奖 / 52
◎ 海大驻校作家制度由来 / 54
◎ 海大的"作家楼" / 55

二〇〇九年四月月末版 / 57

◎ 与时代同呼吸　与国家共命运 / 58
◎ 一名老校报人眼中的海大报 / 63
◎ 校报：依然关注灵魂 / 66
◎ 百川归海　卓异超拔 / 68
◎ 滋补花匠　欣赏花匠 / 70
◎ 我在海大报的日子里 / 72

二〇〇九年五月月末版 / 77

◎ 亲历六十年 / 78
◎ 祖国颂·海大情 / 82
◎ 为祖国深情吟唱 / 83
◎ 我是祖国培养的第一位农学水产博士 / 84
◎ 一本书，共和国文学的一角记忆 / 85
◎ 我的第一个三十年 / 88
◎ 在空隙中成长 / 90
◎ 用对比看中国的发展 / 92
◎ 非梦时代 / 94
◎ 在父辈的期望里成长 / 96
◎ 知识战胜贫困 / 99
◎ 80后以志愿、支援来爱国 / 101

二〇〇九年十月月末版 / 105

◎ 喜庆海大八十五华诞 / 106

◎ 厚重海大　人文情怀 / 107
◎ 崂山校区记 / 108
◎《崂山校区记》诞生记 / 109

二〇一〇年十月月末版 / 113

◎ 一位老院士的人生魅力 / 114
◎ 赵进平:我对北极有种独特的情愫 / 117
◎ 史久新:历经艰苦坚持才意义非凡 / 120
◎ 矫玉田:愿为极地科研添砖加瓦 / 122

二〇一一年十一月月末版 / 125

◎ 回望那抹蔚蓝色的天际线 / 126
◎ 郭小兰:心灵留下成长记忆 / 129
◎ 胡静一:我随时醒来等待起跑 / 131
◎ 潘国锋:我发现我真的属于海洋 / 133
◎ 我们一起走过 / 134
◎ 曹诗嘉:让世界看到一个真实的中国 / 137
◎ 孙乐天:旅行的意义在于走出自我 / 139
◎ 高晴:甲板上看海看云想到了什么 / 140

二〇一二年五月月末版 / 143

◎ 继承弘扬方宗熙先生的学术薪火和科学精神 / 144
◎ 呕心沥血　铸就崇高风范 / 145
◎ 怀念我的父亲 / 160

二〇一三年九月月末版 / 163

◎ 三十一年,我如何当老师 / 164
◎ 严父有厚爱,严师有大爱 / 166
◎ 寥语漫数师辈情,感念树人树业恩 / 168
◎ 从学路上,学而有师 / 170
◎ 师从海大 / 172

◎ 可敬可近的刘秦玉老师 / 175
◎ 致我可爱的老师们 / 177
◎ 我的偶像李扬老师 / 179
◎ 望之俨然,即之也温 / 181
◎ 我岸上的灯塔,郑荣儿老师 / 182
◎ 让我喜欢文学的老师 / 184
◎ 今天,我们如何做老师 / 186
◎ 师者之随想 / 190

二〇一三年十二月月末版 / 193

◎ 文圣常:鲐背之年的故事人生 / 194
◎ 侯国本:敢为天下第一吼 / 203

二〇一四年四月月末版 / 211

◎ 家风重提:向传统温情的致意 / 212
◎ 回忆我的父亲方宗熙 / 213
◎ 勤 / 215
◎ 笃信好学 / 217
◎ 我的父亲,一位胸怀坦荡的老学究 / 218
◎ 母亲教我如何面对人生 / 220
◎ 话说我们的家风 / 223
◎ 家和万事兴,国安享太平 / 226
◎ "你看不到你自己" / 228
◎ 追忆一些家事 / 231
◎ 家风伴我成长 / 233

后 记 / 236

二〇〇六年九月月末版

☆ 百年老屋

——鱼山校区的建筑

王宣民

"中国海洋大学：可能是国内大学具有西洋风格的最完美的建筑群，在毁灭性的新建筑风潮中，能保留一份这样的格调本身就是一个奇迹！"

——《新周刊》

随着公元 2006 年 9 月 17 日崂山校区的正式启用，百年鱼山校区在海大人心中越发显得深沉凝重，韵味绵长。在欢庆新校区启用的喜悦还在心头萦绕，高水平特色大学建设加速驶上快车道之际，我们深情注视着沐浴在秋色中的鱼山校区百年老屋，万千感慨涌上心头……鱼山校区地质馆、海洋馆、水产馆、铭史楼（档案馆），原是德国侵占青岛时所建造的俾斯麦兵营，距今已有百年；六二楼、胜利楼，是第一次世界大战日本侵占青岛时所建造的一所日本中学校舍，距今也有 85 年；20 世纪 30 年代，学校相继建成的科学馆、化学馆，距今也已 70 多年。

从建筑风格来看，俾斯麦兵营是典型的新哥特式建筑，科学馆、化学馆是仿哥特式，六二楼、胜利楼也带明显的哥特式建筑风格。可以看出，作为鱼山校区建筑的主调，新哥特式建筑风格正在中国海洋大学文脉中占有举足轻重的位置。我们相信，新哥特式建筑格调将在中国海洋大学历史的长廊上不断有所创新地延续下去，崂山校区传承的大手笔就足以明证。

我们对百年老屋的回眸不是惊鸿一瞥，深切的怀想唯愿把根留住——中国海洋大学 80 多年的文脉积淀和不屈不挠、激流勇进的精神气质。

水产馆楼：建于 1903 年，是青岛市风貌保护建筑。面积都是 5 865 平方米，20 世纪 50 年代南楼称人民馆，北楼称为大众馆。水产系于 1958 年和 1965 年迁入南北二楼。1985 年该二楼称水产馆。

化学馆：混合结构，三层。紧靠科学馆，与之并排。1937年7月建成，面积约2 400平方米，国民党教育部长王世杰为其题词"求学源泉"。

海洋馆：结构形式为混合，二层。建成于1906年，面积6 425平方米。属德国新哥特式建筑。1949年为山东大学校舍，曾是山东大学文学院办公地。20世纪50年代称文学馆。1985年改称海洋馆。

地质馆：青岛市风貌保护建筑。结构形式为混合，三层。建成于1906年，面积5 921平方米。属德国新哥特式建筑。1949年为国立山东大学校舍。20世纪50年代称为学习馆。1985年更名为地质馆。

铭史楼：为砖木结构，三层。私立青岛大学时期的女子宿舍。国立青大成立后，该楼又成为图书馆，一直延续到山东海洋学院时期。当时的图书馆馆长是我国著名的文学家、莎士比亚研究专家梁实秋教授。

一多楼：青岛重点文物保护单位。位于校园东北角，为砖石结构，一栋红瓦黄墙、玲珑别致的小楼，是德国俾斯麦兵营的辅助用房。1930年至1932年闻一多先生在此居住。为纪念这位著名诗人、学者、民主战士而命名。一多楼前辟有小广场，中立闻一多先生的石雕像，由他的学生、诗人臧克家撰写碑文。

六二楼：位于一校门正面。为青岛市风貌保护建筑。面积9 166平方米。是日本中学的教学用房，正面配有中央塔，有各种教室49个。1945年日本投降后，收为国立山东大学校舍，以后长期作为国立山东大学的办公楼和医学院教学楼。1949年6月2日，青岛解放。为了纪念这一天，1950年命名为六二楼。

科学馆：建筑面积为3 800平方米，三层。该楼建于1932年3月，完工于1933年1月。1933年4月1日，举行了揭幕典礼。科学馆是由国立山东大学校长杨振声主持建造的，被当时师生亲切称为石头楼。梁实秋、老舍、臧克家、吴伯箫在他们的文章中多有提及。臧克家、吴伯箫曾在这里做着文学的梦，并由此踏上文学之路。科学馆还与许多科学家的名字联系在一起——曾呈奎、林绍文、童第周、张玺、曾省、沙风护、秦素美、方宗熙等等，他们在这座石头楼里进行教学和科研，与石头楼结下了不解之缘。

胜利楼：青岛市风貌保护建筑。建筑面积为2 408平方米，二层。1945年日本投降后，收为原国立山东大学校舍，1949年6月2日，青岛解放。为纪念这一天。1950年命名为胜利楼。现在是校部机关办公楼。

☆ 我在北极的日子

史久新

8月5日　上船第一天

一大早要去 Yellowknife 机场，昨天约好的出租车准时来到旅店，司机帮我们把九件大行李塞进三排座的旅行车。在机场，两个箱子被打开检查，另外两个背包也超重，按规定不能随身携带，只能托运，而且要付费。我们拿出海大开的介绍信好一通解释，说明背包里装的是精密的光学设备，不能托运。值机的老太太特别友好，帮我们请示领导，解决了问题，先按照托运行李过安检，然后再让我们随身携带，而且不收费。

一架螺旋桨飞机载着我们 20 名乘客从 Yellowknife 机场起飞，中午到达 Kugluktuk——一个北极圈内的海边小镇。机场的建筑是一座小板房，跑道是沙石的，飞机起飞、降落都会尘土飞扬。路易斯特朗号破冰船就停泊在机场外的海湾里，直升机正往返于船和机场之间，运送人员和行李。机场上都是船上的人，刚结束上一个航次考察、从船上下来的和即将开始下一个航次、正等待上船的。我们在下午 2:40 上船，首席科学家萨拉在飞机坪迎接我们。晚饭后，我们整理了行李，参加了七点钟的考察人员例会，和萨拉落实了我们下放仪器和过滤水样的位置。然后，我和老矫去后甲板准备设备，老矫组装，我测试，到十一点才完成。

经过一万多千米、六个机场的辗转，所有设备都能正常工作，我们的心踏实了。

8月7日　第一次光学观测

午饭后到站，下放船上的 CTD（温盐深仪）后，我们在船后右舷下放光学剖面仪 PRR800 和小型的 CTD（CCTD），大副约翰和两个水手过来帮老矫拉绳子。放了 100 米，数据正常，443 纳米附近波段的辐照度在 100 米深度仍能被仪器测到，远远超过近海的光穿透深度。

8月9日　破冰船上的"半边天"

我们这次考察除了下放自动观测设备进行物理和光学剖面观测之外，还要过滤水样，将滤膜和水样带回国内进行分析。所以，这次考察的首席科学家萨拉博士就把我们安排到了化学实验室。实验室里除了我们两个中国人，其余都是女性。她们负责采集和分析水样，经常要连续工作几个小时，非常辛苦。但她们也会忙中取乐,利用工作的间隙,开些玩笑。这个女性为主的世界从早到晚充满了欢声笑语。我们因为要在前甲板下放设备,没有时间去中间甲板采水,每次都是她们帮我们采。直到现在,我们也没有弄清楚每个站是谁帮我采的,所以也不知道该向谁说声感谢。

到加拿大以后的一个很突出的感受,就是女性在工作人员中占了相当大的比例,几乎在所有行业都有女性的身影。考察中的一些粗重的甲板作业,比如下放 CTD 前的准备、生物拖网等,也同样有女性参与。我们这次考察的首席科学家萨拉也是女性,而且这已经是她第四次作为首席科学家参加北冰洋考察。她是一名非常称职的首席,了解每个考察项目的需要,能非常有效地和船上沟通,确保每个考察项目安全、高效地完成。

8月12日　冰区作业遇险

早上醒来,看到 CTD 终于下水了,但是海冰仍聚集在不远处,随时都会给水中的仪器造成威胁。路易斯特朗号破冰船的船头两侧装有泡沫机,可以通过船体上的很多小孔向外喷射高压空气,产生大量的泡沫和强水流,把海冰推离船体。这样的措施对付海冰非常有效,在近五个小时的下放和回收过程中,泡沫机不断启动,把靠近的海冰推走,确保了仪器的安全。

我们在 CTD 回收到甲板上后,在前甲板用绞车下放设备,进行了光学观测。今天云比较厚,数据不是很理想,和值班的豪斯商量好,在第二次下放 CTD 时,再做一次光学观测。CTD 第二次下放,右舷的无冰水域非常大,豪斯觉得可以同时做光学观测,就拿起步话机和驾驶台商量。正在这时,有一大块海冰已经悄悄地向 CTD 的钢缆漂过来。驾驶台在发现后,马上启动了泡沫机,但不巧的是,船在强风的吹动下发生了旋转,泡沫机形成的推力竟然加快了海冰向船体前进的速度。钢缆终究没有逃脱海冰的魔掌,被这块大冰拽着向船尾漂过去。船尾的螺旋桨开始启动,把冰推回去,这时有更多的冰随着水流从船尾漂向船的中部,把钢缆围困起来。大家都为悬在水中的设备捏了一把汗,值班的豪斯更是焦急万分。好在现在正是融冰期,海冰比较松软,一时还不会割断钢缆。船在缓慢地移动,海冰也在不停地旋转,终于找到了一个机会把 CTD 收回了甲板。

8月13日　一日三餐

早餐品种很丰富,有炒鸡蛋、煮鸡蛋、大麦粥、土豆饼和培根三明治,这些主食是从窗口由厨师给大家分到盘子里,多少随意。每周的菜谱都会在船上的电视信息系统上发布,当天的菜谱也会张贴在餐厅里。但对于我们两个中国人来说，与其琢磨菜谱上那些稀奇古怪的单词，还不如直接到窗口看着点菜。今天的主食还不错，比较合我们的胃口。培根烤得干巴巴的，像青岛的脂渣。我们并不总是这样幸运，餐厅提供的是地道西餐，经常是一些我们无法享受的美味。绿色蔬菜是清水煮熟的，海鲜却完全是生的。要么是难以忍受的怪味道，要么就是一点味道也没有。每张餐桌上都摆了一堆调味品，除了盐、胡椒、番茄酱以外，我们都不太清楚究竟是些什么。终于在十几种沙司里找到了一瓶酱油、一瓶蒜辣酱，可以把那些淡而无味的牛肉、蔬菜搞出一些中餐的味道。其实船上厨师的水平很是很高的，伙食花样也经常变化。餐厅一日三次准时供餐。除了主食以外，还有沙拉、水果、冰淇淋和各类饮料，可以各取所需。如果做站时不能到餐厅吃饭，也可以给餐厅打电话，厨师会把饭菜用保鲜膜包好，写上名字，放到保鲜柜里。餐厅24小时开放，船员和考察人员可以随时到餐厅找吃的。

8月17日　密集冰区回收潜标

早上到达潜标站，这是一个3 000多米的深水站，此时海面几乎是冰封的，虽然露出水面的海冰只占到七成左右，但是水面下的海冰几乎是连成一体的。这个潜标的基座放置在海底，基座上装有两个释放器，释放器和水面下50米处的一个大浮球用钢缆相连，在钢缆上装有各种观测设备。这个潜标是去年考察时放置的，如果现在能成功回收，就可以得到过去一年中的连续观测数据。

吃完早饭，我们就来到位于船首右舷的潜标实验室，伍兹霍尔研究所的瑞克和克里斯正在通过声通讯装置的甲板单元对潜标进行定位。确定潜标位置后，船开始在这个位置周围绕圈破冰，并启动泡沫机，目的是造出一个足够大的无冰水面，使释放后的潜标能够浮出水面，而不会进入冰下。一个多小时后，船停下来，在船右前方有一块大的无冰水面，那里就是刚才测得的潜标的位置。第一次向潜标发出释放命令，没有成功释放。在午饭后再次发出命令，马上收到了释放器已经打开的消息，但是船前的水域里并没有浮球升上来，很可能是进入了冰下。瑞克把通讯装置转成对释放器测距的功能，最后断定释放器与船的距离为140米，但不知道究竟在哪个位置。船开始非常缓慢移动着寻找潜标，萨拉也发动考察人员到船舷和驾驶台观察海面。20分钟后，船长在右舷发现了夹在海冰中的黄色浮球。费了一番周折之后，终于用钩子将浮球钩住。到了这一步，任务就完成了一半，剩下的就是把潜标逐步打捞上来了。这样，终于在晚上七时把潜标全部收回，历时11个小时。

8月19日　北极熊的"表演"

晚上广播里传来兴奋的声音，我没全听懂，但至少明白了两个单词"Polar Bear"，于是拿起桌子上的摄像机就往外跑。走廊上好多人在望左舷船头，不用问，熊一定在那个方向。在船左前方的冰面上，一只乳白色的大熊正在不紧不慢地走着。海冰正在融化，它前进的道路上常会有水域。遇到小水道，它就轻捷地一跃而过，遇到宽的海面，它就小心地蹲下，俯身在冰边缘，头先贴近水面，身子随后轻轻地滑入水中。在水里游动时，只有头在水面上，游的速度很快，没有浪花，只有一圈圈的涟漪。大熊从船头走到船右舷，绕过船到了船尾。我们一大帮人跟着它跑，它走外面的大圈，我们走船上的小圈，竟有些跟不上它的速度，可见它在冰水间是多么的迅捷，难以想象它是一个重达半吨的庞然大物。它走得非常从容，偶尔会停下来看一下阻挡了它前进道路的这个大家伙——破冰船，但它好像对破冰船没有太大的意外和兴奋，对我们的大喊大叫充耳不闻，让人感觉这里真的是它主宰的世界，它根本不会把其他东西放在眼里。

看着大熊远去，才感觉自己手冻僵了，身子也在发抖。为了会见这个冰雪世界的主宰，这些都是值得的。

8月29日　压缩杯子

这一站水深3 800米，在下放CTD时，值班人员把三麻袋的泡沫塑料杯子也送到了3 800米的海底。大家事先对泡沫塑料杯子进行了美化，写上字，画各种有趣的画。我准备了四个杯子，有海大和实验室的标志，还给女儿画了福娃。这些经历了深海重压的杯子回到甲板时，体积已经缩小到原来的十分之一，但是上面的字迹和图画仍清晰可见，特别是那五个福娃更加精巧可爱了。有趣的是，有些杯子变了形，像小靴子，像厨师的帽子，好玩极了。这些小小杯子给单调的考察生活带来了乐趣，也是此次考察非常好的纪念。

9月1日　暴风雪中的作业

今天下午，萨拉给我们争取到一次上冰的机会，但是又是风雪交加的天气，比昨天还严重，几乎是暴风雪了，能见度很差。老矫担心这样的天气在冰上作业会很危险，但是我觉得这是难得的一次机会，最好不要放弃。上冰以后，发现我错了，风大得几乎能把人吹倒，冰况也不好，表面看很平整，但是下面起伏不平。第一个冰洞打下去，竟然是两层冰中间夹着水。第二个冰洞打到下面非常艰难，冰很硬。上冰协助我们作业的威廉、直升机长查里斯和因纽特小伙格林都来帮忙，工作进展比较顺利。雪很大，在我打开笔记本观察数据的一刹那，屏幕和键盘上就盖了一层雪，触摸板上也满是雪水，停止了工作。还好数据仍在记录。从三点到五点，几乎是噩梦般的两个小时。还好，大家团结协作，完成了任务。

9月9日 "国际饮食文化节"

晚上有一个科学家答谢船员的晚会，经过大家的集思广益，搞成了一个反映中、日、加、美、德各国风情的文化节。说文化节有些夸张，实际的内容就是背景音乐和小吃。既然是各国美食荟萃，中国食品当然是水饺。让人高兴的是，厨房里可以找到除味精以外的原料。制作水饺的主力当然是老矫和我，美千代也过来帮忙，包得还不错。大厨也来学习，除了第一个有些贪多露了馅之外，很快就出徒了，毕竟是职业选手。先下了几个给大家尝鲜，反映还不错。大厨没赶上，就自己包了几个去煮，算是"以权谋私"。日本的寿司缺少了紫菜，只有米饭和生鱼片，味道还说得过去。丹麦的也用生鱼片，下面是面包和调味沙拉酱，造型和味道都不错。加拿大人做的竟然是春卷，他们有现成的春卷皮，厨师准备了馅，他们的任务就是卷起来。

晚会八点开始，各国美食摆上来，旁边插上各自的国旗，真有些国际的意思。萨拉送给船上轮机部一件礼物，是所有科研人员一起完成涂色的一个龙首，装在一个双面相框里，背面是科研人员的签名。

9月12日 最后的总结

上午做了最后一站，这个航次的所有观测全部完成。统计了一下，总共完成了75个CTD剖面和51个光学剖面，发射了56个XCTD，进行了33次拖网，回收七个潜标，放置五个潜标和三个ITP。萨拉高高兴兴地把这些成就写在实验室门口的白板上，说这是成果最为丰硕的一次考察。晚上聚会，船长简单地总结了一下这个航次，最后向所有成员表示感谢。萨拉送给船长一本有关海冰的书，船长送给萨拉一个小挂件，礼轻情义重，老外这个风俗真是好。

9月14日 回到陆地

早饭时从萨拉手里拿到了这个航次的数据光盘，有目前取得的所有原始数据，还有各个项目的考察报告。这些数据在考察一结束就能和我们共享，是出乎我们原来期望的。当然，我们在昨天也把所有的光学观测数据连同观测报告交给了萨拉。

到了离别的时刻，大家把所有行李拿到飞机库。我们的行李还是太多，有五个大旅行箱、一个冰盒、两个背包。直升机开始运送人员和行李，我们再一次来到了Kugluktuk那个小小的机场。

40天后，再次踏上了人类赖以生存的土地。这时天空飘着雪花，这里已不再是盛夏的感觉。原来的满目绿色也变成了金黄与红艳，一派深秋的景象。忍不住冒着雪花去探询，脚下的土地饱含了一个夏天的滋润，松软得像刚出炉的蛋糕。那些小小的叶子，一片片像鲜花一样盛开着。也有真正的鲜花，玉米粒一般大小，小铃铛一样在风中抖动。

回国时我带了一块石头，不管它是否普通得没有任何特点，但它是真正的北极岩石，经历了无数的严冬。

二〇〇六年十一月月末版

☆ 百年老树

——鱼山校区的古树

王宣民

人们常说：绿色象征生命。因此我们热爱绿色。

在有的学校，我们往往是在建筑中寻找绿色。而在海大，你只能在绿色中寻找建筑。在这片绿色的海洋中，那铁杆虬枝若苍龙腾飞的一株株饱经百年沧桑的斑驳老树，是海大园中最深最美的绿，是珍藏海大人心中至真至纯的情……

古树名木是一种风景，也是一种名胜，更是一种文化，因其不可再生而弥足珍贵。咱中国海洋大学有多少古树？都分布在哪里呢？

鱼山校区有国家一级保护古树6种31株，名花名木上百种，各种观形、观叶、观花、观果、观枝木本植物300余种，已经形成了良好的生态环境、优良的教学科研基地。"逛了海大园，不再上公园"，青岛市民如是说。

上百年的古树主要有：

二球悬铃木（英桐）：落叶乔木，树皮片状剥落，单叶互生，掌状裂；花单性同株，密集呈头状花序；聚合坚果球形，果球常两个一串，树体高大，可达35米，枝叶茂密。遮阴效果好。

一球悬铃木（美桐）：基本同英桐，果球常单球。耐寒不及英桐。

鱼山校区计有百年古悬铃木19株，主要分布在图书馆前古树路及其周围。

银杏（白果）：落叶乔木，可达40米，叶折扇形，中国特产，为世界著名的古生树种，被称为活化石。雌雄异株。大树叶形雌株较开张，雄株叶稍闭合。鱼山校区有百年古银杏4株，分布在医药学院楼前及化学馆前。

榉树：落叶乔木，可高达20米。树皮较光滑。单叶互生，羽状脉，单锯齿。花单性同株，坚果无翅。生长慢，寿命长，木材纹理细密坚柔，为上等家具用材。枝叶细密，树形优美，是很好的庭荫树、行道树及观赏树种。为国家二级珍贵用材树种。鱼山路校区共有5株百年古榉树，其中最感人的是运动场西南角的一株，犹如守护神般昂然挺立，日夜守护着绿茵，关爱着学子。

刺槐：落叶乔木，可高达25米，干皮深纵裂。枝具托叶刺；奇数羽状复叶互生，花白色，芳香，呈下垂总状花序。原产北美，17世纪引入欧洲，19世纪从欧洲引入青岛。因其耐瘠薄，现全国各地均有栽培，成为我国四大造林先锋树种之一。操场南坡一株胸1.2米的百年古刺槐，是我国刺槐鼻祖。

毛白杨：落叶乔木，可高达30米，深根性，速生，树干端直。树皮青白色，皮孔菱形，幼枝具灰白色毛。中国特产，鱼山校区原出版社院内有一株百年古毛白杨，为青岛市罕见。

黄连木：落叶乔木，可高达20～30米。深根性，耐干旱瘠薄。树皮裂成小方块，小枝有柔毛。冬芽红褐色。偶数羽状复叶互生，秋叶为橙黄或鲜红色；雌花序紫红色，能一直保持到深秋，甚美观；宜作庭荫树及山地风景树。木材坚硬致密，北宋时用作雕版用材，是为楷木，在我国印刷史和书法史上有特殊地位。书法上北宋以前的正书、真书由此称为楷书。鱼山校区学宿六号楼东有一株百年古黄连木。

链接：古树名木

古树指生长百年以上的老树；名木指具有社会影响、闻名于世的树，树龄也往往超过百年。生长百年以上的古树已进入缓慢生长阶段，干径增粗极慢，形态上给人以饱经风霜、苍劲古拙之感。世界上长寿树大多是松柏类、栎树类、杉树类、榕树类树木以及槐树、银杏树等。名木或以姿态奇特观赏价值极高而闻名，或以历史事件而闻名，或以传说逸闻而闻名等。

保护古树名木的意义：(1) 古树名木是历史的见证。许多古树名木经历过朝代的更替、百姓的悲欢、世事的沧桑，可借以撰写说明，普及历史知识。(2) 古树名木为文化艺术增添光彩，它们是历代文人咏诗作画的题材，往往伴有优美的传说和奇妙的故事。(3) 古树名木也是名胜古迹的佳景，给人以美的享受。(4) 古树是研究自然史的重要资料，它的复杂的年轮结构，蕴含着古水文、古地理、古植被的变迁史。(5) 古树对研究树木生理具有特殊意义。人们无法用跟踪的方法去研究长寿树木从生到死的生理过程，而不同年龄的古树可以同时存在，能把树木生长、发育在时间上的顺序展现为空间上的排列，有利于科学研究工作。(6) 古树对于树种规划有很大参考价值。(7) 维持生态平衡等。

"法桐"的走红

李伟

提起"二球悬铃木",你可能不知道是什么树种,但说到"法国梧桐",或许你就豁然开朗了。即使是对校园道路两旁遮天蔽日的阴凉熟视无睹的人,也会对"法国梧桐"的无私奉献存有一点感恩之心的。

大凡对悬铃木此类树种有研究的人,都应该了解"法国梧桐"并不是"二球悬铃木"的真正俗名。17世纪英国科学家用"一球悬铃木"(又叫美国梧桐)和"三球悬铃木"(真正的法国梧桐)作亲本,杂交成二球悬铃木,取名"英国梧桐",此后在欧洲被广泛栽培。19世纪末八国联军入侵我国时,法国的传教士将其引入我国,栽在旧上海的法租界内。因该树的叶子酷似梧桐,国人误以为是梧桐,所以就冠以"法国梧桐"的名称,人云亦云,也就在我国广泛传开了。

可见,"法国梧桐"是一个典型的舶来树种,只不过名字将错就错罢了。

既然沾有梧桐的名讳,就不能不把它与我国本土有名的树种之一梧桐作一番比较了。梧桐,传说为凤凰所栖之木,李白也有"宁知鸾凤意,远托椅桐前"的诗句,故有"栽下梧桐树,引来金凤凰"之说。更有"梧桐一叶落,天下尽知秋"之说。此树一直为国人所厚也就不足为奇了。

与满载美誉的梧桐相比,"法国梧桐"则显得尤为尴尬。除了我国学者赋予悦耳的名字"悬铃木"外,难以考究其华章颂辞。这种境况在一定程度上折射出中西文化的差异。我国古人在花木的观赏活动中,有着别具一格的感悟方式,往往采用心灵直觉体验外物,是一种主体超功利的审美情趣。而西方国家在认识事物的过程中,强调认识客体的功用性。正如钱穆先生所云:"西方文化主要在对物,可谓是科学文化;中国文化主要是对人对心,可称之为艺术文化。"谈到此,无不令人感叹"法国梧桐"生不逢时的境遇了。

不过,为"法国梧桐"惋惜就大可不必了。

由于"法国梧桐"具有适应性强、耐修剪、遮阴效果好等特性,迅速赢得世界著名行道树的美誉。在日本,甚至有"街树之王"之称。目前,在我国的上海、南京、武汉、杭州、青岛、西安、郑州等城市被大量用作行道树。本土梧桐由于生性娇贵,栽培条件较为苛刻,也不具备"法国梧桐"的诸多特性,种植面积日益减少,以致今日仅有少数人家的庭院或公园里才能见到其芳踪。可见,"法国梧桐"

所具有的旺盛生命力和风靡全球的态势是本土梧桐所无法匹敌的。

"法国梧桐"对于世界科学文化的促进作用是值得称道的。作为行道树，该树唯一缺憾是春天里其种果散落、种毛飞扬给人带来不便。为消除这一缺点，科学家做了大量努力。最近，华中农业大学历经十余年的不断探索，终于在世界上首次获得无果无毛的悬铃木转基因植株。这种科学上取得的超越与创新与"法国梧桐"在我国的走红不无关系。

或许，"法国梧桐"的迅速走红令常年养尊处优而数量日益萎缩的梧桐树意想不到，但究其根源却不外乎"物竞天择"的自然法则。

（作者为生命科学与技术学部教师、博士）

☆ 青岛遗传学座谈会的前前后后

田广渠

在新中国的科学史上，1956年可以称为"科学年"。这一年的1月，中共中央召开了知识分子工作会议，周恩来在报告中发出"向科学进军"的号召。3月，集中各方面精英人物着手编制科学发展十二年长期规划。5月，毛泽东在最高国务会议上提出"百花齐放，百家争鸣"的方针。随之，中宣部部长陆定一向知识界专门作了"双百"方针的专题报告。

1956年8月，在中央宣传部的关心指导下，包括遗传学两派（米丘林学派、摩尔根学派）主要人物在内的遗传学座谈会在青岛召开。历时半月的会议（8月10日至25日），在团结的气氛下，大家破除顾虑，发言踊跃，"彼此交锋"，争辩热烈，被学界称道为"贯彻'双百'方针的一个典型"、"我国开始学术争鸣的重要标志"。这次会议的成功得到毛泽东的肯定，后来他在接见与会的复旦大学生物系谈家桢教授时说："你们青岛会议开得很好嘛！要坚持真理，不要怕，一定要把遗传学研究搞起来。"北京大学生物系教授李汝祺先生会后在《光明日报》（1957年4月29日）上发表了《从遗传学谈百家争鸣》的文章，毛泽东看到后立即指示《人民日报》转载此文，亲自为文章拟了一个新题目：《发展科学的必由之路》，而把原来的题目作为副题，并为《人民日报》代拟了按语。

这次学术会议的社会影响之大，得到中央最高领导层如此的关注，在新中国科学史上是罕见的。

一

遗传学是一门生物基础学科，它既有理论意义，又有实用价值。遗传学的问题涉及农学、医学以及生命科学最复杂的领域，因而解决遗传学问题的意义，远远超出遗传学学科本身。而遗传学在发展进程中，不仅有不同学派的争鸣，而且很难避免同政治、哲学等意识形态领域的纠葛。公认的遗传学的两大派为摩尔根学派和苏联李森科院士所倡导的米丘林学派。两派的根本分歧在于，摩尔根学派认为染色体和它上面所假定的基因是遗传的主要物质基础，而米丘林学派则认为环境决定遗传性，只要通过改变生物的生存环境和生活条件，就可以定向地改造生物，否认生物的遗传有特定的物质基础。两派都有正确的一面，但都不够全面，双方本可以取长补短，共同把年轻的遗传科学推向成熟。可是，从1948年起，苏联的李森科米丘林学派利用了人们对斯大林的个人崇拜，以政治和行政手段，一棍子把摩尔根学派打下去，把"伪科学"、"唯心"和"反动"的帽子扣在一些学者头上。纯学术的不同见解，不幸被转化为对抗性矛盾。新中国成立以后，全面学习苏联，在"一边倒"的大环境下，通过各种行政性指令，把米丘林学派封为唯一正确的"新遗传学"。米丘林学派走向一统天下，传统遗传学（摩尔根学派）遭到无情的封杀。1952年6月，在政务院和中科院联合召开的第三次生物科学座谈会的基础上，《人民日报》发表了影响很大的长篇署名文章《为坚持生物科学的米丘林方向而斗争》，文中给摩尔根学派扣上了"反动的"、"唯心的"、"为资产阶级服务的"等政治帽子，认定米、摩两种学说"是不容调和的根本性争论"，号召全国对摩尔根学说"开展系统的批判"。这篇代表官方意见的权威文章，为两个学派定了性。1952年秋，大学停止教授摩尔根遗传学说，大学生物学课程面临尴尬处境，在复旦大学任生物系主任的谈家桢没有资格教遗传学；科研中有关摩尔根遗传学的课题全部停止；中学教材重新编写；学术刊物上只登米丘林、李森科一派观点的文章。在此前后，各地摩尔根学派的一些学者连遭厄运。四川农科所鲍文奎先生以摩尔根遗传学的方法，用小麦同黑麦进行远缘杂交，以获得高度的杂交优势，然后用使杂色染色体加倍的办法克服其不孕问题。该所为坚持贯彻米丘林方向，粗暴地派人强行毁掉了鲍先生实验地里的杂交材料。河南农学院吴绍骙院长的玉米杂交研究，也是典型的摩尔根派的东西，因而他也遭到与鲍先生同样的命运。最为典型也最为恶劣的是乐天宇制造的"农大风波"。

身为北京农业大学校委会主任（相当于校长）、中国米丘林学会会长的乐天宇，利用自己手中的权力，停开了摩尔根学派的"旧遗传学"，开设了米丘林学派的"新遗传学"以及相关联的田间设计、生物统计三门课程，几位著名教授遭到迫害。同时他还把一些被认为是"非生产专业（如农业化学、植物病理等）的学生转到生产专业（如农艺、畜牧等）"去，使学校上下动荡不安，师生纷纷告状、请愿。乐天宇的问题最后虽然得到适当处理，但也只是解决其工作作风而已，并没有也不可能真正解决遗传学教学和研究上的问题。

主要靠政治力量支持发展起来的以李森科为首的米丘林生物学派，在原苏联国内也越来越站不住脚了。其在农业生产上毫无贡献，许多技术建议都证明是无效的，支撑其基本理论物种问题的重要证据被揭发是弄虚作假。1953年斯大林逝世后，被压制多年的不同意见爆发出来。我国学术界对苏联生物学界的新动态十分关注，也开始活跃起来。这时，毛泽东和周恩来曾指示中宣部和中国科学院调查研究有关遗传学的问题，拟采取相应措施。陆定一在《百花齐放百家争鸣》的重要报告中，明确指出了苏联在李森科问题上的错误和我国在"学习苏联"中的一些问题，反对给自然科学扣政治帽子，反对用一种学派压倒一切的独霸作风。正是在这样的情况下，由中宣部科学处倡导，中国科学院会同高等教育部，决定于1956年8月在青岛召开遗传学座谈会。

二

8月的青岛是高温季节。在青岛栖露路中科院海洋研究所举行的遗传学座谈会的气氛也逐步升温，发言之活跃，争辩之激烈，为多年来所未有。

参加座谈会的有中科院、高教部、农业部、教育部、林业部系统的遗传学、育种学、细胞学、胚胎学、生理学、生物化学、生态学和分类学等各个领域的科学家。出席43人，列席73人。其中两派观点的主要学者如胡先骕、李汝祺、吴兆发、乐天宇、谈家桢等都出席了。从8月10日开幕到25日闭幕，共有56人发言，有的学者发言多达七八次。山东大学曾呈奎、方宗熙教授应邀出席并发言。山大的几位年轻教师也积极争取列席了会议旁听。开幕式和闭幕式皆由原山东大学副校长、刚调任中国科学院生物学地学部副主任的著名生物学家童第周教授主持。主持人一开始就强调了自由争辩和实事求是的精神。经大家同意，会议先就遗传学的物质基础、遗传与环境、遗传与个体发育、遗传与系统发育等四个问题进行系统讨论，然后再就今后的研究、教学工作交换意见。

开始的时候，有些摩尔根学派的学者，由于对政策的转变不够了解，抱着顾虑,带着情绪,吞吞吐吐,不敢直言。开会的第一天和会议中间,时任中宣部科学处处长的于光远作了重要发言。他针对遗传学两派之间的严重不正常状态,阐明了党的"双百"方针政策,强调要严格区分学术问题和政治问题,郑重宣布全部摘掉过去强加给摩尔根学派的各种政治帽子。他的发言,进一步解除了与会者的思想顾虑,大大活跃了会场的学术空气。

在讨论的第一阶段(遗传学的物质基础),出席会议的摩尔根学派的专家用摩尔根派多年来杂交实验及细胞学观察方面的事实,来证明遗传现象与染色体变化的相关性,并且介绍了近年来微生物遗传学的工作,说明对遗传物质基础化学成分的研究已有初步结果。而出席会议的米丘林学派因准备不足,在这方面拿不出东西来,因此摩尔根派认为在争论中已经取得胜利。有几位摩尔根派的专家就要求在这次会议上作出摩尔根学派是唯一在科学上站得住脚的遗传学学派的结论。个别学者还流露出"米丘林学派过去骂过我们,我们也可以骂他们"的情绪。

在讨论的第二阶段(遗传与环境),米丘林学派着重介绍了他们研究生物的生活条件的改变对于遗传物质影响的工作,摩尔根学派则着重介绍了强烈的刺激因素对于遗传物质影响的工作。在讨论这个问题时,两派都摆出了一些事实进行争论。特别是米丘林学派的专家,这些年亲自作了一些实验,拿出了一些自己的成果。在这些事实面前,上一阶段摩尔根学派的一些专家要求"一家独鸣"的倾向就起了一些变化。

在讨论上述两个内容的第一次座谈会上,发言的有四人,第二次座谈会上发言的有八人,第三次座谈会上发言的有十一人,第四次座谈会上发言的有七人。

在讨论的第三个阶段(遗传与个体发育和遗传与系统发育问题),由于两个学派在这方面的工作做得都不多,许多重要现象两个学派都不能解释。大家被迫承认遗传学还是一门年轻的科学,两派学说基本上还是假说,不是定论,承认双方都有长处和短处,认为应该继续开展争论,取长补短。

这次座谈会上,正式摘掉了过去强加给两派的各种政治标签,使两派学者经过几年的对立之后,第一次坐在一起共同进行学术讨论,摆事实,讲道理,各抒己见,畅所欲言,第一次打破了几年来在我国遗传学界形成的"一家独鸣"的僵硬局面,也第一次给两派学者提供了在一起交流世界遗传学进展信息的机会,使大家痛感我国在遗传学方面已经远远落后于世界的先进水平。会议虽然没有作出任何学术结论,但还是建议主管部门采取必要的行政措施,给摩尔根学派的学者在教学、科研和学术出版等方面和李森科学派平等的权利。

半个月的讨论，预定的目标圆满实现。会议结束的那天晚宴上，不少摩尔根学派的学者喝了酒，满面春风地即席讲话。北京农业大学的李竞雄教授上台讲的第一句话是"我是 Morganism！"被批判了六年之后，终于可以公开说自己是摩尔根主义者了，其心情如同再一次得到解放。复旦大学的谈家桢教授（摩尔根的入室弟子）已喝得有了几分醉意，但却非常兴奋地大声宣称："我没有醉！我没有醉！"有人气不过了，曾跑到中宣部部长陆定一那里告状，陆定一对此人的"义愤"表示惊讶，回答说："你们骂人家那么多年，还不许人家骂你几句？"消息传到谈家桢那里，他的气更顺，劲更大了，要急起直追，为使中国遗传学研究达到国际先进水平贡献力量。

三

青岛遗传学座谈会，为开创我国科学事业新局面开了一个好头，为贯彻"百家争鸣"方针树立了一个好典型。会后，报刊上进行了广泛的宣传，产生了相当好的社会影响，还通过行政渠道采取了若干措施，会议精神逐步落实。

青岛遗传学会议闭幕不到两个月，即当年10月20日，中宣部接着邀请党内外科学家及文学艺术工作者60余人举行座谈会，会上陆定一根据中央意图提出四点意见：一、除了继续开设马列主义的教育课程外，有准备有步骤地在高等学校的高年级开设资产阶级学说课程（包括唯心的、唯物的、近代、古代、外国、中国）；二、请各国（社会主义国家，资本主义国家）第一流学者来我国讲学，马列主义的、唯心的、反动的都可以请；三、尽可能出席各种国际学术会议；四、讲授马列主义课程，既讲正面，也要讲反面。出孙中山的书，也出蒋介石的书。讲太平天国，也要讲曾国藩，讲国际问题，也要讲希特勒。反动的书不公开出卖，可供研究。

扑面而来的遗传学研究的春风，发展中国科学事业的春风，百家争鸣的春风，令人欢欣鼓舞，信心倍增。

然而，好事多磨。1957年的"反右派"，1958年的"拔白旗"，1960年全国高校"批判资产阶级思想"运动，像一股股强大的逆流，把青岛遗传学座谈会以来的大好成果和良好气氛，冲得精光。政治和学术问题搅在一起的问题复活。在前苏联，李森科又得到赫鲁晓夫的支持，摩尔根学派再度受压。在这种国内外大背景、大气候影响下，国内一些李森科的追随者和摩尔根学派的学者的对立又趋公开化。某高校在大批判中针对摩尔根学派的大字报达两万余张。一些学术刊物和报纸，又重新刊登了批判摩尔根遗传学的文章，其内容仍沿袭了贴政治标签、戴政治帽子的老一套东西。尤为突出的是，一位政府业务部门主管科技的领导竟明确表态："在1956年青岛遗传学座谈会上，米丘林失败了，要再开一次会批判摩尔根遗传学，来扭转一下形势。"

中宣部部长陆定一一直关心"百花争鸣"方针的贯彻情况。他在1960年10月各省文教书记会议上、1961年1月高校工作会议上，都批评了某些大学在青岛遗传学座谈会后再次开展批判摩尔根遗传学的错误，指出这些学校的领导没有在生物学中贯彻"百家争鸣"方针，没有实现党的领导。在陆定一及时有力的纠正下，制止了在全国范围发生更大的反复。此后，遗传学在中国再次得到正常发展的机会。特别是党的十一届三中全会以后，问题得到根本解决，遗传学工作进入新中国成立以来发展最快、成果最多、社会效益最好的时期。

二〇〇七年四月月末版

最后的贵族
—— 白先勇先生印象

温奉桥

白先勇先生之于一般大陆读者,并不陌生,但也并不是特别了解和熟悉,似乎只是一个遥远的陌生的符号。实际上,在较长一段时间里我们是把白先勇当做"海外作家"、"旅美作家"来看待的。其实,在台湾,特别是上个世纪六七十年代,白先勇的影响是巨大的,"人人爱读白先勇"也许并非虚辞。1960 年,白先勇与他的同学欧阳子、王文兴、陈若曦等创办《现代文学》杂志,更是成为当时文坛一道奇异的风景。

当我第一次见到白先勇先生的时候,我首先感受到的是他身上洋溢着的一种独特的气息 —— 雍容大度,温文尔雅,真诚谦逊 —— 我称之为一种"贵族气息"。白先勇出身名门,是国民党一代名将白崇禧将军的儿子,白家曾有的辉煌和显赫,无形中造就了白先勇身上浓厚的"贵族气息",他的言谈举止,他的笑容,他的文学审美口味等,无不带有这种贵族气。这种贵族气是与他的小说创作相一致的。大陆读者对白先勇的了解源于他的小说《永远的尹雪艳》,这是第一篇被介绍到大陆的台湾当代小说,刊载于 1979 年的《当代》杂志创刊号上。这篇小说成为白先勇在大陆的代名词。从此以后,一谈起白先勇就必然谈到他的《永远的尹雪艳》,甚至自这篇小说之后,大陆文学界一度兴起了"永远的……"热。王蒙先生说,《永远的尹雪艳》就是白先勇先生的"青春万岁",这是有道理的。

2003 年 12 月 8 日,国务院总理温家宝在纽约与华侨相聚时,感慨不已地说道:大陆与台湾这一湾浅浅的海峡,是最大的国殇,最深的乡愁。这种"乡愁",其实是每一个台湾人心头永远的痛,也成了台湾当代文学的最深沉的主题。这种"乡愁"不仅化成了余光中的诗,也化成了白先勇的小说。上个世纪四十年代末,国民党的退据台湾,带给了一代人巨大的心灵伤痛,对此,白先勇感受尤深。白先勇 12 岁时随父母离开上海,直到上个世纪八十年代中期,才再次踏上大陆的土地。白先勇的童年和梦,都留在了桂林、南京和上海,留在了海峡的这一边。由于独特的家庭背景,白先勇比任何人都更深地体味到了这种"乡愁"。因此,在白先勇的作品中充满了"今昔之感",充满了历史兴衰和世事沧桑,这从他著名的小说《永远的尹雪艳》《金大班的最后一夜》《那片血一般红的杜鹃花》《玉卿嫂》《思旧赋》《孤恋花》《花桥荣记》等中可见一斑。白先勇说:"我写作,是因为我希望将人类心灵中无言的痛楚转变成文字。"这种人类内心深层的"无言的痛楚",成为白先勇小说最动人的品格和永久的魅力。他的《台北人》光在台湾就有几十个版本,可见其影响之大和受欢迎的程度。1999年香港评选20世纪中国小说一百强,白先勇继鲁迅、沈从文、老舍、张爱玲、钱锺书、茅盾之后,排在第七位。他的短篇小说集《寂寞的十七岁》《台北人》《纽约客》,长篇小说《孽子》,以及散文集《蓦然回首》等,被视为当代台湾文学最重要的收获之一。今天读来,白先勇的小说对上个世纪三四十年代大上海百乐门等繁华生活的描写,恍如隔世。白先勇曾说他与张爱玲同一个老师——《红楼梦》,在白先勇的小说中,总是回荡着一种《红楼梦》式的最后贵族的挽歌,这正是白先勇的独特之处。台湾已故作家三毛曾说自己对白先勇笔下的那种凄艳之美无法忘怀。其实,无法忘怀的又何止三毛一人。

　　白先勇的同学也是台湾《现代文学》发起人之一的欧阳子女士说:"白先勇是一个地地道道的中国作家",这是很有见地的。特别是自"五四"之后,许多中国作家已经不愿再写或不会再写"中国小说"了,白先勇却认认真真在讲"中国"故事,在讲上海百乐门的故事,这是令人感动的。白先勇的语言十分华美、典雅,没有丝毫的草莽气息,这也是他"贵族气"的一种表现。就创作实践而言,与他同时代的作家相比,是白先勇更多地体现了汉文字、汉文学和汉文化的精致性、典雅性和审美性。

　　阅读白先勇先生的小说,不禁使我想起叶嘉莹先生。在我的感觉中,叶嘉莹先生是"贵族学者",白先勇先生是"贵族作家",几千年中国传统文化的化育,在他们身上似乎体现得更为明显一些,在他们身上保留着一种更为纯粹更为本真的东西。说来叶嘉莹先生和白先勇先生还有师生之谊,叶嘉莹先生在台大中文系任教时,白先勇曾旁听过她的古诗课程。我曾有幸听到许多名人的演讲,最令我感动的有两次:一次是叶嘉莹先生2006年9月5日在中国海洋大学作的《西方文论与传统词学》的演讲;一次就是白先勇先生2007年4月18日在中国海洋大学作的《姹紫嫣红,青春再现·〈牡丹亭〉美国之行》的演讲。他们的演讲一个共同的特点，就是都带有强烈的情感色彩，具有一种真正感动人的力量，蓬勃着一种生命的激情，他们不仅仅是在宣讲一种"思想"，一种"学问"，而是在传播一种生命体验，一种人生感悟，这是最令人感动的。他们的学问已经与他们的生命完全融为一体了，他们在演讲过程中所流露出来的那种对学问、对文学的毫无杂质的爱，对中国传统文化的真挚的爱，令人感佩不已，也唏嘘不已。对台湾的年轻一代作家，我并不了解，所知无多，但是从余光中先生和白先勇先生的身上，我似乎发现了一种曾经被丢失被"遗忘"的东西，那种毫无掩饰的孩童般的真诚，那种发自内心深处的对生活的爱，那种溪水般明澈澄净的心态。在一个"超女"时代，在一个"作秀"成风的时代，我怀念这种真诚，这种爱，它让我感到生活的温暖和美好。

2007年4月16日至20日，白先勇先生应著名作家王蒙先生的邀请，开始了他的青岛之行，这也是我能够拜识白先生的原因。王蒙先生与白先勇先生20多年前在德国柏林的一次学术会议上相识，之后两人多次见面，成了好朋友。去年5月底，王蒙先生曾邀请台湾著名诗人余光中先生、香港中文大学的金圣华教授来中国海洋大学讲学。当时计划白先勇先生也一同前往，但是由于白先生临时有事，最终未能成行。因此，白先生的青岛之行，整整推迟了一年。4月中旬，可以说正是青岛一年中最好的季节，春日和暖，百花盛开，特别是满城的樱花，更是把岛城装扮得分外妖娆迷人，确有一种人在画中游的感觉，白先勇不住地赞叹："青岛真美。"在鱼山校区一株繁茂的樱花前，白先勇流连不已，喃喃自语："为什么这么漂亮？"王蒙先生在一旁听到，随即用《花儿为什么这样红》的曲调唱了起来：花儿为什么这样红，因为欢迎白先勇……

凡是知道白先勇的人，大概都知道他的青春版《牡丹亭》。对于青春版《牡丹亭》我早有耳闻，知道曾在美国上演并引起过轰动，但仅此而已。我甚至对青春版《牡丹亭》还产生过望文生义般的理解，想当然地认为所谓"青春版"无非就是找一些"偶像"型演员，打打闹闹而已，类似于《阳光灿烂猪八戒》或《新白蛇传》之类。其实，大错特错。白先生的这次青岛之行，一个重头戏就是他的《姹紫嫣红，青春再现·〈牡丹亭〉美国之行》的演讲。说来这完全得益于王蒙先生。从4月13日至20日，简直变成了中国海洋大学的"艺术周"，首先是著名作家迟子建的演讲《谈〈额尔古纳河右岸〉的创作》；16日，中国艺术研究院研究员、著名表演艺术家胡芝风老师的《戏曲表演赏析》，深入浅出的讲解和精湛的艺术表演，浑融一体，特别是胡芝风老师行云流水的舞台动作以及清扬婉转的唱腔，让海大师生们如痴如醉。再就是17日下午,王蒙先生和白先勇先生两位文学大师的精彩"对话":《小说创作经验谈》。这场"对话",由金圣华教授主持,三位大家合演了一台大戏,精妙绝伦。大家最期待的还是白先勇先生的演讲《姹紫嫣红,青春再现·〈牡丹亭〉美国之行》。因此,白先生演讲的时候,整个学术报告厅挤得水泄不通,门口、走廊上都站满了师生,许多同学甚至提前好几个小时在等待。海洋大学的师生们有福了,我相信在这次艺术周中,面对这些大师,他们所获得的也许并非单纯是艺术的享受,大师身上所体现出来的那种真正的大家风范,更令人痴迷和神往。

  白先勇的"贵族气息",不仅表现在他的美轮美奂的小说创作中,更表现在他的浓重的昆曲"情结"中。白先生与昆曲、与《牡丹亭》有一种宿命般的"缘分"。1947年,蓄须明志10年未登台的京剧大师梅兰芳在上海美琪大戏院与昆曲大师俞振飞同台演出昆曲《牡丹亭》之《游园惊梦》,这给10岁的白先勇留下了极深的印象。自此,白先勇与昆曲、与《牡丹亭》"一见钟情",结下了不解之缘。白先勇后来在一篇文章中回忆说:"小时候并不懂戏,可是《游园》中《皂罗袍》那一段婉丽妩媚、一唱三叹的曲调,却深深地印在我的记忆中,以致许多年后,一听到这段音乐的笙箫管笛悠然扬起就不禁怦然心动。"这是白先勇与昆曲和《牡丹亭》的最初"因缘"。然而,世事沧桑,当白先勇第二次来到上海这座城市,再次听到昆曲的时候,已经是几十年之后的事情了。1987年,白先勇来到了阔别几十年的大陆,来到了他童年生活过的上海,然而,一切早已物是人非了。百乐门早已成为昨日往事,百乐门的尹雪艳们也早已沦落为台北的金大班。白先勇从小所熟悉的"大世界"、"国际饭店",专门放映好莱坞的影片的"美琪"、"国泰"、"卡尔登",还有"大光明"电影院的两寸厚的红绒地毯,都已经踪影全无,一切都"换了人间"。命运对白先勇还是垂顾的,这次阔别40年后的上海之行,恰逢上海昆剧院上演《长生殿》。蔡正仁和华文漪的精彩演出,使白先勇深深陶醉,激动不已。他无法掩饰内心的感动,激情难抑,长时间地鼓掌喝彩,直到剧院里剩下他最后一个人。观看完上昆的《长生殿》后,白先勇决定宴请全体演出人员。然而,当时上海的饭店还并不是特别的多,找来找去,最后找了汾阳路上的越友酒家。出人意料的是,这家饭店正是四十年代后期白家在上海的家,而他们宴请的那个房间,正是他家的小客厅。白先勇多少年后在谈到这段往事的时候,直感叹真是一出"游园惊梦"!

说到"家"，白先勇曾不止一次说过：台北我是最熟的——真正熟悉的，你知道，我在这里上学长大的——可是，我不认为台北是我的家，桂林也不是——都不是。也许你不明白，在美国我想家想得厉害。那不是一个具体的"家"，一个房子，一个地方，或任何地方——而是这些地方，所有关于中国的记忆的总和。是的，对白先勇而言，台北不是他的家，桂林、南京、上海也不是，他的"家"，不是任何一个"地名"，而是一份深深的怀念和记忆。在4月18日下午演讲中，当白先勇深情地说，他的"家"就是昆曲，就是《牡丹亭》，就是几千年的中国传统文化时，所有在场的学子们无不被白先生这种真挚深沉的文化情怀所深深感染，许多师生被感动得流下了热泪，包括那些白发苍苍的老教授。我们的"家"在五千年的传统文化之中，这句话由白先勇先生说出来似乎具有别样的伤感，别样的意味，也具有别样的力量。

　　白先勇的"贵族"口味，决定了他与《牡丹亭》的"因缘"。《牡丹亭》诞生几百年来，其读者、观众可谓多矣，然而，它真正的"知音"只有一个，那就是白先勇。白先勇与《牡丹亭》相互欣赏，相互发现，互为知己。白先勇以其全部的热情来拥抱着《牡丹亭》，我甚至感到《牡丹亭》已经成为白先勇的一切。真正的爱是令人感动的，只要一谈起昆曲和《牡丹亭》，白先勇就会滔滔不绝，眉飞色舞。白先勇对《牡丹亭》的领悟之深挚，情感之深沉，让我们感到艺术的美好，生命的美好。白先勇说《牡丹亭》是"一曲歌颂青春，歌颂爱情，歌颂生命的赞美诗"，只有一个真正热爱生命的人才会热爱艺术，也才会永葆青春。我甚至感到在白先勇的身上洋溢着一种青春气息、青春活力。白先勇在与王蒙先生的"对谈"中有一句话说：花开的时候，心花怒放，落花的惆怅才是文学的导引。所谓"落花的惆怅"其实就是一种深沉的青春意识。台湾《联合报》的王盛弘先生曾评价白先勇"既具古典的光泽，又有新时代的精彩，如旧又如新，白先勇总也不老"。"如旧又如新"极好地概括了白先勇的某种真实性。

　　白先勇怀着一颗朝圣般的心，向《牡丹亭》奉献出全部的爱和心血。为了弘扬昆曲艺术，特别是培养年轻一代昆曲爱好者，《牡丹亭》自2004年在台北首演，至今已在世界上演出了99次，观众达15万人次，其中绝大多数是青年学生。大陆的高校如北京大学、南开大学、浙江大学、复旦大学等，白先勇都去演出过，有的甚至不止一次。去年，白先勇带着他的《牡丹亭》到了大洋彼岸，去了美国加州大学伯克莱分校等，巡演月余，场场爆满，取得了空前的成功。美国人对《牡丹亭》表现出来的热情，令人感动，无论是能容纳几千人的大剧场，还是几百人的小剧场，场场都是"sell-out"，甚至在圣芭芭拉市演出的时候，圣芭芭拉市将2006年10月3日到8日命名为"牡丹亭周"。白先勇《牡丹亭》的远渡重洋，被认为是继梅兰芳1929年访美后，中国戏曲的又一次轰动，这实际上已经成了中外文化交流史上一个重要事件。白先勇扮演了一个"文化大使"的角色。我看了《牡丹亭》在美国大学演出时的情景，美国观众对《牡丹亭》以及中国传统文化表现出来的那种由衷的尊重，那种发自内心的喜爱，确实令人自豪和感动。

然而，白先勇先生也有他的遗憾，对于他的遗憾我是很能理解的。一方面《牡丹亭》在世界范围内获得了巨大的成功，昆曲这一古老的艺术于2001年5月18日被联合国教科文组织宣布为"人类口述和非物质文化遗产"的首选；而另一方面，昆曲似乎被没有真正纳入到"主流文化"的视野。自称"昆曲终身义工"的白先勇，对于他的《牡丹亭》也许真的要"以身相许"了。在我与白先生交谈的过程中，白先生说他十分希望能够在2008年来青岛演出。我开玩笑对白先生说，你如果来青岛演《牡丹亭》，我来给你做"义工"，我也发动我的学生给你做"义工"，白先生连声感谢。当我对香港中文大学的金圣华教授谈起这件事时，她说如果白先生真能够2008年来青岛演出，她也要来做"义工"。

2007年5月11日至13日，对白先勇而言将是个重要的日子，青春版《牡丹亭》将在北京展览馆举行百场纪念演出。对于这次演出，白先勇有一个"私心"，他曾对我说，他非常希望中央首长能够去观看演出，这对昆曲的保护和研究，将起到巨大的推动作用。

在与白先勇的交流中，我感到他实际上已经把昆曲把《牡丹亭》当做心中的一个梦，他要通过他的努力来召回这个曾经失落的梦。《牡丹亭》已经占据了白先勇所有的生命空间，面对一个世俗化的世界，我甚至感到白先勇的努力带有某种悲怆意味。他的梦已经渐行渐远，连同他的青春岁月和他所熟悉的那个时代。白先勇在一篇文章中曾说，叶嘉莹先生抱着"兴灭继绝"的悲愿，散播中国传统文化的根苗。白先勇先生自己又何尝不是如此呢？白先勇注定是这个日益喧嚣的物质化时代的"最后的贵族"。

☆ 我们在海大留学

胡蕊

留学生的快乐生活

成周俐是来自韩国江陵大学中文系的留学生，今年17岁。与和她同龄的中国女大学生一样，她也喜欢赵薇、黎明、苏有朋等很多中国的影视明星。在不到一年的学习时间里，她不但普通话说得相当流利，还学会了好几首中国歌。受家庭的熏陶，她很喜欢中国的电影，从小就看了很多部DVD。她非常喜欢吃中国美食，最喜欢的是川菜中的鱼香肉丝。

她来中国以前，就学过中国的历史、文化等基本常识，不过在韩国能学到的关于中国的知识还只是个大概，只学到皮毛。来到中国后通过在海大的系统学习，她对中国的政治和经济显得比其他的留学生了解得深刻得多——她说最喜爱的中国人是温家宝总理，通过中国的媒体报道，她非常喜欢这个平民总理，"他很务实"。

她说，现在中国经济发展很快，中韩两国交往日益增多，贸易往来频繁，所以韩国人普遍比过去了解中国——凡是在中国待过的韩国人一般都很了解并喜欢中国——但是对于从来没有来过的韩国人而言，中国显得太大，有很多他们不了解的事情。在中国学完汉语以后，她最想找个跟所学的汉语有密切关系的工作。

韩明希今年23岁，来自韩国圣公会大学，她对中国的历史和饮食文化非常感兴趣。她还在课余时间学习太极拳和烹饪。

"非常喜欢中国的菜，但最喜欢的还是饺子，俗话说'好吃不如饺子'嘛。"酷爱中国饮食文化的韩明希对海大学生食堂的饺子评价非常高：在青岛我吃过很多家饺子，但比较之后还是觉得海大学生食堂早上卖的饺子又好吃又便宜。听后令人忍俊不禁。

她说中国的传统四大名著都看过，印象很深。但她最喜欢的领袖人物是毛泽东，因为是他创立了现在的中国，她表示要找机会好好了解一下毛主席的生平。毕业以后她打算马上找个工作，最好是驻中国的大公司的办事处。

她告诉记者，现在韩国有越来越多的人关注中国，并且将学习汉语提到自己的学习日程上来。在中国的留学生回国后，他们可以凭借汉语的优势，在三星、LG等在中国投资的大公司中找到满意的工作。

据了解,像成周俐、韩明希这样抱着在中国寻找就业机会的外国留学生非常多。随着中国经济的发展,越来越多的留学生选择了毕业以后继续留在中国。他们发展的途径主要有几种:最多的是选择在外国独资企业、中外合资企业做白领;有一些会被本国安排在驻华使馆或代表处;还有一些会选择在媒体担任顾问、节目主持人或是到学校当外教。

62岁的金允中来自韩国论山市,他来中国学习汉语已经一年多了。与日益增多的来中国寻找就业发展机会的"小"留学生们不同,他完全是因为喜欢中国,为了享受生命而走进海大的。

金允中早在1988年就退休了。他过去非常向往中国的名山大川,于是他把家里一切交给家人,独自来到中国,想游遍中国的壮丽山河。他想学好汉语以便将来的日子里更好地游览中国名胜风景,感受中国迅速发展的经济。

在这将近一年的学习时间里,最让他感到愉快的是在周末,他会经常去海边走走。北九水、石老人风景区、小青岛、黄岛、八大关,甚至莱西和城阳这样比较远的地方他也经常涉足,没有什么目的,就是体味一下普通青岛人的生活。五四广场上放风筝的老人有时会引他驻足欣赏一个多钟头。走累了的时候,就找个干净门脸的小店吃饭,他说最喜欢吃中国的涮羊肉和烤羊肉串儿:和韩国的烤肉有相似的地方,但味道绝对不一样。

他非常喜欢中国的四大名著,其中《水浒传》《三国演义》和《西游记》都读了不止一遍。他最喜欢的中国电影明星是成龙,已经看过他主演的《我是谁》《警察故事》等多部电影。晚上,金允中通常是打开电视收看电视剧和电影,他说自己非常喜欢中国的连续剧和电影,显然他已经迅速融入并享受起了在中国的悠闲生活。

虽然生活方面很舒服,但是学汉语对于他来说并不轻松。俗话说:三十不学艺。作为年过六旬的老人,跟班里一些十几岁的留学生一起学习汉语,金允中有些压力,他觉得汉语"越学越难"。他虽然不是班里成绩最好的,但却相当认真:老师布置的课后作业,他一般会花三四个小时来复习、预习。他坚持上课,风雨无阻。现在他跟老师已经可以用汉语谈一些复杂的社会问题了。

他说,来中国以前,他仅仅知道中国的经济发展很迅速,来青岛后他发现,"中国不但经济发展迅速,城市发展得也很快,而且中国人很热情,物价也便宜",他非常喜欢青岛人的朴实。

韩国餐馆、韩国时装店、韩国饰品店、韩国发型店……青岛街头的"韩国气息"渐浓,在青岛工作生活的韩国人也越来越多,这一切,与留学生的日益增多和他们回国后对中国的介绍不无关系。这两年,来到青岛的韩国青年人和老年人明显增多。他们或看好中国经济不断发展而来华留学,或选择在悠闲的氛围中享受"第二人生"。

一个法国小伙的青岛情缘

来自法国布列塔尼地区的法国留学生彭思凡,现在是中国语言文化进修班中级班的学生。前年9月份来中国的时候,他刚刚30岁。

来中国以前,他曾经去过西班牙、比利时、荷兰、卢森堡等多个欧洲国家,不过都是短期旅游,没想到来到中国一待就是两年。他说,他已经深深爱上了青岛,现在一年中他大部分时间都是在青岛度过的。青岛的环境他很喜欢,"就是太潮湿了,我不喜欢"。说到这儿,他摊开双手,耸耸肩,就是这些可爱的小动作还保留了法国人的习惯。

刚来青岛的时候,他几乎一下子爱上了青岛和汉语:天蓝蓝的,大海很开阔,比起上海北京来人不算多,交通也比较方便。初级汉语进修班里的20多个同学,来自不同国家,有斯洛文尼亚、西班牙、美国、韩国、日本……几乎就是一个小"联合国"。虽然来自五洲四海,不过大家的汉语都一样,"很糟糕",所以没有什么可担心的。大家在学汉语的时候,反而很放松,很开心,"相处得像兄弟姐妹一样",重要的是,那段时间,他还在青岛结识了现在的中国女朋友。

初次去女朋友家的经历,他记忆犹新:对这个金发碧眼的外国"准女婿",女友的妈妈几乎没法接受,而她爸爸除了微笑,几乎一句话也没说——因为不知道该说什么,自己的青岛土话,这个法国年轻人能听懂吗?而现在呢,彭思凡特别骄傲地告诉我,她父母已经完全"没问题"了,他跟女友几乎每周都回到她父母家,一看到他进门,丈母娘二话不说,挽起袖子进厨房做拿手菜来款待他,老"泰山"更是高兴,多了一个能陪他喝两杯的人了!不过,这爷俩喝的不一样,老人喝青岛啤酒,他则因为要"保持身材",还是习惯喝点法国葡萄酒。

两年多的青岛生活,使彭思凡像其他青岛的年轻人一样,爱吃四川菜,爱逛台东,没课的时候上网聊天玩游戏,喜欢听流行歌曲,特别喜欢王心凌的《第一次爱的人》。他对青岛怀有很深的感情——回法国时,因为有个人不了解中国而说长道短,他听了,整整难过了一个月,"心很疼"——在他心里,青岛和故乡布列塔尼一样重要。

他兴致勃勃地历数他给家人的中国礼物:过年回家时,他给爱吃辣的爸爸带了朝天椒;给爱喝茶的妈妈带了茉莉花茶;给小妹妹买了具有中国传统民族特色的裙子,她觉得很特别,很高兴;弟弟则是一件唐装。

不过对很多法国人来说,中国仍然是一个他们相当陌生的国家,比如像姥姥这样上了年纪的老人,在他们印象中,中国还是一个落后的农业国家,男耕女织的手工业盛行,耕地是用锄头和牛的,所以她会好奇地问他:"中国人耕地是用牛还是马拉车呢?中国的马路上是不是都是自行车?"他会向周围不了解中国的法国人详细地说到在中国的点点滴滴,于是更多的法国人知道原来中国现在发展得很迅速,上海、北京、青岛也是很发达的城市。

彭思凡于是很感谢自己的汉语老师们。他说,老师们教学很认真,也很热情,有的慢慢地还成了他的好朋友。他过生日时,老师送了他一个可爱卡通笔袋,他一直用到现在。因为他的率真,越来越多的同学慢慢喜欢上了这个经常在课堂上"占领"时间发表观点的法国人。唯一遗憾的是,在青岛几乎看不到法文的图书和报纸,中国的电视节目他看起来还是相当吃力,让他觉得一直难以真正融入现在的信息社会。两年多的时间里,他迷上了中国画和剪纸,他打算学完汉语以后,如果找到工作,就一直留在中国。

迷上中国文化迷上中国

与彭思凡遇到的情况一样,不少留学生也碰到了类似的问题:真正来到中国的留学生,对中国的印象和感情与他们身边从来没来过中国的人完全不同。"想当然"和中国现在的实际发展有很多的差距。

小山和行是汉语言文化进修班高级班的学生。今年29岁。他去年从日本静冈市来中国留学。高中毕业后他曾在日本从事建筑设计工作,那时他很想学习中国古典的建筑艺术,促进自己的事业发展;另外他说,在日本,会英语的人太多了,但是会汉语的人并不多,加上自己又很喜欢中国文化,促使他选择中国留学。

在来中国以前,他对中国的历史非常感兴趣。最熟悉和喜爱的是中国历史上两汉三国时期。他最喜爱的中国人是诸葛亮,他说包括他在内的很多日本年轻人,通过CCTV拍的《三国演义》和网络游戏都非常喜欢诸葛亮。"因为他有智慧、有计谋。"

他说,海大的留学生每年有两次外出实践参观,可以广泛接触中国社会的各个层面,增加了对中国人的亲近感和友谊,也交流了不同国家的文化。怀着对中国历史的热爱,他利用在中国的一年多时间,游历了北京、西安、郑州、洛阳等历史文化名城,似乎在参观这些地方时,他感觉得到历史上刀剑的碰撞声。他看到了幅员辽阔的中国的自然和人文风光,还利用各种机会尽可能多地接触了中国人民。

为了更深刻地了解中国,了解中国的发展,他不仅在海大参加专门学习,还利用课余时间跟一个在海大学日语的中国学生结成互助学习对子,互相帮助学外语。学习之余,他非常喜欢踢足球,也经常跑到操场上跟中国学生一起踢,不开口的话,谁也看不出他不是中国人。

因为喜欢历史,他特别喜欢京剧《霸王别姬》,因为它"包含着很多中国的历史文化"。他觉得京剧中的脸谱很漂亮,还用它们区分故事里的好人和坏人。京剧用唱的方式讲历史故事,里面还有很多高难度的动作,非常了不起。

因为非常喜欢中国历史,喜欢中国,他对中国的经济与发展非常关注,就像关注日本的发展一样。他说来到中国发现中国城市发展很快。

他还说道,来中国之后发现中国人挺亲切的。他现在在青岛有不少好朋友都是中国人。

不少留学生都表示,在海大留学是他们一生中很重要的日子。这段经历非常难忘,可能对他们一生都会产生重要的影响。很多留学生在学成回国的时候,因为难以割舍的中国朋友,因为浓浓的中国情结而依依不舍,有的临上飞机还一再表示:有机会还要再来中国,再来海大……

留学生遭遇的尴尬

留学在国外的日子,不光是艳阳高照、风和日丽,也有阴霾。由于文化背景、生活习惯等等不同,初来中国,不少留学生都不同程度地遇到了让他们尴尬和难过的事情。

艾丽(美国):我最近有点烦。知道我是从美国来的留学生后,不少中国人"自来熟",仅仅见过一面他们就觉得成了我的朋友。有的人我甚至并不认识,也打听到我的住址直接找上门来。他们理直气壮地要我帮他们介绍美国的大学,联系导师,帮他们在美国介绍工作,有的甚至要帮我介绍对象!我和他们其实并不熟。美国人如果是答应了朋友的事,一定要认真做到。我只是个学生,因为有些事做不到,不能答应他们,"他们就会生气"。

朱承元(韩国):我晚上跟朋友出去喝酒,因为喝多了,所以打车回家。第二天我拿司机找给我的50元钱去买东西,店主告诉我,这张是假币!

陈劲松(泰国):有次我去坐公交车,因为没听清站名,坐错了车,就被售票员粗鲁地推下车，差点摔跟头。

朴淑贞（韩国）：有次我买东西，我旁边的中国人问老板多少钱，老板说10块。可是当我再问他，他一听我是外国人，马上说：15块！我不买了，他还骂我。他以为我听不懂中国话，其实我都听得懂，心里很难过。

罗哲迪（西班牙）：洗手间没有门，我刚来时经常控制自己喝水不去上厕所；中国人经常有人便后不冲厕所；过马路经常有人不遵守交通规则；在青岛过十字路口是很危险的事，"因为车很快，而且不少车根本不管红灯和路上的行人"。

在采访时，留学生们直率地反映在青岛遇到的种种不文明不礼貌的行为时，作为一个中国人，我常常替我的同胞感到窘迫和难堪。

古语说得好：爱之深，责之切。相信留学生们也是出于对青岛怀有深厚的感情（采访中不少留学生表示，青岛已经成为他们的第二故乡），才会如此直言不讳地批评，出发点还是希望青岛能朝着更文明的现代都市方向发展，青岛的明天会更好。

让我们一起期待

也希望更多的外国友人能通过中国海洋大学这个窗口，了解到真实的中国、发展中的中国；并通过他们，将蓬勃发展的中国海洋大学和青岛、将日益强大的中国传播到世界的四面八方。

二〇〇七年七月月末版

☆ 愿海鸥精神常青不衰

雨虹

　　成立于 1932 年、恢复于 1998 年的海鸥剧社,就像一只翱翔于海洋之上的海鸥,在青春的校园散发着悠久而又年轻的气息。舞台上精湛表演的背后是台下洒下了不知多少汗水的苦练。他们不是伟大的戏剧家,不是万众瞩目的明星,却用一种朴实的行动,播种一缕感动,在乡间,在遥远的革命山区,在你我的心里。

　　加入海鸥剧社,已经成了海大众多戏剧表演爱好者的梦想,而剧社本身也成了海大社团活动的象征。海鸥剧社作为承载校园文化的独特载体,在艺术和精神上经过七十多年的积累、沉淀与升华,经过一代代海鸥人的实践探索与不懈努力,打造出了一个鲜亮的大学校园文化品牌,在传承话剧艺术、弘扬大学文化、推进大学精神文明建设中发挥着越来越显著的作用。

　　海鸥剧社的价值和意义并不仅仅在于其排演了多少剧目,有多少经典剧目让人难以忘怀。作为大学校园里引领时代文化的先锋,海鸥剧社所传播的精神和创造的文化氛围都使她有着鲜明的思想性和时代性,并通过话剧甚至多种艺术形式显现出来。这个古老的剧社,传递的不仅仅是一个深厚的文化符号,更是海大人一脉相承的灵魂,她用舞台诠释了大学生绚丽的精神世界。而这些特性,使她在大学校园里产生了巨大的影响,并以其独特的魅力,成为海大甚至全国高校人文活动领域的领头军。

　　海鸥剧社在实践中始终走在校园文化的先锋位置,引导大学校园文化的价值选择和流向。海鸥剧社所传承与传播的大学文化都深刻揭示了海鸥精神的内涵,即贴近时代、勇于探索、不断创新,打造富有特色的大学校园文化,凝练、弘扬大学人文精神。海鸥精神使海大校园文化具有了鲜明的校园特色和深厚的文化底蕴,并在时代的进程中生生不息,长青不衰。

☆ 飞翔吧，海鸥

——记中国海洋大学海鸥剧社

董倩倩

七十多年前，电闪雷鸣中，一只矫健的海鸥在海天之间起飞了！

她飞越了七十余载风风雨雨，用她高亢的歌声，激励着一批批有志青年和爱国群众，投身到抗日救亡的艰苦岁月中去，投身到建设新中国的滚滚洪流中去，投身到改革开放的伟大时代中去，谱写了一页页光辉的篇章！

起飞

1930年，在地下共产党青岛市委直接领导下建立了国立青岛大学（中国海洋大学前身）地下支部。1931年"九一八"事变爆发，深重的内忧外患中，有着一腔爱国热血的国立青岛大学学生，在学校地下党的领导下赴南京请愿呼吁抗日，却以失败告终。

为了有力地进行斗争，团结广大同学再接再厉地进行民主爱国运动，海鸥剧社在国立青岛大学党支部（由王林任书记）组织下于1932年春诞生了！从此，她用戏剧这种形式表达着人民的悲苦与愤怒，在祖国阴霾的天空里大声啼叫：中华儿女们团结起来，进行反帝反封建、争取民族解放的伟大斗争！新生海鸥的啼鸣声里，燃烧着愤怒的火焰，却也溢满了胜利的希望和对一个古老民族的信心！

海鸥渐渐长大，慢慢地展开了翅膀——剧社成立后不断扩大着影响，发展壮大。在首任社长俞启威（黄敬），首批成员王林、王东升、崔嵬和张福华等十几个人的努力和我国著名戏剧家洪深先生的热情指导下，刚刚成立的海鸥剧社就在极大的爱国热忱的感召下赶排了两个话剧——具有浓厚的爱国主义传奇色彩的《月亮上升》和反映惨遭压榨和剥削的上海产业工人的悲惨生活及其反抗斗争的《工厂夜景》，并在国立青岛大学小礼堂进行了隆重的首场演出。

演出当晚，校内外不下千余人的观众济济一堂，空前的阵势验证了演出的巨大成功。在"九一八"给国人带来太多愤恨与屈辱的时候，海鸥的鸣叫仿佛一声春雷，唤醒了观众，也唤醒了一股潜在的巨大力量——大学生们。他们受到深深的启发和鼓舞，爱国热忱被激发，逐渐地从"百无一用的书生"成长为抗日救亡的积极分子、民族的希望。接着，学生运动、爱国罢课运动在青岛风起云涌，海鸥剧社以高傲不屈的姿态和为民族启蒙的重大贡献被当时中共领导的左翼作家联盟的机关刊物《文艺新闻》热情报道、赞扬,并被赞为"预报暴风雨的海鸥"。

翱翔

这只海鸥在中国的上空高傲地盘旋,与狂风拥舞,与雷声战斗,时而激起愤怒的浪花。但是黑沉的乌云终究无法忍受大海的波涛汹涌。海鸥在群众和青年中产生的巨大影响引起了国民党当局的极大恐慌,1932年5月,国民党当局解散了国立青岛大学,并对中共地下党支部书记王林等进行追捕。在这种情况下,海鸥剧社也被迫停止了活动。但是再大的暴风雨也阻挡不了海鸥已经展开的翅膀,因为她身上背负的是唤醒一个民族的使命。1932年秋,国立青岛大学更名为国立山东大学后,俞启威重返青岛,并继王林之后担任中共山大地下党支部书记和青岛市委宣传委员。几经挫折,海鸥剧社以俞启威、崔嵬、杜建地、杨洛昆、李秀英、李岱思等人为骨干恢复了活动,并进一步由学校发展到社会上。1932年秋天,海鸥剧社先后在山大礼堂演出了《一致》《暴风雨中的七个女性》,在青岛大舞台演出了《乱钟》《SOS》《婴儿的杀害》等话剧,又一次回到了唤醒民众、宣传抗日的历史舞台上。不屈的海鸥重新展翅飞翔起来!

在东北沦陷、华北危机四伏而日本帝国主义随时可能入侵的危急关头,1932年冬,海鸥剧社决定将话剧的演出深入到农村,同时调查崂山地形,必要时和日本鬼子打游击。于是崔嵬把反映人民群众抗日思想的话剧剧本《放下你的鞭子》改编成适宜在农村街头演出的形式,即"广场剧",采用当地的方言进行演出。1933年的春节期间,俞启威同崔嵬、杜建地、赵星火、梁桂珊和李秀英等人带着简单的服装道具深入崂山农村,以人民群众喜闻乐见的方言在崂山演出街头剧《放下你的鞭子》。因为他们的演出运用方言的形式,所以受到人民群众的热烈欢迎,鼓舞了青岛人民抗日救亡的斗志。

"七七事变"以后,崔嵬带着这出戏,演遍了大江南北,为宣传抗日,尽了一个中华儿女应尽的义务。将话剧改编为街头剧,用土话为农民演出,这在青岛、山东乃至全国的戏剧史上都是开创性的,产生了极其深远的影响,这也是海鸥在抗日救亡的过程中对艺术的积极探索。

海鸥极具鼓动性的大声呐喊又一次使反动的国民党政府当局如坐针毡,因为他们惧怕人民的觉醒,海鸥已经成了他们眼中钉、肉中刺,他们欲折断海鸥飞翔所依赖的翅膀。1933年夏,青岛地下党组织遭到破坏后,海鸥剧社也因为俞启威的被捕停止了活动。活动虽然停止,但海鸥的精神还在海鸥人身上继续传承。

重生

　　历史是如此的悠长，海鸥却不远万里一路飞越，在历经了无数风雨后，海鸥剧社终于在中国海洋大学恢复成立。在海大的深邃与博大的胸怀里，海鸥正在一如既往展翅翱翔！1998年3月，在我校团委和学生会的大力倡导与支持下重新组建了海鸥剧社，并于当年5月17日成功演出了《雷雨》《项链》《深情》等剧目，海鸥又一次在涅槃中获得了重生。

　　新生的海鸥成为引领校园文化的精灵，在海大的怀抱里自由自在地飞翔。她秉承先辈的优良传统，发挥活跃校园文化的作用，以立足现实、贴近生活、服务社会为宗旨，"说身边事、演身边人"，陆续上演了大批紧密联系生活的优秀剧目。从将光荣牺牲的海大英雄王成海的精神带进我们心中的《海之魂》到让我们将理想与西部的广袤紧紧相连的《他将远行》，从引发我们对于留学和民族尊严的思考的《东京的月亮》到讲述与我校"绿色通道"政策有关的故事《谁打了我的鸭子》……海鸥也总是带给我们成长的感动，《天使悲歌》《谁打了我的鸭子》《生日》作为海鸥剧社近两年的"感人三部曲"在上演的过程中一次次让海大人泪眼滂沱。

　　为了飞得更高，海鸥剧社还注重加强与学校其他社团和青岛其他高校的话剧社团以及青岛各文化社团之间的交流与合作，为我校和青岛市的文化建设作出了突出的贡献。与市南文化局"十一"期间共办的海鸥剧社大型专场综艺晚会让更多的青岛人走近海鸥，了解海鸥；同市南区创办"奥运之声"周末音乐会履行宣传奥运、宣传青岛、宣传海大的神圣职责；青岛市话剧院、歌舞剧院、五四广场、社会福利院里留下的海鸥人的身影让海鸥精神深入每一个人的心里……同时，海鸥关注贫困山区农村，开展送文艺下乡活动。抗日战争胜利六十周年前夕，海鸥剧社部分成员随队奔赴沂蒙山革命老区走访慰问"沂蒙六姐妹"、"沂蒙红嫂"。剧社不仅见证了中国海洋大学的成长和发展壮大，并以独特的艺术魅力凝聚和影响了一代代青年学子，发挥着独特的育人功能。

　　在校团委的指导下，海鸥剧社正在不断发展壮大，现已成为阵容强大、机构完善的优秀学生社团，剧社也由单一的话剧表演社团逐步成长为以话剧编演为主要特色，包括器乐、声乐、舞蹈等各种艺术形式的综合性社团。每学期不拘一格的纳新活动也及时地为海鸥输送着新鲜的血液。

　　今天的海鸥剧社，以精彩的话剧表演和丰富的综艺活动，让海鸥这个名字深深铭刻在了海大人和青岛市民的心中。海鸥已成为海大和青岛市各类演出活动不可忽视的一股力量,成为中国海洋大学优秀学生社团中的一个重要品牌。从山东省大学生校园剧大赛荣获一等奖,到获得全国高校"优秀学生社团标兵"的称号,到荣获2006年全国高校校园文化建设优秀成果一等奖,所有的荣誉都充分地说明了海鸥的成长与进步,见证了海鸥人的努力与对艺术的不懈追求。

　　海鸥在飞越了七十多年的风雨历程后,从一个推动中国抗日革命的党的团体,发展成了活跃在校园中的一道亮丽的风景,在开展校园文化建设、提高人文素质、组织校园文化活动、开拓校园文化建设新载体方面起到了巨大的作用。

　　蔚蓝的天空,辽阔的大海,海鸥飞翔的舞台越来越大。我们有理由相信,不管再过几个百年,我们的海鸥会永远伴随着海大的前进步伐展翅翱翔,越飞越高!

二〇〇八年十月月末版

☆ 卓越的物理海洋学家、教育家赫崇本

文圣常

赫崇本先生是我国著名物理海洋学家、海洋教育家。他在西南联合大学任教期间，受物理学家吴有训赏识，并经同行推荐，1943 年赴美留学，专攻气象学。1947 年以论文《利用统计方法分析北美洲大气形成》获加利福尼亚理工学院博士学位。受挪威气象学家、海洋学家 H. U. 斯韦尔德鲁普的影响，赫崇本认为，气象研究应从全球系统考虑，且必须扩充到海洋领域的研究，否则是不能彻底解决大气问题的。赫崇本的这一想法得到地球物理学家赵九章和海洋生物学家曾呈奎的支持，于是又入美国加利福尼亚大学斯克里普斯海洋研究所师从斯韦尔德鲁普，与美国年轻的海洋学家蒙克一起从事海浪研究。

1948 年国内解放战争已接近全面胜利，美国加紧了对留美中国学者归国的控制。赫崇本为了尽早实现海外赤子报效祖国的理想，毅然放弃了在美国工作的机会，接受山东大学海洋研究所和曾呈奎教授的邀请，于 1949 年春回国。

他作为中国海洋科学事业决策人之一，肩负着海洋科学学术领导工作。作为海洋科学教育家，他开创了我国的海洋科学教育，特别是我国的物理海洋科学教育。

他在学术研究上的成果主要有两方面：一是开创并推进我国对海洋学基本问题之一——水团的研究，尤其是对黄海冷水团的研究；二是针对我国浅海水域的特点，系统进行海洋调查方法的研究，对我国海洋科学的发展作出了突出贡献。

赫崇本等在《黄海冷水团的形成及其性质的初步探讨》一文中，首次对黄海冷水团的形成、性质、范围及季节变化等问题，系统而全面地进行分析，肯定黄海冷水团的形成是在冬季，而且是在黄海本地形成的。他严谨地论证了大气圈与水圈的相互制约关系。这种大范围考虑的分析方法，不仅适用于黄海冷水团的研究，而且对整个浅海水团的研究都具有指导意义。他与管秉贤对南海中部海水热、盐结构和海盆冷水来源的分析，则开拓和推动了我国的深海水团的研究。他主编的《全国海洋综合调查报告·第四分册·中国近海水系》，对划分复杂的浅

海水团提出一些创造性的原则，并首次全面地论述了渤海、黄海、东海和南海近海区的水团分布、形成机制和季节变化。这本专著成为重要的经典文献。

他组织并参与了1958年9月至1960年12月在我国近海海域进行的第一次大规模全国海洋综合调查，这是我国海洋科学史上空前的壮举。为确保这次海洋调查资料的可靠性与权威性，他建议和组织两船反向观测的对比试验及多船同步观测验证，并对浅海水文调查方法等有关问题进行了深入的研究，系统论证了逐日变化、周日变化和临时变化对浅海水文状况的影响及其产生的原因，在此基础上提出各种切实可行的订正方法。关于在浅海海洋调查中要充分考虑水文要素变异等的基本问题与海洋调查特点赫崇本及其合作者发表了一系列的论文，为结合我国广阔海域特点发展海洋调查方法奠定了基础。

他在我国海洋教育事业上作出了开创性的贡献。他回国时全国尚未解放，开展海洋研究十分困难，但他已有充分的思想准备，坚信我国一定会开展海洋研究，也必须开展海洋研究。从长远角度考虑，要开展海洋研究，必须培养出一批具有较高素质的海洋科技人才，而且要有一代又一代的接班人。只有这样，我国的海洋事业才有希望，我国才能有朝一日跨入世界海洋科学之林。于是，他将从事海洋研究的巨大激情转化为培养海洋科技幼苗的热情，坚定地为祖国培养海洋科技人才。

他的后半生都奉献给了教育事业，在我国首创物理海洋学和海洋气象学专业；他编著、讲授物理海洋学和综合性海洋学课程；作为气象学家，他跨专业讲授动力气象学。由于他的建议、支持和推动，原山东海洋学院创办了一批海洋科研机构，包括海洋研究所（后改为物理海洋研究所）、河口海岸带研究所、海洋环境保护中心、海洋光学信息中心、海洋激光研究室、海洋药物与海洋食品研究所、海岸工程研究室等。这些科研机构不仅取得了相当多具有中国特色的研究成果，加强了国际交往，而且极大地丰富了教学内容。赫崇本要求以教学促进科研，以科研推动教学。为给学生创造优良的海上实习基地和便于教师的教学与科研，他亲自负责筹建与督造由中国自行设计、建造的"东方红号"海洋综合调查实习船。为使我国海洋教育事业尽快赶上世界先进水平，在物理海洋专业中，除自己精心讲授潮汐学等专业课外，还聘请厦门大学海洋系主任唐世凤教授、中国科学院海洋研究所毛汉礼研究员授课，商调哈尔滨军事工程学院的文圣常教授到海洋学院工作。在海洋气象专业中，除自己兼职外，还聘请青岛观象台台长王彬华教授和四川大学牛振义教授，从而使教学质量大大提高。自1952年赫崇本主持山东大学海洋系之后，该系就成为中国培养高等海洋专门人才的摇篮。

赫崇本参与了发展我国海洋科学事业的重要决策工作。20世纪50年代中期，他积极参与我国海洋科技工作的组织和领导，任中、朝、苏、越西北太平洋渔业委员会海洋组副组长和国家科委海洋专业组副组长。他响应李四光、竺可桢、童第周、赵九章等学者的倡议，在1956年、1962年两次参与制定我国海洋科学的长远规划，从而使我国的海洋科学在国家计划的指导下迅速发展。考虑到我国具有漫长海岸线，又具有众多海洋部门的特点，要使有限的财力、人力、物力发挥最大的效益，必须设立一个统一的海洋管理机构，只有这样，才能使我国的海洋调查事业，既有计划，又不致重复投资，既迅速，又协调地发展，赫崇本和曾呈奎等24名地学界专家于1963年向中央提出建议，从而促成负责全国海洋调查事业的国家海洋局的诞生。20年后，我国终于出现全国海洋机构协作的南极洲和南太平洋海洋考察的壮举。

对于海洋调查，他高瞻远瞩。早在20世纪50年代末，在进行全国海洋综合调查时，他从国外的研究经历中就深刻地认识到，海洋调查的关键在于海洋研究手段。他从长远考虑，提出必须加速我国海洋研究手段的发展。为了使我国海洋调查技术与装备系列化、自动化、标准化、现代化，在赫崇本等的倡议下，国家海洋局海洋仪器研究所（后改为海洋技术研究所）和山东省海洋仪器仪表研究所相继成立，天津气象海洋仪器厂得到扩展，其他研究与生产海洋仪器的研究机构也得到支持与加强，在部分有关的高等院校中也先后建立起海洋仪器研究机构。尤为重要的是，通过国家海洋局在全国先后组织两次大规模的海洋仪器联合研制，促进了我国海洋调查仪器与装备基本国产化与现代化。

他从长期研究中悟出，一种新型海洋仪器的诞生不仅可以促使海洋调查效率提高，更重要的是，可以对现有海洋理论与学说进行一次新的鉴定、推动和发展，甚至是又一次新的挑战。海洋科学发展的历史已无数次地证明了这一点。

他始终关怀着中国科学院海洋研究所和其他海洋研究机构的发展。回国初期，他兼任中国科学院海洋生物研究室物理组组长和研究员，培养了一大批研究人员。其中不少人已成为重点课题的负责人和博士生导师。在他的关怀、支持、扶掖下，在物理海洋学领域中，中国科学院海洋研究所和国家海洋局几个海洋研究所都成为具有相当水平与特色的海洋研究机构，为我国增添不少荣誉。

他是一位很有才华的海洋学家和气象学家，又是胸怀广阔的海洋教育家。为了使海洋科技人才尽快成长，他亲自指导年轻学者和教师的教学与科研，花费大量精力,往往是停下自己的研究工作为他们修改论文或专著。他这种甘为人梯、扶掖后人的精神,成为我国海洋学界的佳话。

☆ 怀念慈父

赫羽　赫竞

在爸爸100周年诞辰之际,爸爸对我们子女成长的关爱历历在目,记忆犹新。我是老大,有一个弟弟和一个妹妹。爸妈与我们子女之间是平等的关系。1943年,爸爸在昆明西南联合大学物理系任教(讲师)时,清华大学决定从老助教和讲师中选派七名赴美留学生。经考试等选拔,爸爸被选派赴美留学。爸爸走后,坚决支持爸爸到美国留学的妈妈挑起了养育三个子女的重担。妈妈是师范学校毕业,但在抗日战争时期的后方昆明找到一份固定的工作是不可能的。妈妈从店家领些在缎子被面上绣上中国龙图案的刺绣活,又到学校争取些刻写讲义的活……靠妈妈打零工赚钱,维持我们的生活。

爸爸在美国留学第一年的费用是有保障的,以后就由自己解决留学经费。爸爸攻读博士学位,还要工作,以支付留学经费和尽力购买回国工作所需的图书资料,再就是托付回国的中国同胞捎点钱给妈妈。爸爸并不认识捎钱的人,只因都是中国同胞。大多数捎钱的人,设法找到我们,把装有钱的信封交给妈妈。我们永远不能忘怀一名中国飞行员,他在返航回国途中遭到日寇炮击,跳伞下来,又千方百计地找到我们。当妈妈从他手中接过已烧掉一个角的信封时,热泪夺眶而出。他对妈妈说,这封信一直放在他的胸袋中。也有这种时候,妈妈千方百计地联系捎钱人,却收不到爸爸托人捎来的信封。

在我六岁多时,爸爸去美国留学。1949年春爸爸回国,任山东大学物理系教授。新中国成立后,爸爸为创建与发展山东大学海洋系、山东海洋学院(现中国海洋大学)物理海洋与海洋气象系以及山东海洋学院耗尽了心血。他为发展中国海洋科学事业,特别是开拓与发展中国物理海洋科学竭尽心力。他和我们子女单独相聚的时间很少,但他对我们子女成长的关爱却很多。

新中国成立前,由于生活艰难,我既要帮妈妈做家务,又要照看弟弟和妹妹,所以有时候能到小学读书,有时候只能在家由妈妈辅导学习小学课本。新中国成立后,我才能上初中、高中、大学念书,接受正规的教育。我正在为自己写的汉字很"烂"而苦恼时,爸爸从北京旧书市场寻觅到一本如何写好汉字的书《百日见功》送给我。按照书中提供的写字方法,我每天写一定时间的汉字,坚持了100天,果然有了进步。考大学时,爸爸提了建议,我没有采纳。我自己选择了一所五年制大学的电机系。爸爸尊重我的选择。刚入大学时,我写信给爸妈,述说了课时数最多的高等数学课。不久,我就收到爸爸寄来的一篇文章《如何学好高等数学》。这是爸爸请执教高等数学的教授写给我的一封信。这篇文章对我学好高等数学课起到很积极的作用。

弟弟赫竞从小喜欢动手制作。每当完成一个"作品",爸爸都能和弟弟一块分享成功的喜悦。每天,弟弟都从妈妈发给他买午饭的钱中留下一点。积攒到一定数量的钱后,他就到旧货市场,选购他想要的零件。他用这些选购来的零件组装、调试成收音机等器物。在读高中时,由于学的知识多了,他的有些想法难以实现。爸爸总是让弟弟把他的想法画成图,由爸爸带在身上,请教有关专家。弟弟大学毕业后在工厂工作,他的动手能力、他的创新能力、他的实干精神都有了施展空间,这真是如鱼得水。他独自设计原理模型和工艺流程,并亲自参与制造了一台转子发动机,获得了1986年全国发明展览会银牌奖。

弟弟回忆说,记得爸爸从美国回来,给我买了两个并不值钱但很有意义的玩具。一是陀螺仪,用线绳拉动后,高速旋转,拿在手上摆动它,有稳定方向的作用,放在支架顶尖上能稳定地站立而不倒。另一个是小汽艇,放在水盆里,点着船舱里的小油灯,便能听见"嘣嘣、嘣嘣"清脆的"汽缸"声,小艇在盆里跑个不停。原来,它的"锅炉"受热面铁皮很薄,火一烧就胀起来,吸进水滴又瘪回去,吸进的水滴受热后变成蒸汽又原路从后面喷出。就这样,"锅炉"一胀一瘪地推动小艇巡游。这可能是世界上最简单的发动机。小艇跑起来活像早期电影上(大概是英国)的汽艇,给我的童年带来愉快的遐想……而今,我是一名发动机专业的退休工程师,已经从微观层面解决发动机的二冲程换气问题。汽车的大幅度节能,不应是代价高昂、结构复杂。我正在总结多年来的发动机实验研究结果,为节能环保,作出自己的贡献。

爸爸对我们的教育是多方面的,既有深入浅出的知识启蒙,也有认真严谨的作风感染。在爸爸100周年诞辰之际,我们深切怀念爸爸。

(执笔人 赫羽)

恩师

冯士筰

轻轻的我走了，正如我轻轻的来；我轻轻的招手，作别西天的云彩。

徐志摩先生这首《再别康桥》的诗篇，仿佛描述了我的恩师赫崇本先生淡泊无私的一生。

上世纪80年代第五个年头的7月14日，当太阳从东方升起来的时候，赫崇本先生这颗中国海洋界的启明星却悄悄地陨落了。

赫先生轻轻地走了，他走得是那样安详，那样平静，似乎临终也不愿意给大家增添麻烦，不愿意留给亲人和朋友们更多的悲伤和哀愁……赫先生却把他老人家全部的精神遗产留给了后人，留给了中国海洋界的学子，留给了他的朋友和学生们。

我第一次见到赫先生是在我开始教书生涯后的第一个新年到先生家拜年的时候。当然，在此之前，先生的大名早已如雷贯耳。后来才知道，把我和我大学同班三个同学在1962年毕业时由清华力学系一块要来山东海洋学院海洋系执教，就是赫先生在发展中国海洋教育和科学事业这盘棋上下的一个棋子。赫先生给我的第一个印象，俨然是一位庄重的慈眉善目的老学者。

现在掐指算来，赫先生当时也就是五十四五岁，看来可显得有些老态龙钟了。这可能正表明了先生半生风霜和操劳留下的岁月痕迹。像很多大学问家一样，赫先生话语不多，总保持一种沉思的目光，仿佛在目光中还夹杂着一丝淡淡的忧郁。是不是先生已经预感到了当时社会上暂时的平静，只不过预示着一场更大的暴风骤雨即将来临？今天，四十多个春秋过去了，回首当年，往事如烟……人生一世，最大的幸运莫过于际遇几位良师益友了。不仅小学、中学，直到大学毕业以后，还能受教于像赫先生这样的恩师，对我来说，实为生来最大的幸事了。赫先生为中国海洋教育事业和海洋科学事业的创立和发展贡献了自己的一生。赫先生不仅以其事业上建立的功勋，更以其人格的力量感召着海洋界的学子和世人。坐落在海洋大学校园中的先生的第一座雕像，集中地体现了他的学生和同事们对先生的无限敬仰和深切悼念之情，这是学子的呐喊，这是时代的召唤！耸立在青岛市百花苑中的先生的第二座雕像是党、祖国和人民为先生建立的一座不朽的历史丰碑！除了《中国大百科全书》以外，还有许多纪念和介绍赫崇本先生的文章，我也曾在一次有关少数民族科学家的会议上对赫先生的一生作过全面的介绍。但是一个曾发生在先生和我之间鲜为人知的故事，一直埋在我的心底，相信说出来会让我们大家都有所启迪。

我开始真正结识和了解先生是在1968年跨入1969年的那个荒唐时代的隆冬岁月。当时的"革命"造反派，为了彻底清理"阶级队伍"，把赫先生和我双双"扫"入了"牛棚"，美其名曰"毛泽东思想学习班"。为了把这些"牛鬼蛇神"置于贫下中农直接监督改造之下，赫先生和我随"牛"队被分配到文登县的一个小小渔村。包括赫先生和我在内的六条"牛"同挤在一座废弃的破旧磨坊中。屋中除了一盘残缺的石磨外，还有一个也是残缺的土炕，这就是我们的"牛棚"。每天凌晨，顶着凛冽的寒风，怀中揣着两把冰凉的地瓜干，挣扎着到海滩上去劳动改造，直至下午"残阳如血"的时候方开始收工。晚饭还是煮地瓜干，虽是热乎乎香喷喷的，但是想吃可不敢多吃，因为有"罪"，有时也吃不下去，而且晚饭后往往要开批斗会，我们要站在土台上弯腰低头，接受贫下中农和"革命"师生的批斗。请问食能下咽乎？散会后，若不太晚，还必须伏在石磨上在小油灯下写"检查交代"，时不时在睡前还要"聆听""革命"造反派和"专案组"的一番吆喝和教训。直至午夜已过，万籁俱寂，估计"革命"造反派和"专案组"在经过了一天批斗的劳累之后，已安然睡去时，我们这六条"牛"才敢挤在残缺的冷炕上各自去寻自己的梦……寻梦？撑一支长篙，向青草更青处漫溯；满载一船星辉，在星辉斑斓里放歌。

但我不能放歌，悄悄是别离的笙箫；夏虫也为我沉默，沉默是今晚的康桥。

那个时代，除了沉默，似乎就只能是沉默了。但沉默也不容易。磨坊中，虽有火炕，但不让生火，因为睡在炕上的是几条"牛"，还是"有罪的牛"；再加上那年冬天分外寒冷，三天两头风雪交加，大有"卷我屋上三重茅"之势！当时赫先生已年逾花甲，又体弱多病，一天劳累下来已是腰酸背疼，还要顶着"反动资产阶级学术权威"和"苏修特务"两顶帽子，被批斗，写交代，检查自己莫须有的罪名，受尽精神上的煎熬。古人曰，士可杀而不可辱，真是情何以堪！

沉默的是康桥，在斑斓的星辉里放歌才是真正的奋进。在开始流放一个月之后，赫先生以其独特的方式开始"放歌"了。

一天夜晚，当我尽量舒展自己的躯体，躺在床上，挤在赫先生身旁，打算去寻求自己的黄粱美梦时，赫先生突然凑到我的耳朵上悄悄地说："我相信这种情况不会永远不改变，国家总会有用我们的那一天。"当时我简直不敢相信自己的耳朵，如此循规蹈矩的赫先生怎会说出如此"大逆不道"的话来！我稍加镇定，问赫先生："您老的意思是……"可能是对我的态度暧昧或悟性太差不满，赫先生叹了一口气说："我的意思是，毛主席和党的政策一贯是'惩前毖后，治病救人'。我们国家还要建设成现代化的社会主义强国。我们只要低头认罪，争取早日解放，回到人民队伍中去，就可以继续为我国海洋事业作出贡献。"接着他叹了一口气，补充说："老冯，你要相信毛主席和党。也许我赶不上了，望你好自为之！"我热泪盈眶，因为我终于明白了先生嘱托的内涵！从后来隔三岔五赫先生总要在午夜以后，躺在炕上，挤在我旁边，不管多么身心俱疲，还要悄悄地给我讲述世界和中国的海洋科学发展史这些举动中，就更证明了我的猜测是完全正确的。这是托孤，是信任，是期待，是鞭策。先生热爱海洋，如同一个母亲在历经磨难之时仍然深爱自己襁褓中的婴儿；先生热爱祖国和人民，如同一个儿子在受尽委屈之后仍然不忘孝敬他苦难中的父母！这是数九寒天，在朔风呼啸的一个小渔村的漆黑的夜晚，先生站在前方海洋的碧波上，给我们点亮的一盏导航明灯！呜呼！"僵卧孤村不自哀，尚思为国戍轮台"，这是多么坚定的党性，这是多么高尚的品格，这是多么博大的胸襟啊！

  赫先生为人一世，仿佛是为他人而生，为众人而活，直至先生飞升天国的时候，也不带走一片云彩来陪伴他那高尚而孤独的魂灵……悄悄的我走了，正如我悄悄的来；我挥一挥衣袖，不带走一片云彩。

二〇〇八年十一月月末版

☆ 驻校作家·迟子建·茅盾文学奖

温奉桥

近日,著名作家、中国海洋大学驻校作家迟子建的《额尔古纳河右岸》与贾平凹的《秦腔》、周大新的《湖光山色》以及麦家的《暗算》一起获得第七届茅盾文学奖。茅盾文学奖被认为是中国当代最重要的文学奖项之一。中国海洋大学的师生在情感上是把迟子建看做是"自家人"的,听到这一消息,每一个海大人都分享着她的成功和喜悦。

中国海洋大学具有深厚的文学传统。从上个世纪30年代的蔡元培、杨振声、闻一多、沈从文、老舍、梁实秋、萧军、萧红等到50年代华岗、冯沅君、陆侃如、萧涤非、高兰,在鱼山路5号,八关山下,活动着他们的身影,甚至直到今天,仍让人遥想起30年代"酒压胶济一带,拳打南北二京"的文采风流的盛况。半个世纪后,中国海洋大学高瞻远瞩,提出了延续人文传统、重振人文辉煌的战略口号。2002年4月,王蒙先生加盟海大,担任海洋大学教授、顾问和文学院院长,拉开了海洋大学第二次人文复兴的序幕。在王蒙先生的引荐下,毕淑敏、余华、张炜、迟子建、尤凤伟、严家炎、童庆炳、柳鸣九、何西来、袁行霈、吕必松、朱虹、顾彬、余光中、白先勇、舒乙、叶嘉莹、华克生等一大批海内外卓有成就的作家、诗人、学者来到海大,成为中国海洋大学的客座教授和驻校作家,极大地提升了海大的知名度和影响力。王蒙先生不但是一位享誉海内外的大作家,还是一位富有探索精神的教育家。加盟海大以后,在王蒙先生的积极倡导和推动下,创立了名家课程体系、驻校作家制度、名家论坛以及科学·人文·未来论坛等著名学术品牌,在学术界产生了强烈反响。特别是驻校作家制度,更是开创了国内高校引进智力的新模式。

迟子建的《额尔古纳河右岸》就是这一制度结出的硕果。

2002年10月,在王蒙先生的引荐下,迟子建与余华、毕淑敏、张炜、尤凤伟等当代著名作家一起加盟中国海洋大学,成为我校历史上首批"驻校作家"。在聘任仪式上,迟子建以她特有的诗性话语说,文学代表了一种幻想,她经常幻想自己是一只鱼。如果说中国海洋大学是一个海的话,她这条从北极村出来的小鱼愿在此畅游。从此,黑土地的女儿,有了海之缘。对此,迟子建在《文学的"健康快车"》一文曾略有描述。在中国海洋大学"作家周"期间,迟子建给海大师生留下了极为美好的印象。

2005年5月,迟子建再次以驻校作家的身份,来到中国海洋大学,这次她是来实现写一部"落款为'写于中国海洋大学'的小说"的夙愿的,这部"写于中国海洋大学"小说就是《额尔古纳河右岸》。

《额尔古纳河右岸》是中国海洋大学自创建驻校作家制度以来,在短短的几年时间里,继王蒙先生的长篇小说《青狐》之后,第二部诞生在这座美丽校园里的重要作品。这其实是一件富有意义的事情。对此,迟子建在《额尔古纳河右岸·跋》——《从山峦到海洋》以及《心在千山外》的演讲中曾有记述:

> 初稿完成后,受王蒙先生的邀请,我来到青岛中国海洋大学,做这部长篇的修改。我是这所大学的驻校作家。海洋大学为我提供了生活上便利的条件。在小说中,我写的鄂温克的祖先就是从拉穆湖走出来的,他们最后来到额尔古纳河右岸的山林中。而这部长篇真正的结束又是在美丽的海滨城市青岛。我小说中的人物跟着我由山峦又回到了海洋,这好像是一种宿命的回归。如果说山峦给予我的是勇气和激情,那么大海赋予我的则是宽容的心态和收敛的诗情。在青岛,我对依芙琳的命运进行了重大修改,我觉得让清风驱散她心中所有世俗的愤怒,让花朵作食物洗尽她肠中淤积的油腻,使她有一个安然而洁净的结局,才是合情合理的。从这点来说,我得感激大海给我的启示。

王蒙先生的《青狐》和迟子建的《额尔古纳河右岸》,使人想起了上个世纪30年代诞生在中国海洋大学这个校园里面的中国现代文学史上一个个闪光的名字:《骆驼祥子》《月牙儿》《三三》《从文日记》《奇迹》等不朽名著。曾经被隔断近半个世纪的"文脉",在王蒙、迟子建、余华、张炜、毕淑敏、尤凤伟等这批驻校作家这里得以延续,中国海洋大学鱼山校区这座美丽的校园,文脉蓬勃,文气葳蕤。

迟子建是黑土地的女儿,她是黑土地上绽放的一朵美丽的花朵,是黑土地上最美丽最动人的记忆,也是黑土地上的永远的"童话",是白山黑水间的精灵。我在写这篇文章的时候,无意间读到评论家施战军兄发表在《文艺报》上评论迟子建的文章《一个逆行的精灵》,他也用了一个词:"精灵",这或许是迟子建留给大家的共同的印象。迟子建曾说:"作家应该永远把眼光放在未来。"我们期待迟子建这只来自白山黑水间的"精灵",在未来的文学的天空中振翅高飞。

海大驻校作家制度由来

王宣民

中国海洋大学驻校作家制度是全国高校独有的人文教育品牌，驻校作家已达7位。他们是毕淑敏、余华、迟子建、张炜、尤凤伟、莫言和王海。

2002年4月，王蒙走进春光明媚的海大园，从时任校长管华诗院士手中接过聘书，成为中国海洋大学教授、顾问、文学院院长。王蒙的加盟，是海大加快人文科学发展中具有里程碑意义的一步，标志着海大向建成国内知名、特色显著的综合性大学目标又迈出了坚实一步。

王蒙受聘后，及时给海大提出了建议：聘请驻校作家，让他们在海大创作，把身影留在海大。王蒙的构思为志在重振校园人文辉煌的海大人开阔了思路，立即得到学校的响应。

驻校作家制度是国外大学一种常见的文学与大学教育沟通互补的方式，很多作家在大学内以驻校作家的身份作阶段性的研究、创作、讲学，而中国的大学一直没有这样的制度。

2002年10月29日，在王蒙先生的举荐下，毕淑敏、余华、迟子建、张炜、尤凤伟等5位作家从校长管华诗手中接过聘书，成为海大首批驻校作家。这在国内高校尚属首次。

毕淑敏的话代表了首批驻校作家的心声："当我接过聘书、别上校徽，我是从双手热到心中热，在这几年的时间里，我最大的希望就是写一部新的作品，在作品的最后写上'写于中国海洋大学'。"短短的几句话引来了场内热烈的掌声。

余华谈到他的到来与王蒙的关系时诙谐地说："我一直想在王蒙老师手下干，当年他在《人民文学》当主编的时候，我想去混个编辑干，结果不行；现在王蒙老师当了海大的文学院院长，我终于可以在他手底下当差了。我们是跟着王蒙来的，当然，我对能当上海大的驻校作家感到非常荣幸。"

迟子建告诉大家，对于山东，她是既陌生又亲切。两次来过青岛的迟子建非常喜欢青岛，对于这次受聘于海大，她以女作家特有的细腻做了一个比喻："文学代表了一种幻想，我经常幻想自己是一条鱼。如果说中国海洋大学是一个海的话，我这条从北极村出来的小鱼愿在此畅游。"

张炜说："我出生在海边，后来在济南工作，不过我每隔一段时间就会到海边一次，大海是我喜欢的地方之一。除了大海之外，我最喜欢的还有森林和大学，我一直想进大学工作。现在我来到了中国海洋大学,一下实现了我的两个梦想,人到中年能有这样的际遇,也算幸运了。"

尤凤伟是青岛人,他自然比别的作家显得多少有点东道主的"派儿",他给大家出了个谜,有10年的时间他每天都要从海大走,谁知道是为什么?看到大家面面相觑,尤凤伟赶紧解开了谜底:原来他每天都经过海大到文联上班。这个小幽默让全场忍俊不禁。他说:"海大现在今非昔比,已经发展为一棵参天大树,能来海大非常激动。"

2008年11月8日,吴德星校长为著名作家莫言、王海颁发了驻校作家聘书。他表示,海大的各位驻校作家通过自己的努力取得了很高的社会声誉,也为海大赢得了荣誉,海大的师生也为他们成绩的取得感到高兴。他说,在王蒙先生的积极倡导下,在全体海大人的共同努力下,海大崇文尚文的文化氛围已经逐步建立起来,海大重现上个世纪30年代文学光辉的时代也即将到来。

在海大特色学科优势明显的情况下发展人文社会科学,驻校作家制度显得非常必要,意义非同寻常。这些作家在海大创作,他们的身影就会留在海大,学生们看到他们就有一分惊喜和感动,潜移默化中他们的精神世界就会受到影响。这种潜在的影响不能低估。

全国人大常委、民进中央副主席朱永新教授表示,大学里有了驻校作家,才能更有人文气息和学术氛围。

☆ 海大的"作家楼"

王海

第一次去青岛,青岛碧水蓝天,城市很美。走进中国海洋大学仿佛走进一个偌大的公园,那优美的环境令人赞叹,具有百年历史的建筑风格,使我想起这学校走出走进的一个个文化巨子:闻一多、老舍、沈从文、梁实秋、王统照、陆侃如、冯沅君……这些文化巨子像灿烂的星光照耀着这所具有灿烂历史文化的高等学府。

我走进学校打听文学院的地址,忽然一位端庄清秀的女士唤我的名字,我感到迷惑，我从未来过海大，学校也未曾有熟悉的人。她走近我，给我一张名片说："我是文学院办公室的，给您打电话打不通，没法接您，我们很着急！"此时我才知道，她是文学院办公室主任朱月娥，她说王蒙先生已下飞机，马上就到，我和他住一个楼上，我很高兴又和王蒙先生见面了。温奉桥教授接过我的提包，带我去住所。他把我带进作家楼，说楼前那块卧石上面题写着"作家楼记"，在这里住过的学者、作家名字都会刻在"作家楼记"上。我住的是两室一厅的房间，有厨房，有工作室，还有会客厅。两人坐定，他给我介绍曾在这个房间住过的作家迟子建和张炜，我抬起头，墙上挂着他俩的照片。温教授说，您下次来就会看到您的照片也挂在上面了。

一会儿工夫，有人告诉我，王蒙先生和夫人已到了，吃饭的时候就可见面。我下楼在餐厅门口等候王蒙夫妇的到来，听到楼外有说话声，几位老师正在聊天，他们前面是一块卧倒的巨大石头，我想那一定是"作家楼记"。我走出楼门，楼门的响声惊断了他们谈话，文学院的老师热情地和我打招呼，我和他们一一握手，其中一位给我递送名片：谢有顺。他是中山大学文学博导、第七届茅盾文学奖评委、全国著名评论家。我再次和他握手，虽然未曾见面，但我对他已很熟悉了。温教授介绍说：谢老师是我们特别邀请的学者。他指着身后的卧石说，这就是"作家楼记"。我看见那块卧石有三米见方，上面题写着"作家楼记"，下面是一长串来到海大讲学的知名学者和作家的名字。我凝视着"作家楼记"，方知"驻校作家"以及设立的"名家课程"体系、开设的"名家讲座"系列、"科学·人文·未来"论坛等文学活动，都是王蒙先生在海大提倡创立的。学校为感谢王蒙先生及诸作家、诗人、学者对学校发展的贡献，特命名多位作家、诗人、学者曾居住的五十四号楼为"作家楼"。我转身回望这座五十四号楼，便觉得这楼和其他楼有了异样，那墙面的砖块变成了书籍，用书砌成的门窗有了文学的符号，就连开拉防盗铁门的那吱哑声也变成了一种悦耳的音乐。我和王蒙先生一块走进餐厅，再看王蒙先生，觉得他比以前高大了许多。

夜里，青岛天空的星星特别亮，我坐在工作室的凉台上看星斗。我想，那几颗最亮的星斗一定是为海大作出贡献的文化巨擘。

二〇〇九年四月月末版

与时代同呼吸 与国家共命运
——《中国海洋大学报》2008年主题报道解读

傅根清

> 一家报纸的历史,就是出版这家报纸的国家、地区的历史;一家报纸,就是一个国家文化的一部日记。
>
> ——[英]马丁·沃克《报纸的力量》

校报是什么?《教育部关于进一步加强和改进高等学校校报工作的若干意见》中明确指出:"高校校报是高校党委和行政的机关报,是高校校园内占主导地位的媒体。高校校报是高校加强思想政治教育和开展新闻宣传工作的重要阵地,是传播社会主义先进文化和精神文明建设成果的重要载体,是学校联系师生员工、海内外校友、学生家长和社会各界人士的重要纽带,是展示高校对外形象和塑造学校品牌的重要窗口。"

校报怎样才能完成这神圣的使命?高校不是象牙塔,更不是世外桃源,"两耳不闻天下事,一心只读圣贤书"的学习方式,已经远远不能适应波澜壮阔时代对人才的要求。正所谓"风声雨声读书声声声入耳,国事家事天下事事事关心",培养学生"阅读"社会画卷,将个人的成长、个人的命运与国家的发展、民族的振兴、社会的进步、民生的疾苦紧密联系,就成为校报的一个重要使命。

都说校报因为大多都是周报(甚至旬报、半月报也不在少数),新闻的时效性差,往往只能起到"记录"的功能;都说因为校报的读者是一个特殊的高知识结构的群体,他们对校报往往有随意、反感、失衡等心理。如果这种现象确实存在,只能说这些校报没有形成自己独特的办报理念与宗旨,没有能够充分认识校报的功能。

其实,正因为校报周期较长,才有比较充裕的时间形成有深度的报道,而不必像日报那样必须在很短的时间急就成章;正因为校报的读者主体是校园内的高知识结构群体,他们的阅读志趣与审美能力相对一致,而不像社会报纸那样众口难调。

翻检2008年的《中国海洋大学报》，可以明显地感觉到，作为一份周报，该报在主题报道方面形成了自己鲜明的特色，引起全校师生的高度关注。

在共和国的历史上，2008年，是极不平凡的一年。令人振奋的消息不时传来：两会隆重召开，选举产生了新一届国家领导人；奥运会顺利召开，我国奥运健儿勇夺51枚金牌，创历史新高；"神七"飞天，中国宇航员首次太空行走……同时，令人揪心、气愤甚至痛彻肺腑的消息也不时传来：南方冰雪灾害；奥运火炬在境外传递遭到阻挠；汶川特大地震……我校广大师生与时代同呼吸，与祖国共命运，时刻关注国家大事，《中国海洋大学报》是我校党委和行政的机关报，是我校校园内占主导地位的媒体，很好地见证并带领读者走近每一个重要时刻。试举几例以明之。

一、两会报道：胸怀全局，立足学校，坚持正确舆论导向。3月5日至3月18日，十一届全国人大一次会议、全国政协十一届一次会议在北京召开，这是我国政治生活中的一件大事，受到了社会各界甚至国际社会的广泛关注。我校有3位代表赴京参会，与国家领导人一起共襄国是。要想知道我校师生是怎样高度关注这次会议的，只要看一看从3月6日至3月30日的这5期《中国海洋大学报》，就会有一个清晰明确的答案：

3月5日，头版有两篇通讯：《我校3位全国人大代表赴京参会》《海大师生收听收看十一届全国人大一次会议开幕盛况》；第二版有一篇通讯：《我校师生畅谈温家宝总理政府工作报告》；3月13日，头版有两篇通讯：《全国人大代表、校长吴德星："我向总书记汇报发展海洋经济的思路"》《海大3位全国人大代表件件提案关注国计民生》；第二版有通讯：《"希望的春天里，我们与两会同行"——海大学子关注2008两会侧记》；3月20日，头版有一篇新华社电文：中共中央总书记、国家主席胡锦涛同志在十一届全国人大会议上的讲话——《干干净净为国家和人民工作》，有两篇通讯：《全国人大代表吴德星、麦康森、刘新国返校》《海大学子热评温总理答中外记者问》；3月27日，头版头条：《"人民选我当代表，我当代表为人民"——我校3位全国人大代表畅谈两会精神》；3月30日"月末版"，头版为专刊——《希望，与春天同行——倾听我校人大代表谈两会》，分别是：《吴德星：新代表的两会感受》《刘新国：当一名合格的人民代表》《麦康森：为民代言 掷地有声》。

二、抗震救灾报道：情系灾区，立体持久，充分体现人文关怀。5月12日，汶川发生了8.2级特大地震,灾情牵动着海大每一位师生的心,大家纷纷采取多种手段,向灾区群众伸出物质与精神的援手。从5月15日至6月26日,校报持续深入的多维报道,急灾区之所急,想读者之所想,充分体现出了海大人对灾区民众的深切关怀。

5月15日,头版有通讯:《我校全力支援四川等灾区抗震救灾》,有言论:《多难兴邦,天佑中华》;二版有通讯:《海大学子踊跃向四川地震灾区捐款》;四版有2篇文章与1首长诗:《灾难中,中国作家应拿起笔,记录民族的疼痛与坚强》《大地震让我们看到了国家的进步》《汶川,今夜我为你落泪》;5月22日,几乎是"抗震救灾"专版:头版有图片报道:《我校师生深切悼念汶川大地震遇难同胞》,有议论:《汶川,海大人和你在一起》;二版有特写:《海大学子为地震灾区秉烛祈福》;三版有震后"心理救助"的3篇文章:《5.25,从此我们坚强》《给灾难中的人一个心理支持》《地震后呼唤"心理救灾"》;四版副刊,主题为"以爱的名义记录疼痛和坚强",就是"抗震救灾"特刊;5月29日,头版头条就是"汶川,海大人和你在一起系列报道之二"《不尽爱心滚滚来》;四版副刊的所有诗文,全都围绕抗震救灾这一主题。

5月30日"月末版",是抗震救灾特刊,主题是"多难兴邦"。特别需要提到的是,在一版显著位置用中英文刊出《中华人民共和国国歌》,寓意深刻,堪称大手笔。

6月5日,三版有《我们站在废墟前》《志愿者:公民意识的觉醒》《震后援助无须再考虑"面子"问题》。

6月12日,头版有《教育部党组作出决定,开展向抗震救灾英雄教师学习活动》《海大学子要把阅览室搬进灾区》;二版有《今年毕业聚餐不寻常——汉语言文学系毕业生省下"散伙饭",真情献灾区》;三版则有4篇文章——《灾后感言》《以智慧、速度和力量与自然共处》《"范跑跑们"警示急需价值重构》《"我对范跑跑陡生好感"》。

6月26日,四版有《人,应该有尊严地活着——评"范跑跑现象"》。

7月3日,二版有《抗震救灾,我们在一线》。

三、奥运报道:理性睿智,激情飞扬,尽现海大师生风采。虽然奥运会举办期间,正值学校放假,7月29日至8月28日,校报休刊1个月,但《中国海洋大学报》对奥运的报道,却可以说是有一条看不见的红丝线,贯穿整个2008年。通过这些报道,我们不难体会海大人对"百年奥运"的热切期盼与激情:

1月11日，头版有两篇文章：《国内第一台可移式多普勒激光雷达通过验收——将为2008奥帆赛提供气象保障》《2008奥帆赛的第一面"金牌"——国内第一台车载可移式多普勒测风激光雷达诞生记》，报道了我校海洋遥感教育部重点实验室与中国电子科技集团第十四研究所联合研制这一高科技设备的过程。

1月18日，头版有《49人级帆船队墨尔本高奏凯歌——进军奥帆赛胜券在握》，报道了我校49人级帆船队在澳大利亚墨尔本举行的世界锦标赛中的优异表现；二版有《帆船赛，海大志愿者在行动》。

4月10日，头版有《奥运之年话校运》；二版有《海大奥帆志愿者，你准备好了吗？》。

4月17日，头版有《喜迎奥运 点燃激情 传递梦想 中国海洋大学第62届运动会隆重开幕》。

4月24日，头版有言论《理性爱国更有力量》、通讯《把爱国热情化为报国之志》，针对达赖集团分裂国家、策划组织打砸抢烧暴力事件、破坏奥运圣火传递活动的恶劣行径以及西方某些人和媒体借机对中国人民发难，激起国人特别是青年大学生的强烈义愤，激发了他们空前的爱国热情，进行了理性呼吁；二版有《奥帆路上，我们同行——奥帆赛志愿者训练活动侧记》。

5月15日，四版有报道《"祥云"登顶珠峰，奥运圣火首次点亮世界第三极》，有诗歌《贺奥运圣火登顶珠峰》《圣火颂》。

6月5日，二版有《张立强：我与帆船零距离》。

6月19日，头版有《将奥运精神传递到科研教学——记我校奥运火炬手、"长江学者"特聘教授李华军》。

7月3日，头版有言论《创一流业绩，出震撼成果——写在我校49人级帆船队出征奥运会之际》，有通讯《海大49人级帆船队，出征2008奥帆赛》。

7月10日，二版有《他们不愧为最可爱的人——走近人民子弟兵》，专门报道了为确保奥帆赛顺利举行而入驻我校的"清浒"解放军官兵。

7月24日，头版有通讯《奥运圣火青岛站传递活动 海大师生激情参与》。

7月29日"月末版"，是主题为"你是我心中最美风景"的"奥运特刊"。

8月28日，头版有吴德星校长在2008级研究生开学典礼上的寄语《弘扬奥运精神，传承海大文化》与通讯《我校研制的测风激光雷达成功助力奥帆赛》；三版有《刘翔的退赛》；四版有图片报道《吴春晖参加北京奥运会形象景观设计实施工作》。

8月31日"月末版",是"奥运特刊",一版为《海大健儿扬威奥运摘金夺银》,重点报道张娟娟勇夺中国射箭首枚奥运金牌;二版为《北京奥运会中国运动员金牌榜》;三版为《看,奥运中的海大身影》,重点突出海大科技在奥运会上作出的突出贡献;四版为《微笑——我们共同的语言》,重点报道我校奥运志愿者的风采。

9月4日,头版有通讯《让奥林匹克之光和海大精神交相辉映,我校召开奥运健儿表彰大会》《我校荣获振兴山东体育突出贡献奖》以及《中国海洋大学关于表彰张娟娟等9名学生的决定》;二版有《我做奥运志愿者的那些日子》。

9月11日,头版有言论《更快 更高 更强——一论弘扬奥林匹克精神,加快学校发展》、通讯《我校荣获振兴青岛体育突出贡献奖》;二版有《快乐是奉献的真谛》。

9月18日,头版有言论《信心 决心 恒心——二论弘扬奥林匹克精神,加快学校发展》、人物特写《用科研成果诠释"科技奥运"理念——记我校进入"国家击剑队备战奥运科研团队"成员魏振钢教授》;二版有《我参与 我奉献 我快乐》。

9月26日,头版有言论《求实 务实 落实——三论弘扬奥林匹克精神,加快学校发展》、人物特写《奥运展开海大五彩体育画卷——专访体育系主任、"参与奥运突出贡献奖"获得者许冠忠》。

10月9日,四版有《我与奥运一起走过》。

我之所以不厌其烦地一一罗列出这一长串文章(当然还不是全部),一是希望借以说明《中国海洋大学报》在进行奥运报道时的宏观思维——不仅仅是奥运会报道,也不仅仅是像社会报纸那样的客观报道,而是紧紧围绕主旋律,紧紧围绕学校的发展,让奥林匹克精神与海大的发展紧密关联;二是通过它,我们可以看出这些报道的前后呼应,有始有终,真正实现了立体报道。

四、人物专刊:峥嵘岁月,孜孜以求,热血丹心铸就校魂。打开《中国海洋大学报》2008年合订本,首先打动我的海大人物专刊,是4月24日三版刊发的于宜法副校长撰写的《潮汐人生 德教双馨——记我国著名潮汐学家陈宗镛先生》一文。陈宗镛先生的卓越贡献正如题记中所列,有目共睹:他作出的一年潮汐观测资料的分析,至今仍是国际上通用的标准;计算日平均海面的低通数值滤波公式——陈宗镛公式,是迄今为止世界上计算日平均海面最简便的公式;他开创的含摩擦效应的泰勒问题研究,比西方同类研究早10年;他综述的潮波数值计算的原理和方法,一直是海洋潮汐研究的重点内容;他对海平面变化的研究成果,

"在总体上达到国际先进水平,其中随机动态预测模型居国际领先地位"……他对祖国的热爱,对海洋科学事业不断探索的执著信念,相信会影响更多的后继者。

2008年10月28日,是我国著名的物理海洋学家、海洋科学教育家、新中国海洋事业的开拓者、我国物理海洋科学主要奠基人、我国海洋科学事业决策的主要咨询人和主要推动者赫崇本教授100周年诞辰纪念日,学校举办了隆重的纪念活动。在此前的10月9日,《中国海洋大学报》在三版就刊登了《赫崇本先生:中国海洋教育事业的奠基人》一文。10月30日"月末版",再次郑重推出"纪念赫崇本先生百年诞辰"特刊。通过所刊登的国家海洋局副局长王宏、青岛市人民政府副市长王修林、中国海洋大学校长吴德星在纪念会上的讲话全文以及文圣常院士、冯士筰院士、徐瑜先生、苏育嵩先生、李凤岐先生所写的纪念文章,赫崇本先生的形象已经鲜活地展现在广大读者面前,其赤诚忠心,一意报效祖国的壮志,呕心沥血、献身海洋教育的精神,殚精竭虑、为国建言献策的激情,铺路擎炬、甘为人梯的情怀,感动并激励着每一位海大学子。

2008年,《中国海洋大学报》在主题报道方面还有很多亮点,如"神七"升天,"山海情缘",限于篇幅,兹不赘述。

毫无疑问,《中国海洋大学报》是一份高校校报,它不同于一般的社会媒体。它扎根于海大八十多年的历史沃土,是体现具有中国特色、海大文化和时代精神的重要的舆论阵地。这种定位决定了它不仅要始终围绕学校的中心工作,立足校园,服务于师生,贴近生活、贴近师生、贴近实际,同时,它还必须与时代同呼吸,与国家共命运。一如它的理念"海洋、海量、海魂,权威、理性、深度",《中国海洋大学报》做到了,这就是它成功的秘诀。

☆ 一名老校报人眼中的海大报

田广渠

流年似水,我与大学校报结缘转眼近一个甲子。透过历史的烟云,回望1951年3月19日,我们几位年轻编辑、记者庞朴、史若平、李肇年等,手捧散发着油墨香的山东大学校刊《新山大》(现称校报)创刊号,分送各院系师生的时刻,那激动的场景,那兴奋喜悦的心情,至今历历在目。华岗校长在六二楼一楼特为校刊编辑室安排了宽敞的办公室,拨款购置了从相机到冲印的全套设备,摄影记者李肇年使用的那架照相机,在我的印象中,几乎是全校的唯一。这在当时的条件下,校刊是受到了"特殊"的待遇。

《新山大》延续了 1931 年 2 月 24 日出版的《国立山东大学周刊》和 1950 年出版的《山大生活》,反映了建国后人们称之为山东大学"第二个黄金时代"的方方面面,记录了广大师生大步前进的足迹。

翻翻校刊《新山大》,"冯陆高萧"、"八马同槽"的盛景,依然让人留恋。

风风雨雨几十年过去了,我与高校校报的缘分没有断。《中国海洋大学报》的同仁们,视我为挚友,赠我以校报。每当打开新一期报纸,我眼前总是一亮,从内容到编排,一眼就认出是《中国海洋大学报》。日久天长,它给我留下了深刻的印象。

"特色鲜明"是海大校报留给我的难忘印象之一。展开每期报纸,一股浓浓的"海味"扑面而来,也许这是它能深深植根于海大人心中的奥秘。在报纸版面上,读者看到从黄海之滨到大漠深处,从蓝海国土到南北极地,无处不在的海大人的身影。"国"字号的海洋大学,为国家培养了数万名高层次优秀人才,全国海洋、水产学科 90% 以上的博士毕业于海大,中国现代海洋药物的开拓者管华诗,中国第一个登上南极的科学家董兆乾,第一个南北两极都登上的科学家赵进平,两院院士张福绥、赵法箴、胡敦欣……他们一个个像璀璨的明星,被次第纳入校报视野,在人们面前闪闪发光。学校几乎每年都要拿下几项国家级科技成果,这些消息悉被浓墨重彩地放在显要位置。四个版面直接间接地围绕"海"字做文章。作为一家校报,他们可以不惜成本派出记者,千里迢迢赴酒泉卫星发射中心采访校友。特别具有视觉冲击力的是 2005 年的"新年专号",第一版以一幅深蓝色的大海巨照为主,刊出书记、校长的新年献词,那深沉辽阔的海面,那天边冉冉升起的朝阳,其寓意和匠心都在不言中了。

"重点突出"是海大报的又一特色。中国海洋大学是我国海洋、水产高等教育的龙头,正向高水平特色大学进军。学校坚持"强化发展特色,协调发展综合;以特色带动综合,以综合强化特色"的学科发展理念,坚持"重特色、求质量、先做强、再做大"的总体发展战略。学校的发展目标和发展战略确定之后,校报紧紧抓住这一主题,从各个侧面以各种报道形式来阐释、促进这一目标的实现。学校党政领导就这一主题所写的文章、讲话,学者的专论,都编排在突出位置,以营造强势舆论氛围。校报不惜版面开设《大学校长论坛》,先后刊出中国科技大学校长朱清时的《研究型大学当集中力量创建一流学科》、大连理工大学校长程耿东的《大力加强高校科技创新基地建设》、华中科技大学校长樊明武的《管理制度创新推进科技创新》、中国人民大学校长纪宝成的《哲学社会科学与科技创新》等系列有独到见解的文章,与此同时,还发表了国外若干所名校的学术对比资料和分析,如《美国高等教育浅析》《中美教育的差异》等,作为"他山之石",集思广益,开启师生智慧之门,促进更好更快地向高水平特色大学迈进。其他如配合学校推行"大学生诚信教育年"、师德建设教育活动,都开辟了专版、专栏,重中现重,有声有色。

"起点高,视野广"是海大报的再一特色。"面向21世纪教育振兴行动计划"提出后,社会上和教育界在重新审视我国高等教育现状。结合我国和海洋大学的实际,校报介绍了国际范围内有办学特色的美国卡内基、梅隆大学(《有所为有所不为》)、巴黎高师(《规模小也能超一流》)等大学的明智之举,从世界范围内找参照系。适应文理交叉融合的大趋势,学校决定重振人文雄风,聘请王蒙先生为学校顾问、教授、文学院院长,一批学者先后加盟。校报抓住机遇,做足了文章。思想者王蒙、作家王蒙、学者王蒙、院长王蒙多侧面地走进读者视野,驻校作家毕淑敏、莫言等人的思想火花在版面撞击,连张岱年这样的大师级人物也在校报上纵论人文、社会。这对推进自然与人文的统一、学校整体的发展,提升其在青岛乃至山东的文化影响力都是不可低估的。

一名年及八秩的老校报人,翻看着沉甸甸的《中国海洋大学报》,想起了它2002年11月14日扩版时致全体师生的文告:"你是海,我们是船,万丈深情托起我们,帆帆厚爱挂满桅杆。起航喽——海天一色,金光一片。新的航程,载满厚望,你们的目光,就是我们的航线,笔写真诚,墨书肝胆,新的航程,装满希冀,你的需要,就是我们的彼岸,与时俱进,敬业奉献。让我们永远真诚相拥,让我们永远相依相伴。"这篇短短的百字文,集中反映了海大报同仁的新闻观,也是报社对读者的庄严承诺。薪火相传,后浪推前浪,未来一定会"金光一片"。

校报：依然关注灵魂

林少华

日前同校内一位普通职员闲聊，他道出一番在我听来颇不普通的话。他说，俺不是老师，更不是老师中的教授，可俺有个爱好，闲着没事就琢磨你们这些教授。但有一点没琢磨明白：教授都是知识精英，和普通老百姓不同，应该是对国家和社会负有公共责任的人。可俺看你们好像整天只顾忙活自己的课题呀项目呀论文什么的，只要自己过得好就行了，没什么人有社会责任感，没什么人站出来主持公道替底层说话，就连精神境界也好像不比俺高多少，这是为什么呢？

我听得出，这位职员并不是存心指责或挖苦教授，而更多是一种失望和由失望产生的期待。让我翻译过来——翻译是我的一项看家本领——就是：教授没了灵魂！套用印度那位哲人的句式，教授们跑得太快了，灵魂没有跟上，得停下来等等灵魂。

记得德国前总理科尔说过这样的话："我们德国人对大学教授的尊重远远超过对商业巨子、银行家和内阁部长，这就是我们的希望所在。"那么，我们中国人对大学教授的尊重会超过谁呢？如果问我们教授，我们十之八九——至少我——会不寒而栗；如果问普通民众，上面那位可尊重的职员已经给出了回答。是的，有谁会尊重没了灵魂的教授呢？假如作为知识精英作为灵魂工程师的教授本身都失去了灵魂，那么我们的学生、我们的国民的灵魂又在哪里呢——我们的希望何在呢？

以短短十三年时间就把浙江大学打造成被李约瑟博士誉为"东方剑桥"的老浙大校长竺可桢说"教授是大学的灵魂"。换言之，教授没了灵魂，大学也就没了灵魂。自不待言，这个灵魂——教授也好，大学也好——就是"道"。以竺可桢的话说，就是"正大精确，独立不阿，遇事不为习俗所囿"；以陈寅恪的话说，就是"独立之精神，自由之思想"；以西南联大纪念碑碑文来说，就是"违千夫之诺诺，作一士之谔谔"。一句话，就是对于真理庄严无畏的追求。"朝闻道，夕死可矣！"但在现实当中，作为教授个体也好，作为由教授构成的大学整体也好，却每每反其道而行之，弃道就器，"谋生不谋道"。对形而下的物质享受和"大楼"是那么迷恋和向往，对形而上的精神境界和超越功利的价值追求却那么消极甚至冷漠。以致今日北大教授陈平原喟然长叹："既不鉴赏幽默感，也不推崇独立性，今日中国的大学校园里，难得再有经得起学生再三阅读、品味、传诵的尚未老态龙钟的教授及其故事。"也就是说,在北大这位名教授眼里,当今大学校园不仅没了灵魂,连故事也没有了!毋庸讳言,我们的大学、我等教授已经到了放慢正在飞奔的脚步等等灵魂、重拾灵魂的时候了。

所幸,我供职的这所大学的校报还好,没有办成半官方的八股文"政府公报",而仍在关注灵魂,关注教师的灵魂,关注大学的灵魂,时不时提醒大家不要忘掉。作为证据,我手头特意保留2008年几份这样的旧报。如《大学是有灵魂的》《没有学术批判就没有中国学术的发展考》(2月28日)/《从体制到体制:改革三十年知识分子的转型史》(3月27日)/《幸存者的精神突围》(4月3日)/《回顾三十年改革:我们忘了个人精神的自由》(4月10日)/《大学要养成敢言的风气,保护敢言的教授》(4月17日)/《大学:你在仰望什么》(7月17日)/《论学者、科学精神与人文关怀》(7月24日)/《我们今天怎样读中国书》(8月26日)/《为什么我们缺少特立独行的人生态度》(11月27日)/《做一个有尊严的知识人》《三十年与一百年》(12月11日)。有的提出"知识分子的基本使命就是对主流采取一种批判态度,使主流不能成为当然的主流。能够对当下盛行的各种做法提出与一般舆论倾向不同的视角或声音。正是有了不同视角的认识和批判,才能够使这个国家得到更加健康的发展"。有的对当下的"学院体制"提出质疑,认为学院对于公共思想文化的生产与提供能力越来越弱。"知识分子根本无暇顾及公共议题,只需发表论文与申请各种课题,就可以从国家获得大量资源。"有的引用温家宝总理的"仰望星空"之语尖锐指出"学院体制"的弊端,质问大学到底在仰望什么:"不讳地说,时下中国教育界,'仰望星空'的人越来越少,而'星空冷漠'的情绪越来越浓。试问,有多少人仍以追求真理和诉求正义、担当道义为己任?"有的笔锋直指教授,认为如今的教授不要说同西方意义上的知识分子比,即使以中国传统士大夫的风骨傲气衡量也相形见绌,而这正是造成中国大学教授社会声望不高的原因。"社会要造成这样一种风气:大学不是发财的地方,也不是养老的地方,大学是说话的地方。要让社会明白,别处也许没有人敢言,但大学是一定敢说的。"

应该指出,《中国海洋大学报》作为一份周报,能够平均一个月至少发一篇涉及教授和大学灵魂的掷地有声的文章,是相当了不起的事情。这不仅需要眼光和使命感,而且需要良知、勇气、激情和内省精神以及对中央进一步解放思想真谛的深度理解。惟其如此,才能依然关注灵魂,不时提醒大学和大学中人别忘了灵魂。

百川归海　卓异超拔

薛永武

《中国海洋大学报》是学校的一个品牌,也是服务教学和科研的一个重要阵地,极具文化内涵和艺术品位,体现了百川归海和卓异超拔的风格。

一、广博丰富与特色鲜明的统一。校报广博丰富与特色鲜明的统一,体现了"海纳百川,取则行远"的校训,也是海大建设综合性高水平特色大学的重要符号。所谓广博丰富,是指校报体现了海纳百川的气度和胸襟,内容涵盖文、理、工诸多学科,有理论探幽、信息传递、学术创新、文学创造和热点时评等丰富的内容,既有心理咨询的人文关怀,又有科学探索的最新叩问;既有对传统文化的沿波讨源,又有对社会现实的强烈关注和对未来的展望,说古道今,大开大阖,显示了百川归海的包容性与开放性的视野。所谓特色鲜明,是指校报既能体现"科学发展蓄势期远,谋海济国建设名校"的学理思考,展现海大人立足青岛、瞩目山东、放眼全国、雄视天下的胆略和眼光,又能展现中国海洋科学研究的最新风采。这里不仅有校领导的治校方略、教师的烛光和学子的求索,更有院士的风采和文学大师的墨宝。校报的广博丰富与特色鲜明表现了大手笔、大气魄、大胸襟,展现了海纳百川的胸怀。

二、教学实践与科研创新的统一。校报体现教学实践与科研创新的统一,这是大学校报的本质规定性所决定的。从大学的功能来看,大学的一切机构都应该直接或间接地为教学和科研服务,为人才培养服务。在这方面,校报始终如一地及时反映探讨教学实践经验和理论的最新成果,譬如,有介绍教学名师的先进事迹和各级精品课程的内容,有教学观摩的跟踪报道,还设置"我在教学第一线"专栏,刊登学生记者采访教师的文章。这些文章来自于教学实践,都是活生生的人和事,有利于塑造文明科学的教风,能够激励教师教书育人。在反映科研创新方面,校报一方面从微观上注重对海大教师最新研究成果的评介,一方面又能够从宏观上及时反映学术界研究的最新成果、学术热点和难点等,做到了教学实践与科研创新的统一。

三、学术品味与雅俗共赏的统一。大学校报的本质属性规定了必须具有学术品味,但这种学术品味不同于一般的学术期刊和学术性报纸,而是体现学术品味与雅俗共赏的和谐统一。海大校报通过多年的探索,对学术品味与雅俗共赏进行了对接与融合,既突出了大学校报应有的学术品味,具有高质量的文化内涵,体现学术研究的严谨性与创新性,又力求做到雅俗共赏,不拘一格。雅,是雅致、高雅、精致、严谨,具有科学性,是建立在"阳春白雪"上的锦上添花,能够体现高层次的文化品位;俗,是通俗易懂,不是庸俗,更不是媚俗,而是把深刻丰富的思想内容蕴含于大家喜闻乐见的形式和风格之中,是在"下里巴人"基础上的大众化和普泛性。事实上,正是校报具有学术品味与雅俗共赏的统一性,才能够赢得广大师生的青睐,备受广大读者的喜爱。

四、艺术品位与审美阅读的统一。随着日常生活审美化和图像化阅读时代的到来,传统的纸质阅读方式受到了严峻的挑战。作为纸质媒体的海大校报与时俱进,在保持传统文字书写方式的同时,适当增加感性图像的形式,注重艺术品位与审美阅读的统一,蕴含了审美张力,彰显了艺术的审美性,以美的艺术韵味使读者体验到阅读的魅力,获得阅读的审美享受和精神的愉悦。首先,海大校报图像化的关键是要保持图与文之间的动态平衡,把握好图文并茂的度,建构图与文之间相互阐释、相互辉映的张力场;其次,校报不仅留下了作家谈创作的体会,而且还发表了一些具有相当艺术水准的诗歌和散文,使校报具有了浓浓的艺术品位。我们欣喜地看到,校报在造型与色彩的运用中达到了艺术的境界,无论是构图的比例、板块的设计、图画的色彩,还是在图与文的协调整合方面,编辑能够利用造型元素特有的语言,力求做到隐与显、虚与实、张与弛、浓与淡、疏与密、高与低等多种对立因素的协调与统一,体现版面优美、庄重、秀丽、平实、简约、朴素和平衡等多种风格。正是艺术品位与审美阅读的统一性,才能够激活审美阅读,读者阅读校报时就不会感到枯燥乏味,而是以愉快的心情和审美的态度,自觉在阅读中实现"寓教于乐"的审美效应,实现阅读过程中求知、向善、休闲、快乐与审美的多重意蕴。

法国启蒙运动领袖狄德罗认为,一个人最应该懂得的东西就是真善美。校报所具有的广博丰富与特色鲜明的统一、教学实践与科研创新的统一、学术品味与雅俗共赏的统一、艺术品位与审美阅读的统一,恰恰从根本上体现了求真、向善与审美的统一,使读者望则见其美,读则品其味,嗅则闻其香。

从未来发展的角度来看,为了增加校报的现实性,建议增加"社会时评"栏目,以激发师生对社会现实的关注,培养分析问题和解决问题的能力;设置"为学校发展献言"栏目,激发全体师生爱校的情怀,激活学校决策的"头脑风暴"。

☆ 滋补花匠　欣赏花匠

周继圣

这几年,几乎每期的校报我都读过。每当阅读第二、第三版的时候,我都感到很亲切,因为在这里结交了一群精心莳弄教学花苑、诚心培育、欣赏花匠的人。

很多人都喜欢把大学比作花苑。在花苑里可见花匠育花、鲜花绽放和游客赏花,核心是一个"花"字。人们常见诗人、画家挥毫泼墨,或写意或工笔,或淡色或重彩,讴歌、塑造的都是牡丹、芍药、春兰、秋菊。然而,有人在花卉诗画展览上看过花匠的形象吗?花匠们育花时的苦心孤诣、辛勤汗水,他们的精美构思、精湛技巧,在花展上却几乎是不闻其声、不见其影的。我把这样明显的反差缩写成两句诗:芳香满圃彩蝶闹,谁理花翁庐舍清?

我觉得,我们的教师,就好比是花圃中的花匠。

古往今来,教师们遵循古训:"学而不厌,诲人不倦","传道受业解惑","为人师表","学高为师,德高为范","身正为师,学高为范","为师为范,潜心育人"……在为国家为民族培育出无数的杰出人才的同时,教师们又用另外一种精神勉励自己:"春蚕到死丝方尽,蜡炬成灰泪始干","教师就像蜡烛,点燃了自己,照亮了别人","默默奉献,无怨无悔"……万万千千可敬的教师,几乎是奉献一生,默默无闻。他们期望"桃李满天下",更追求"长江后浪推前浪"、"桃李不言,下自成蹊"的境界。

在观察教师们如何学习、领会、信奉、实践这些古训金言的时候,不能忽视一个状况——没有下足工夫培养和欣赏教师。换成比喻就是:没有下够本钱去滋补和欣赏花匠。

我以为,教师上岗后的培养,大体有四种:唐僧取经式——外出进修、葛洪炼丹式——自我研修、圮桥纳履式——拜师求教、砥砺切磋式——同道互学。很多教师由于单挑门户,在自我培养方面大都是葛洪炼丹,而不太容易做到与同行砥砺切磋,或就近取经。显然需要有人穿针引线,给教师们提供一个平台或展台,促进教师们的交流,达成砥砺切磋的目标,由此为自己补充营养,取来柴和火,烹煮锅里肉。

我读海大校报的第二版,就有这样的感觉:主编和编辑们在精心搭建平台。他们贯彻海大历届领导的"培育名师、打造名课"的精神,或亲自采访,或组织记者,用通讯、特写以及摄影,把优秀教师丰富而科学的教学实践,把令学生由衷钦佩的风采,把鞭辟入里、入木三分的思想言论,记录之、描绘之、提炼之,让海大教师的美好、饱满的形象树立在报纸的字里行间。阅读这些美文,学生们为自己的恩师骄傲,教师们则看到了榜样,受到了鼓舞,吸取了经验,滋补了自己。

南方人喜欢用"行尊"来称呼行内的高手,岭南人则用"花王"来敬称养花界的行尊。我想,花匠们通过花苑里的展台领受花王的言传身教,自己的育花技艺能不更上一层楼吗?

我们的花匠又是谦虚、含蓄的,往往不喜张扬。他们自己潜心研究、精心备课,在课堂上、讲台边上演或导演了精彩的大戏,却轻易不肯向同行介绍自己成功的秘诀。也有些教师是"不识庐山真面目,只缘身在此山中"。自己做得精彩,却看不到自己的精彩;自己的讲课令学生倾倒,却道不出何处是"务头",何处是画龙点睛之笔。针对这种情况,海大校报的主事者、编辑者们,在第三版开辟专栏,或刊登针对性的教学论文及文摘,或组织刊载点评名师名课的文章,让教师们醒悟:自己所精心打造的课程理论依据何在,自己所提出或总结的理念有无理论价值和推广价值。

记得2004年春上,校报主编王宣民邀请我以教学督导员的身份,撰写听课札记,为授课精彩的教师展示风采,并帮助他们画龙点睛。诚惶诚恐地接下这个托付,我首先意识到:校报要我做的是一件"欣赏花匠"的大事。我一边搜集素材,一边思索:海大花苑里的花匠们技艺精湛却虚怀若谷,如果他们自己不肯介绍自己或者别人介绍得不到位,这对海大学子和教师来讲,恐怕是一个损失。我无形中赋予自己一个庄重的使命:在海大的花匠身上发现美,用适当的文字去渲染美,对偶感风寒的同行,则要望闻问切,为其开出能够立竿见影的验方、偏方。

那以后,我先后撰写了数篇督导札记,点评了薛海燕、刘中民、赵成国、盖尧等老师课堂教学的"务头"。校报还用专访的形式,让我针对青年博士如何迅速成为海大教学的中流砥柱这个问题发表看法,提出建议。在校报以及《高教研究》上发表督导札记的基础上,我又在《中国教育报》上发表了听课随笔《借问"务头"何处有》。我倾听,我思考,我研判,我欣赏。我集中精力挖掘授课教师的科学美、语言美、形象美,也没有放过可能降低教学质量的瑕疵。我感到欣慰的是,我所聆听的那些文科教师们的课堂教学,浓缩了海大这座花苑的美好景观,展示了海大花匠们的高风亮节和精湛技艺。我常常感慨:正是有这些高尚、高明、高超的花匠,才有海大的春色满园,才有"学在海大"的美誉啊!

校报给了我表达的机会,而我的表达,引起了海大及外校的花匠们的关注。很多中青年教师阅读我的文字之后反馈说:这些文章道出了他们想说而未说出来的心里话。一位被我点评的教师感慨地说:要是没看您的文章,我还不知道自己的课堂教学竟有这样的闪光点呢!不少文科的青年教师看到我的督导札记以后,特地去观摩那几位被我点评的教师的课,专注地聆听,认真地比照,然后把"榜样"的原则、方法、技巧融进自己的教学。更有直率者,当面邀请我去听他们的课,希望我也能够给他们点评,帮他们修饰和提炼。而被我指出有"硬伤"的教师,则坦荡而爽朗地登门"求教",要我指点他们备课和讲课。说老实话,我的教育理论修养和教学经验都很有限,我的点评也只是一家之言,比起真正的教学专家来,不一定准确中肯。不过,我的小文能够引起这样的反响、反馈,我倒是想重申我先前的两个判断:我们的花匠们需要欣赏,我们的校报在做欣赏花匠的大好事!

滋补花匠,欣赏花匠,校报为此搭台架桥、牵线挂钩,深得人心,功德无量。我作为老教师和教学督导,愿意继续跟校报合作,借用这块园地,在条件允许的情况下,继续协助花匠们总结经验、归纳理念。这里续写两句诗:细心诚挚察高手,挥笔精描艺与情。

衷心地祝愿海大花苑的花匠们用自己的高尚情操和精湛技艺,为锦绣中华培育更加美丽的花朵!

☆ 我在海大报的日子里

廖卫华

4月初的一天,我正在北大上课,接到报社行政助理的短信:"您母校一位姓王的老师找您,请回电 0532—66781921。"打过去,电话那端传来校报王宣民老师耳熟的河南普通话。

放下电话,我的心怦怦直跳,掐指一算,离开母校已经9年,离开校报整整10年。这些年来,自己一直在新闻界"折腾",从青岛到北京,但却一直承蒙母校老师的牵挂。

2000年大学毕业进入青岛日报社后,我下了决心,一定要混出个样子,将来有师弟师妹对新闻感兴趣的,至少可以提起有个师兄在哪个媒体混得还不错。如今,在新闻岗位上已经干了9年。这9年基本分成3个阶段。2000年到2003年,《青岛晚报》记者,主要负责青岛的社会新闻、法治新闻和读者接待;这3年,完成了从一个大学生到一个新闻记者的转变,接受了最生动、最民生的新闻训练;2003年至2006年,《新京报》资深记者,《新京报》是《光明日报》集团和《南方日报》集团跨区域办报的一次尝试,也是中国两大报业集团异地办报、文化体制改革的第一次创新。在《新京报》的3年,我的新闻理念、操作水准有了一个质的飞跃,视野更加开阔,思路更加大气。如果说在《青岛晚报》是做青岛新闻的话,到了《新京报》开始站在全国视野来看待社会现象和问题。第三个阶段,从2006年到现在,《成都商报》北京新闻中心主任,负责《成都商报》的国内重大新闻的选题策划、指挥和报道,从去年11月开始,按照报社安排,负责全国发行的财经日报《每日经济新闻》华北区和东北区的新闻、发行、市场、经营等全面事务,开始转型由专注新闻内容到媒体运营及整合营销。

今年2月,我幸运地获得了北大中国经济中心(CCER)和《财经》杂志联合举办的北大财经奖学金,从3月1日到5月31日,全脱产在北大中国经济研究中心学习经济、管理等课程。这个奖学金设置了10年,授课老师全是CCER和国内一流的经济学家、法学家、社会学家。这个班每年全国有数百名优秀新闻人申请,主办方会严格选拔10人入学。

回顾自己在新闻行业里摸爬滚打的9年,如果说还获得了一丁点成绩的话,我想最重要的是在校报的那段日子,校报编辑部的老师们所给予我的关于新闻的最初的启蒙教育和实践。而学法律改行做新闻很大程度上也源于做校报记者的那一年多的积累。

直到今天,我依然非常清晰地记得最初进入校报编辑部大门的情景。1997年9月的一天中午,刚上大二的我在学校的通知栏看到校报编辑部招聘学生记者的通知。从小喜欢写点小文章的我当时就萌发了应聘的冲动(需要说明的是,大一我竞聘过中队学生会主席,成功后由于时间没有掌握好导致一些专业课和英语成绩受到影响,因此,大二我基本上决定放弃学生会的工作)。

好不容易找到位于海大商场3楼的校报编辑部,那是一间很简陋的办公室,除了两张办公桌和书柜外,基本放不下别的东西。记得当时王宣民老师和纪玉洪老师面对面坐着,当我提出应聘学生记者的想法后,两位老师非常热情地接待了我，听我讲述了自己的情况后，和我谈了校报记者主要的一些工作。最后，王老师让我写篇文章尽快交上来看看。离开编辑部的那一刻，我非常激动，开始憧憬未来。

当时正好快中秋节了，而党的十五大也快召开了，我写了篇从家的团圆到盼望国家尽快团圆的文章交给王老师。没有想到，这篇文章经过王宣民老师大笔润色后以《十五的月亮，十五大的风》的标题发表在当周的校报上。校报出刊的当天，不少同学看到了，纷纷告诉我："廖卫华，你的文章在校报发表了。"那天，我冲回宿舍，激动地看到自己在校报发表的第一篇文章，内心的激动和兴奋无法言表。从那天开始，我像初恋一样，爱上了校报。

从大学二年级到大三上学期，只要没课，我会尽量跑到校报编辑部，自己找选题和编辑部的王宣民、纪玉洪老师沟通，写好的文章请他们修改审阅。每年的新生入学、校运会，都属于常规报道，而带你走进十佳宿舍、优秀海大学子访谈，这属于策划报道。由于白天要上课和自习，很多采访都是在晚自习后进行的。那时刚和同学聊天完，紧接着就连夜要完成初稿，第二天把稿件交给编辑部老师，等待修改。那时还不像今天这样电脑普及，还是写稿纸，为此晚上爬格子是常事，不过看到自己写的文字变成校报上铅印的文字后，那份喜悦会冲掉所有的辛苦。通过晚上的采访，我和很多同学、学兄结成了好朋友。有一些到今天还有联系。

印象最深的一次采访是对来海大讲座的新华社高级编辑、中国新闻学院国际新闻教授刘洪潮专访。当时，刘洪潮应邀来学校给广大师生进行了一次国际形势报告会。那场报告会非常成功，我听完后觉得不过瘾，还想对刘洪潮进行一次专访，可是刘老师的时间很紧，做完讲座后很快就要回北京，留下的时间非常少。报告会后，校领导还要常规地表达下问候。当时，我就打听到了刘老师在学校休息的房间，专门在房间门口等候他。大概等了一个多小时后，刘老师回到房间。我把自己的意思向他表达后，他被我的敬业精神和诚意所打动，答应接受我的专访，并且一谈就是一个多小时。不过那次采访也有一个很大的遗憾，提前的准备功课没有备好，因此很多问题没有形成良好的对话互动，更多是刘洪潮的一方输出。

在后来的新闻工作中，凡是遇到专访对象时，我一定会提前查阅资料，了解采访对象的简历、关注领域、最近的观点和事件，做到"弹药充足"，有备无患。

去年，新华社主办的《中国记者》杂志编辑采访我对于两会报道的一些采访技巧和思路，我告诉他所谓的技巧就是熟能生巧，而熟练是一个长久的积累，所谓"厚积薄发"。

　　一个非科班出身的记者,在高手如林的京城新闻界,逐步站稳,还获得了业界的一些认可,我想这跟我从校报开始的积累是分不开的。

　　在校报的日子里,我学会了如何采访、如何写作,消息、通讯、时评在那个时候都得到了锻炼。当时校报负责人魏世江老师,后来到宣传部任部长,很多时候,他会把我叫到他的办公室,耳提面命地讲授我稿件中的问题。"语句有些啰唆,还可以更简练"、"导语应该开门见山,不用太多的环境渲染。"这样的教诲到今天都备感受用。其实不仅仅是写作本身,魏世江、王宣民、纪玉洪还有伯玉老师,他们对待工作的那份认真、勤恳、踏实、敬业一直深刻地影响着我,也启迪了我在此后的新闻职业生涯中如何做人作文。

　　而其他的校报记者,丁海燕、邱丙岗、丁玲玲,她们身上的很多优点给了我很多启发。

　　离开母校后,在青岛日报社工作的头3年,因为工作关系还经常回母校,并且还不时会有报道母校的机会。当时,母校和崂山区签署协议、神舟五号海大校友的一组报道,能够向更多的读者传播海大,传播海大优秀的毕业生,我觉得非常自豪。说实话,在海大的4年,我和很多同学都有一种感觉,海大比较低调,一直不太重视宣传,在今天这样一个与国际接轨、高度市场化的时代,高校的发展必须走向社会,让更多的人知道你做了什么,想做什么。为此,传播学校的文化、理念,传播优秀的海大人就显得格外重要。

　　一直把校报当成自己的家,10年前,这个设备简陋的家给了我富足的知识、历练和做人的道理,给了我对新闻事业的信心和信念,这些是我从事新闻的"第一桶金",也是一直坚持新闻事业的原动力。正是有了这笔宝贵的财富,我才逐步摸到一些新闻的门道,在新闻的道路上走了这么多年,看到了一些风景。我想,我还会继续前行,继续努力,争取成为了一名优秀的传媒人,一名既懂内容又懂品牌和运营的传媒高级经理人。

　　今天,我想告诉所有有志于新闻的同学,海大或许不是学习新闻最好的学校,但是海纳百川的海大精神能教会你很多新闻以外的东西,而海大传递给你有关做人做事的道理将会让你无论从事什么都受益终身。而从技术层面说,如果真想当一名好记者,那么校报记者的锻炼一定会让你收获很多。

　　作者简介:2000年,中国海洋大学国际经济法专业毕业后进入《青岛晚报》,当年获中国晚报新闻奖一等奖。2003年加盟《新京报》,每年都获评《新京报》

年度总编辑奖。2006年加盟《成都商报》，任北京新闻中心主任，策划并组织了十七大权威解读系列报道，获得《成都商报》编委会特别奖。2008年，《成都商报》北京新闻中心和《每日经济新闻》北京新闻中心、发行中心合并组建事业中心，担任总监。

二〇〇九年五月月末版

☆ 亲历六十年

刘洪滨

共和国即将迎来60华诞，作为共和国的同龄人，备感自豪。回首往事，一件件历历在目。有艰难困苦煎熬、磨炼，也有立功、受奖的喜悦；有失败的痛苦，也有为国争光的幸福。列宁说过，忘记了过去，就意味着背叛。应校报邀请，回眸与共和国一起走过的峥嵘岁月，写出亲历60年点滴，以期共策共勉。

一

父母从小闯关东，相识在哈尔滨，迫于生计，与朋友合伙做小买卖。1947年姐姐因病无钱医治夭折，母亲只好带着我给老人做保姆，生活非常艰苦。

父亲参军后去长春、沈阳，在前线生死不明。倔强的母亲不顾家人的阻拦，抱起刚刚会走的我，毅然从哈尔滨两次南下寻夫。

父亲做过卡车司机、小车班长、汽车队长。50年代给空二军张百春军长、方子翼政委等首长开车。1958年春因身体原因，退伍回乡，做了基层领导。

1958年随父复员回老家莱州农村后，经历了"大跃进"、"四清"、"文化大革命"。我们家兄妹四个，我是长子。农村生活比较困苦，每天放学后给家里割草喂兔、放羊、打柴，周末给生产队放牛。为了节约，晚上在煤油灯下写作业时灯头调亮点，读书时调小，甚至借着月光读书。父亲主张小学毕业后务农，我求他说："让我去试试中考，检验一下六年的学习情况，考上了咱可以不上。"

我清楚记得，1963年麦收后是带着半布袋烙饼到县城赶考的。上千名考生席地而坐开的动员大会，一中校长讲话说："大家今天考中学就是过去的考秀才，希望大家考好。"我差不多每门课都提前交了卷，全班22名同学参考，仅通过了三位。目不识丁的母亲知道没有文化的难处，支持我上学，父亲在大家的劝说下也同意了我继续求学。

当时住校，一般周六回家干农活，星期天下午返校。返校时带着一周的干粮、咸菜，沿着山间小路步行十几里，赶到学校上课。那时农村没有电，没有公共汽车，也买不起自行车，只能步行。尽管如此，上学五年间我从来没有迟到过，也不觉得很苦。

当时的生活水平很低。能吃上馒头、窝头就很令人羡慕了。同学们的条件更差,穿破补丁衣服、鞋露脚趾头很正常。当年学生食堂的菜金是每人每月两元,早晚一般是咸菜,每顿合一分钱,中午是五分钱的煮菜。当时我感到最大的困难不是饭菜不好,而是拿什么填饱肚子。由于是长身体的时候,饭菜不耐饥,可以说整天处在饥饿中。天热干粮容易馊,长了毛、拉很长的丝,也要吃下去。面对困难,同学们个个不低头,人人怀有远大抱负和志向,发奋学习,立志要成为对祖国有用的人。

我的理想是当一名解放军战士,保卫祖国;后来又立志想当一名地质队员,走遍祖国大地,为祖国寻找宝藏。说实在话,从没有想将来当工程师、科学家、教授。我的学习榜样是保尔·柯察金、吴运铎……没有想到一切梦想都变为现实,现实生活比梦想还好。

二

1968年,我入伍在张思德生前所在部队任警卫战士、报务员。老政委杜泽洲是长征老红军、张思德的指导员,他给我们讲在延安毛主席在张思德追悼会上发表《为人民服务》演讲的场景,要我们好好为人民服务。当年故宫是我们的营房,太和门是我们宣传队的排练场,武英殿是我们的宿舍。国庆20周年大庆,我在金水桥畔东红观礼台担负保卫工作,坚守岗位,保护首长的安全。

1977年全国科学大会的召开,更加焕发了我刻苦学习、钻研业务的激情。当时我们正在淄河地区搞鲁中铁矿会战,每天野外地质填图后,同事们都累得筋疲力尽。我坚持在煤油灯下整理资料、读书学习。1978年春天女儿出生了,每天骑自行车上百里去医院照顾妻子。在产房里,伏在床头看书,不知不觉就睡着了。在孩子出生的第七天,我参加了研究生考试,并以专业课96分的成绩,顺利考取了中国地质科学院李廷栋院士的研究生。当年全国招了2 000名研究生。

1978年12月25日晚,我身背背包,手提衣箱,像一个军人,在济南登上了北去的列车,拂晓时列车驶入北京站。在乘公共汽车经过天安门广场时,我情不自禁地下了车。七年前,作为一名警卫战士我曾守卫在这里,在国旗下站过岗。今天作为粉碎"四人帮"后的第一批研究生我从深山回到这里。站在国旗下,望着熟悉的天安门城楼和毛主席画像,心情格外激动,浑身充满了力量。

我的专业是构造地质,专业面宽,综合性强。与导师商定了对我国东部著名的郯城—庐江断裂带进行研究作为主攻方向后,拖着因患肺结核及胸膜炎尚未复原的身体,开始了紧张的野外调查,工作范围涉及辽宁、山东、江苏三省,而重点在山东省邹平、章丘一带的长白山区。长白山区方圆几百里,山高路险,交通不便,素有"小泰山"之称。我一个人带一套野外行装,骑一辆自行车,早出晚归,饿了啃几口干粮,渴了喝一口山泉水,累了在草丛、树阴、岩石上躺一会儿,每天傍晚下山时身背几十斤重的岩石标本。

两年的野外工作,取得了大量一手资料,有力地支持了徐志琴院士"郯庐断裂带是一个中生代消亡大陆裂谷"的观点,并解剖了长白山火山岩盆地这个"麻雀"。首先确定了邹平破火山口的存在,并预测了找矿方向,这在我国古火山构造研究比较薄弱的情况下,提供了一个较好的实例,在理论和应用上都有独到之处,并为进一步研究郯庐断裂的火山构造奠定了基础。1981年,毕业论文《邹平破火山口的形成及演化》获由十五位国内顶尖专家组成论文答辩委员会,其中包括地学界泰斗黄汲请、李春昱、肖序长等六位学部委员(院士)的好评。论文答辩轰动了北京地学界,《中国地质报》采写了《从战士到研究生》的通讯。后经地质部门验证,证实了破火山口的存在,并发现了山东唯一中型规模的铜金矿床,这就是后来的邹平铜矿,获得了部级科技成果奖。看到自己流过汗水的地方结出了硕果,感到无限欣慰。

三

研究生毕业后来到青岛。1983年研究胶州湾成因野外调查时,发现了诸如海岸线利用不合理、环境污染严重、海洋开发不合理等问题。开始逐渐重视海洋开发,特别是资源与环境问题,目的是更直接地为经济建设服务。适逢山东海洋经济所初创,需要骨干力量,1985年底调入后,投入"七五"国家重点项目"全国海岸带海涂资源综合调查·山东省社会经济"的调查研究。

1987—1989年获首批中英友好奖学金资助,作为访问学者赴英国剑桥、威尔士大学进修海岸带开发管理,并放弃了导师、威尔士大学副校长约翰金提供奖学金攻读博士的机会。在国外工作期间清楚地认识到祖国不富强,海外游子就没有社会地位,也理解了为什么许多老一辈知识分子放弃国外优裕生活,毅然在建国初期回到祖国怀抱的原因。责任感、危机感和紧迫感驱使我牢记肩负的责任。

在英国500多个日日夜夜里,野外工作累计达150天,行程15 000公里,实现了环英海岸带一周调查的计划,考察了各种不同类型的海岸带,其中包括十几座不同类型的港口、六处遗产海岸、三座核电站和欧洲最大的燃油电站等,基本掌握了英国海洋开发、管理的现状。收集、购买、复印了近百公斤图书、资料,拍摄了上千张照片,为研究打下了基础。完成了《中国海洋开发与管理》的初稿,在《人民日报》发表了三篇论文,三次参加国际学术会议,四次被英国电台、报刊采访、介绍,这种情况在当时留学人员中是不多的,为国争了光。

多次的出访、国外生活,打开了国际交流、合作的渠道。现与英、美、韩、日、加、澳、荷、西、土耳其等国20余家海洋科研院所的专家建立了联系,也成为中韩海洋研究合作的开拓者。

四

近20年来,工作任务比较繁重,既有行政事务,还有社会活动,但我始终没有放弃科研。主持完成了几十项研究课题,发表了上百篇论文。取得的成果有些是开拓性的,在国内外产生了影响。其中有国际合作、省部级项目,但更多的是为地方政府服务的应用项目。

向国务院、山东省委省政府、青岛市委市政府提出对策、建议30余项,领导大多有肯定性批示,社会上有反响。例如,1990年省委书记姜春云对《山东海洋开发战略》一文的批示是:"昌礼同志:这是一个重大课题,需要认真抓抓,望予以过问,责成有关部门加强这方面的工作。"我是提出《建设海上山东》的成员之一,进入了省委、省政府决策。又如:1997年《关于建立青岛海水利用示范基地》的建议,市长秦家浩等都做了肯定性批示,纳入了青岛市"九五"海洋规划和国家科技部"十五"攻关项目。

2005年向国务院提交的关于能源发展的建议,温家宝总理作了重要批示。作为专家组成员,长期参与了国家、省、市国民经济、社会科学发展、城市规划建设、重大项目的论证、文件的起草工作。近年虽然体力、精力大不如前,但我用"老牛自知夕阳短,不待扬鞭自奋蹄"的警句来鞭策自己不断努力,去做好每一件事。

60年人生中,童年、少年艰苦生活磨炼了自己;军旅、地质熔炉锻炼了自己;热爱自然的阅历丰富了自己;认真、执著造就了自己。

60年岁月中感悟,要热爱祖国,任何诱惑不动摇,永不背叛。热爱自然,尽可能创造条件到美好的自然中去。热爱工作,把事业和兴趣结合起来,工作就不枯燥了。做人要诚信、宽容、尊重别人,只有别人信任你,才会与你合作。做事要认真、守时、负责任,只有别人认为你靠得住,才会把重担交给你。要有毅力,只有持之以恒,才能克服困难。为保护即墨马山,我奋斗了11年,最终国务院批准为国家级自然保护区。

祖国颂·海大情

陈晓明

1949年10月1日,伟大领袖毛主席在天安门城楼上向全世界宣告:"中华人民共和国中央人民政府今天成立了。"之后20天,我来到这个世界上。60年来,我是真正生在新社会,长在红旗下,亲眼目睹了祖国的繁荣昌盛,特别是改革开放30年,亲自经历了伟大祖国翻天覆地的变化,也亲身经历了中国海洋大学由弱到强的飞跃发展。

一、幸福的童年。我的童年是幸福的,从幼儿园到小学,从小学到初中、高中,都沐浴在党和祖国的阳光下茁壮成长。7岁戴上红领巾时,我知道她是五星红旗的一角,是千千万万革命烈士的鲜血染成的;14岁戴上团徽时,我知道共青团是党的助手,是青年学习共产主义的学校。先后担任过少先队的大队长、共青团的支部书记、校团委副书记、校学生会主席等职,每成长的一步都是党组织培养教育的结果,自己也暗下决心,努力学习科学文化知识,长大了要为祖国建设贡献自己的力量。

这期间,虽然国家经历了一些政治运动以及1960—1962年的三年自然灾害,但我始终坚信,困难是暂时的,有英明伟大的党的领导,祖国一定会强盛。

二、改革的东风。1976年7月,我大学毕业后分配到山东海洋学院数学教研室当教师,到现在转眼间已过去33年了。这期间,我也从助教成长为具有高级职称的中层领导干部。先后担任过副系主任及总务处、基建处、产业处、公安处的主要负责人。我亲身经历了山东海洋学院—青岛海洋大学—中国海洋大学的发展历程;看到了学校由1 000余名学生发展到现在近2万学生规模;看到了学校党政领导善抓机遇,使学校逐步成为"211工程"、"985工程"重点建设高校的过程;看到了原只有鱼山校区,后又建成浮山校区,现在又有了崂山校区的美丽校园;看到了学校校园文化和办学理念的成熟……这一切的一切,不都是改革开放的结果吗?海大的发展也映射出祖国的繁荣强大,没有党的领导,没有伟大的祖国,哪有海大的今天?哪有我们这一代人的今天?

在海大工作的这33年中,有两件事让我永生难忘。一是在1988年到1991年,我被组织上派往平度市政府任科技副市长,分管科教文卫和计划生育等工作。每天与农民打交道,亲眼看到了中国农民勤劳、奉献、淳朴的风格,与老百姓一起收获着劳动的艰辛和丰收的喜悦,也看到农村日新月异的发展变化。二是1999

年，我担任学校公安处长期间，遵照党中央的指示，与"法轮功"邪教组织展开了针锋相对的斗争。在校党委的领导下，经过艰苦细致的思想工作，我校40多名"法轮功"邪教骨干人员全部转化。由于成绩突出，校公安处被授予集体二等功，我本人被省委省政府授予个人一等功。这些成绩应该说都是在党委领导下，全校师生大力支持下取得的，自己不过是做了应该做的工作。

再过几个月，祖国将迎来她60岁的生日，我也将满60周岁，面临退休了。回顾这60年，我们这一代人是幸运的、幸福的。有人说，我们这一代人"渡过江、扛过枪、吃过糠、下过乡"，但我最庆幸的是我与祖国共同成长。相信祖国的明天会更好！也相信我们海大的明天也会更好！

☆ 为祖国深情吟唱

尹衍升

作为共和国诞生后出生的一代人，我们和年轻的共和国一同在五星红旗下成长，被共和国的阳光雨露滋润，使我们在贫困的年代里富有理想，使我们具有顽强、勇敢、集体主义、责任感和自我牺牲精神。共和国波澜壮阔的岁月磨炼了我们的意志，非凡的年代铸造了我们顽强的性格和奋发向上的精神。60年的风雨走过，共和国成为屹立于世界的伟大强国。在建国60周年之际，我们多么想激情地回忆自己的青春、评价自己的价值和展示自己与共和国同行的步伐，我们多么想告诉社会，生于五十年代的这代人仍是跨世纪的中坚，我们也属于明天……1956年出生的我，16岁在黑龙江生产建设兵团参加工作，19岁进入北大荒酒厂当工人，20岁被推荐到辽宁鞍山钢铁学院上大学，毕业后在钢厂炼钢炉前当过炉长、技术员，后又攻读硕士、博士，1995年大连理工大学博士后出站来到山东继续从事教师工作。

我从事科研教学工作正好与祖国改革开放的时间相同。30年来，祖国一天天繁荣富强，我也跟着祖国强有力的步伐，快乐科研，勇攀高峰。作为第一研究者获国家技术发明二等奖1项、省部级一等奖3项、中国发明创业奖及山东省发明创业特等奖各1项、其他不同排名和等级的奖励7项。实施发明专利4项。在较为系统的研究体系内,出版专著 6 部,论文被 SCI、EI 收录 315 篇,他引 218 次;培养博士 27 人,硕士 39 人,博士后 8 人。1996 年被教育部授予"优秀中青年骨干教师"称号;1999 获得山东省委省政府科技重奖,同年获国务院特殊津贴;2004 年获"山东省首届中青年突出贡献专家"称号;2004 和 2008 年两次荣获"青岛市专业技术拔尖人才"称号;2004 年被评聘为教育部长江学者特聘教授。

感谢祖国,滋养我从幼苗长成大树。感谢祖国,助力我一直"意气风发走在大路上"。作为"红色的一代",时代给了我一生享受不尽的财富,提升了人生的价值,这过程是如此厚重,是生命中永远无法磨灭的印记。

祖国即将迎来 60 华诞,回想与共和国一起走过的日子,心潮澎湃,感慨万千。我要为强盛的祖国吟唱一首深情的歌——"南疆的稻香是你春雨的浇灌,蓝天碧水是你春风的吹拂,是你让湖海波平浪静,是你让群山秀美巍峨。啊,我和我的祖国,一刻也不能分割……"

☆ 我是祖国培养的第一位农学水产博士

薛长湖

生于 60 年代,是高唱《学习雷锋好榜样》长大的。1980 年,是恢复和改革高考制度的第四年,也是我人生历程中的第一个重要转折点。那年,十六岁的我如愿以偿成为山东海洋学院的一名大学生,继而于 1987 年获得农学硕士学位,1990 年获得农学博士学位,有幸成为我国培养的第一位农学水产博士。

自 1990 年起,我留校从事水产品化学、水产品高效利用技术、水产品加工和贮藏工程方向的教学与科研工作。当时水产品风味化学的研究在国内还是一项空白,系统的基础资料十分匮乏。1992—1994 年主持完成了我的研究经历中第一个国家自然科学基金,系统阐明了加工过程中虾蟹类特征性风味前体物质的化学特性和风味形成机理,为我国鱼糜制品工业的发展奠定了理论基础。1994 年和 1999 年我先后两次东渡日本从事鱼类在加工与贮藏过程中风味变化等相关研究,进一步丰富了我国水产品风味化学的理论。

1995 年,党中央首次提出了在全国实施科教兴国的战略,我幸运地赶上了把科教发展作为发展经济、建设现代化强国的先导这一历史性机遇。在国民经济和社会发展的"九五"、"十五"、"十一五"计划期间,我先后主持和完成了包括国家"863"计划、国家自然科学基金、国家攻关、国家科技支撑计划、农业部专项等20余项科研项目,研究成果填补了国内外相关领域的多项空白,尤其是在海参、鱿鱼、海带等大宗海洋生物资源加工和贮藏过程中生化变化、营养成分与功能成分、产品质量与安全、高值化利用技术开发等研究方面取得了重要的学术成就,并在工业生产中得到了应用,产生了显著的社会经济效益。共发表论文200余篇,其中SCI、EI收录50余篇。申请国家发明专利36项,其中获得授权14项。首批被评聘为山东省"泰山学者"特聘教授。

60年代生人,生在困难时期,长在动荡的年代。庆幸的是在最好的年华赶上改革开放,赶上了恢复高考和科技兴国的历史性机遇,得到了施展才华和实现志向的舞台,使自己从一个农村孩子成长为教授和学者,我的人生由此变得厚重而精彩。在我的科研和教学经历中,最大的感触是国家对科教的投入逐年增大,以前仅能在国外见到的先进仪器,如今都出现我们的实验室中,且处于世界领先水平的科研成果逐年增加。同时,也深刻感受到了强烈的使命感、责任感和集体荣誉感。

"攻城不怕坚,攻书莫畏难。科学有险阻,苦战能过关。"这是叶剑英元帅写的《攻关》诗,也是我人生的座右铭。这首诗一直是我奋发向上的动力,在攀登科学高峰的路上,激励我锲而不舍,勇往直前。

☆ 一本书,共和国文学的一角记忆

徐妍

每一次搬家,最头痛的就是一本本书。这一次搬家,也曾痛下决心:精简一批无用的书籍。但是,当我触摸到一本"过气"的书时,又视之为珍宝。那本书就是戴厚英的1980年广东人民出版社出版的小说《人啊,人!》。

明明知道那本书已经被新的版本所替代,后来陆续出版的十多个版本都比它考究。何况,网络时代,只需点击鼠标,复制、粘贴,整个网络版的《人啊,人!》

就会被全文下载。但是，那些与波浪线条一同起伏的心绪，那些褪色的蓝黑墨迹所铭刻的青春岁月，无法作别。这本书记载了共和国文学的第二个青春期记忆，也印刻了我的80年代青春岁月。

共和国文学迄今为止已经拥有了六十年的历史。但是，对于出生于上个世纪六十年代中期且颇为晚熟的我来说，真正与共和国文学产生一种内在的联系，则是从这本书开始。

我与《人啊，人！》是怎样的相遇，已经记不太真切了。似乎先是宿舍同学从图书馆借来这本书传阅，然后我又在大学校园的书屋中遇到它。最初吸引我的是它的名字。"人啊，人！"，犹如一声叹息、一声惊异、一声追问、一声怀疑、一声寻找……各种激流般的声音汇聚在一起，冲击着我十八岁的青春生命。六十年代出生的人，大多如小说中C城大学中文系大二学生奚望一样，既追求希望，又感到迷惘。尤其，我们对自我的理解更是一片荒芜。"文革"后期上小学，"文革"结束上中学，改革开放初期上大学。知识结构中先有"读书无用论"和革命小闯将的"反潮流"精神，后有"学好数理化，走遍全天下"的实用理想。但是对于什么是自我，从没有自觉的认知。因此，"我是谁？"这样的小说，比任何小说都更加有吸引力。

刚一进入《人啊，人！》，一股澎湃的激情扑面而来。当时十八岁的我对此全然没有招架能力。只任自己在一张张手工制作的卡片上迅疾抄录。至于后来随着专业学习所习得的小说理论中讲述的形式、手法、技艺、视角、结构等等，当时根本就没留意过。当然，这个小说在日后看来，艺术水准确实不高，但那时的我却心怦怦跳着一路读完。那种阅读经历，是九十年代以后的专业阅读所再难遇到的。

《人啊，人！》开篇赵振环的一段梦境极具震撼力。"我拼命往前游，在无边无际的洪水中。不知道自己从哪里来，也不知道要游到哪里去。不知道已经游了多长时间，也不知道还要游多长时间。我的目标只是追逐一个在我面前贴着水面飘飞着的小姑娘。她细长的手臂摆动着，短粗的双辫跳跃着。从我看见她的时候起，她就是这个姿势。我看不见她的脸。但我觉得，我认识她，熟悉她，爱她。要追上她，让她知道我对她的一片心。"这个梦境投射了一位共和国同龄人在"文革"后精神悬空的苦痛，也寄予了他对共和国第二个青春期——"新时期"的执拗追求。这种借助理想化的存在来确证自我的方式，恰与80年代初期的大学生心理相暗合。其实，何止是80年代初期的大学生，十年浩劫之后的中国人，无不欣喜于文学所赋予人们的无限乐观的承诺。

不过,当时正值青春期的我,更多的不是从社会、历史层面来看小说,而是从小说中何荆夫、孙悦、赵振环之间三角恋爱的故事模式中来理解共和国的昨天、今天与明天,由此设计自我。十八岁的我为何荆夫与孙悦这对有情人终成眷属而鼓舞,也为孙悦与赵振环最终分离而感伤。只是当我沿着这条清幽的爱情小径行走时,却进入了通往社会、历史、政治、文化等等后来被命名为"宏大叙事"的通道。

在这条通道上,小说中的硬汉何荆夫在我眼中异常迷人。他的许多独白有力地影响了我与我的"一代人"的自我构成。在自制的卡片上,我醉心于荆夫格言:"我珍藏历史,为的是把它交付未来。我正走向未来,但路还远。""我们的肩膀上扛的是脑袋,不是肉瘤子。脑袋是干什么用的呢?思考、分析、判断。""生活对我们可能不公正。可是我们对自己必须公正。"……在抄录、念诵的过程中,我逐渐悟得了我们这一代大学生被称为思考的一代、怀疑的一代的历史宿命。自我注入了反思、怀疑等因子,而由懵懂状态转向知性和理性构成。

除了荆夫,柔弱而坚毅的孙悦同样是我心仪的对象。十八岁的女大学生大多对爱情充满无限憧憬,但又对现实世界的强大逻辑心怀疑虑。孙悦在纯真的初恋阶段选择了道义,在劫难过后的成熟期选择了爱情,这种情感终于战胜理性的理想图景为我们那一代女大学生提供了一种精神支撑。所以,我抄录了孙悦的心灵独白:"是的。而且凑合被认为合理而幸福。但是,理想的爱情还是存在的。你不是还留了百分之五吗?""生活并不像我以往想象得那么可爱。但是,它更不像我曾经想象得那么可怕。生活就是生活。"让生活的苦难遍洒理想的光辉,这是80年代知识分子集体的生命信仰。由此生命信仰,十八岁的自我渴望在爱情的追寻中实现生而为人的最高价值。

至于人的最高价值是什么,十八岁的我信服荆夫的期待:"一个大写的文字迅速地推移到我的眼前:'人'!"这一期待无意间步入了80年代共和国文学对自我的想象。

如今,二十多年过去了。那本"过气"的旧书一直激励着我对理想的守护。它见证了共和国文学第二次青春仪式,更参与了我的成长过程。

我的第一个三十年

许军多

回忆是人生的重要内容，人与人之间的交往和熟悉都有赖于回忆，共同的回忆使人们成为知己，不同年代的回忆造就了如今风格迥异的 70 后、80 后甚至 90 后。70 年代生人的记忆在属性上更倾向于 60 年代生人，而不是 80 年代生人。

我生于 1976 年，当时"文革"已接近尾声，普通大众对政治运动的狂热也已经慢慢消退，吃饭成为生活的核心问题。

1980 年，因为父母工作调动我家从小城镇到了省城，我因此接受了一整套国民教育。当时在小城镇没有幼儿园，因此，我比哥哥姐姐多出了上幼儿园的人生经历。每当提到这个，家里都会一致认为我这个老幺真是赶上了好时候。

当时的幼儿园是单位开办的，费用很低，每天供应中午和晚上两餐，伙食相当不错。生活很有规律。第二年上幼儿园的时候，我已经六周岁了。幼儿园离家也很近，只有大概二百米的路程，但需要横穿一条马路，父母鼓励我早上自己去上幼儿园。这在现在来看是不可能的，当然环境的变化是最大的原因。另外一个关于幼儿园的记忆和吃有关，通常幼儿园晚饭开得比较早，家里吃晚饭是六点左右，所以回到家里还会再吃一顿。为此，哥哥经常说我很笨，说在幼儿园为什么不吃饱，浪费家里的粮食。当时物资比较匮乏，虽然不至于挨饿，但吃肉的时候也不多。

我读的小学是职工子弟小学，入学前有一个考试，就是让小朋友数数，能从一数到十就算通过了。以前小学学制是五年，结果在我入学的前一年改成了六年。据说原来我国的教育是仿苏联模式，小学五年，中学五年（初中三年、高中两年），大学本硕博连读七年，这样如果五岁入学，二十二岁就可以培养一个博士。但由于人口增长过快对就业产生了巨大的压力，所以大多数地方就实行了小学六年、高中三年的改革，但也有一些地区保留了原来的学制，或者是开辟了一些学制短的实验班。我一个江西的大学同学上大学时只有十六岁，让我很是羡慕，问过才知道他小学读了五年，高中是两年，六岁上学，结果正好是十六岁上大学。

小学过得非常漫长，正像罗大佑口中的"等待着下课，等待着放学，盼望着长大的童年"。没有那么多的课外班，也不需要学习英文、奥数等知识。

小学毕业要经过考试合格后才能升入初中，大概也是从我上初中前两年改革的。原来升初中也是要考试的,也要报志愿,到了我们改成了按户口分配中学。这样一来,户口所在地就比较关键了。有关系可以直接进入理想的初中,但大多数都是按分配上的初中。升入初中,有了人生的第一次选择,也有了人生的第一次分化。由于小学上的是职工子弟小学,小学同学的家庭背景大致相同,环境比较简单,但初中是市里的公立中学,同学之间有很大差别,一些同学上完初一就退学了。初中之后,我顺利考上了一所二类高中,虽然不是重点高中,但是升学率还是比较高的。进入高中以后,能明显感受到竞争的压力,尤其是高二后,考大学成了每个人的明确目标,那时开始有了现在已经制度化的高三晚自习。下午课结束后,从六点开始到七点半是第一阶段的晚自习,是强制性的,每个人都要上,通常有老师负责答疑;从七点半到九点是第二阶段的晚自习,是非强制的,个人自愿。

高考结束后的暑假是我感受到的第一个轻松的暑假,那时,我已经十九岁了,感觉仿佛在经历一次艰苦的努力后彻底地放松自己。二十多天后,放榜了,我也如愿以偿。高中班上有四十多个同学,只有不到十个同学没有考上大学。这对于我们这个二类高中是很不错的成绩了。自从我们那一届后,我们学校的升学率就越来越高,后来也升格为一类高中了。

大学的十年对于我来说是相对重要的十年。伟大的经济学家熊彼特认为人生的第三个十年是一生中最重要的阶段,原因在于人的所有的理念和思想都是在这十年形成的,其后的岁月都是在维护和修补当初所形成的理念和思想。我虽然没有这么真切的体验,但是觉得大学的十年自己努力在做的一件事情就是,唤醒自己对社会的敏感,努力去认识社会的规律,尤其是经济运行的规律。1997年香港回归是我在大学阶段印象最深的一件事。当时大家在一个大教室里看电视转播,当降英国国旗升中国国旗奏国歌的时候,所有的同学不约而同地起立,一起高唱国歌,好多都激动得不能自持。我当时也是热血沸腾,深刻体验到了作为中国人一定要自强不息的信念。

人生第三个十年的经历告诉我,中国正在进入一个加速发展的阶段,现在的社会同十年前比较充满了更多的机遇、更多的不确定性,每个人在收入增长、享受更多物质财富的同时,也在承受更大的压力,既有来自社会的,也有来自内心的。现在的中国,很难让人能够停下来想一想自己在干些什么,要干些什么。每个人都被巨大的力量裹挟着,跟跄前行,没有时间,也没有精力去想一想我们自身的人生问题。这种时候,我总希望能再回到高考后的那个暑假,没有压力,完全放松。有一次和一个高中同学谈起这个问题,他说那可能是我们一生中最快乐的时光,没有压力,不用担心生计,只有尽情地享受生活。每当想到这个问题,我经常会很泄气,有一种深深的无力感。

三十年,对历史来说,是一瞬;对中国来说,是大发展;对我来说,是成长,是在剧烈变化的大环境中,不断修正自己去保持成长的阶段。三十年中,人生的理念不断被建立,又不断被替换。三十年可以说是从理想主义到现实主义的三十年。人生的下一个三十年自己会如何,中国又将有什么样的发展,没有人说得出,但可以肯定未来会更好。为此,我将自己的第一个三十年小记一下,作为另一个三十年的参照。

☆ 在空隙中成长

林宵沛

70后是一个特殊的群体,既不像60后那一代历经苦难,终于守得云开雾散成为现代社会的领导力量;也不像80后从小就在甜蜜的生活中长大,如今个性张扬大有长江后浪推前浪之势。因此有人形容70后是被遗忘的一代,没有自己的特点。实际上70后思想没有超越传统,成长于中国从躁动不安走向成熟发展的起步阶段,但是又经历了改革开放以来社会的种种巨变,造就了传统与现代相结合的特殊一代。

我生于1976年,那年"四人帮"被粉碎,十年浩劫结束,中国开始进入复苏阶段,百废待兴。计划生育政策的推行,使我成为第一代的独生子女。但是和80后、90后独生子女的幸福童年相比,在我幼年的记忆里,物资仍然匮乏,什么东西都要凭票供应,生活还是比较艰难。一分钱的麦芽糖就能让一个小孩子高兴半天,五分钱的冰棍更是奢侈品。那时对未来的美好生活是什么样没有一个具体的图像,只是模模糊糊地知道小康生活就是能吃上苹果,通上电话。1992年后感觉国家经济在飞速发展,周围的一切都变化得很快,渐渐地粮票淘汰了,买东西也不用凭票供应了,想要买和可买的东西越来越多,钱越来越不经用了。我一岁多时,家里买了一台黑白电视机,是邻里中的第一台电视机。那时每天晚上家里都门庭若市,里三层外三层的人围着那小小的电视兴奋着、专注着。没过多久,大多人家都买上了电视。等我上小学的时候,大部分家庭就有了彩电、冰箱,到上中学时电话也普及了,在大学里就有了更方便的通讯方式:传呼机、手机,而现在信息技术的创新更是层出不穷,消费者跟不上技术的进步、产品的升级换代。

在我的青年时代,人生最重要的抉择是高考前夕填报志愿,选择什么学校和专业让我左右为难。之所以难选择是因为90年代中期国家教育政策发生了巨大的变化,上大学从免费变成了收费,毕业也不再包分配,学费和就业问题影响了当时许多人的高考选择,而且90年代初期下海及经商的热潮使得贸易及金融专业成为当时的热门。经过长时间的考虑,我最后选择了在青岛就读海洋大学的海洋科学专业,原因就是这个专业需要数学和物理基础比较好,正好适合自己的兴趣。现在看来当时按照兴趣选择的专业还是正确的,和很多当初选择贸易及金融专业的同龄人不断跳槽和更换工作相比能够在自己喜欢的领域一直工作下去是一件幸运的事情。大学本科毕业前选择工作还是读研是人生的另一次考验。那时的我们虽然不像现在的本科生就业压力很大,但是也感受到了不包分配自己找工作的辛苦。因为喜欢这个专业,希望能有进一步的发展,也不想随便找一个工作,我选择了大学毕业保送读研。读研期间随着国门的开放,走出去的人越来越多,我身边也有很多同学相继出国深造。这时我也曾经彷徨过,迷茫过,考虑是否只读一个硕士就出国读博士,为此也考了托福。但是当我看到国家在科研和教育领域的投入越来越大,整个海洋科学事业在蒸蒸日上时,我选择留了下来直读博士。我相信中国飞速的发展必然会给我们一片广阔的天空。

最后谈谈毕业留校之后这几年的体会。现在我能感受到我们70后普遍存在很大的生活压力,特别是和60后相比。首先是经济上的压力。大部分70后毕业参加工作时正好赶上国家取消福利分房,而刚参加工作待遇还不是很高,却必须要解决结婚、生子、养子的问题,面对日渐高企的房价、不太完善的医疗保障体系、两家老人赡养和孩子教育等所需巨大花费的一系列人生问题,70后刚刚开始竞争就要背负沉重的生活负担。而更大的困难是工作上的压力。最近看到一篇报导认为在科研领域70后将是被牺牲和抛弃的一代人。因为"文革"造成人才断档,给60年代出生的一代人提供了很大的发展空间,也有大批的岗位,虽然70后和60后年龄经历差不多,但机会少多了。比如60后很多在30多岁就拿到了"国家杰出青年科学基金",成为学科的带头人,30岁成为研究员和教授的也比比皆是。但是对70后的科研人员,到现在他们30多岁在科研上还不成气候,几乎没能形成一个领军的团队。而近年国家人事制度的改革使得原来只有四级的职称岗位变成了十二级，很多70后还挣扎在从中级到副高级的门槛上。70后整体处在事业的灰色地带。不是70后的能力不够，社会历史的偶然变化常常决定大多数人的命运。现在很多人也开始发现和重视这个问题，努力为年轻人营造一个更宽松的环境，希望70后能早日脱颖而出。我也认为坚持是科研工作中最重要的素质，当能守得住艰苦和磨炼，必然会有成功的一天。

☆ 用对比看中国的发展

董军宇

中国30多年的新发展似乎有说不完的话题。又因为我在英国生活了三年多，近几年也因学术交流几次到英、法、德等国家，总是喜欢对比国内外的差异。但坐在计算机前开始写这些变化和差异的时候，忽然感觉到，变化从我上小学开始，也就是改革开放开始之后就能够感受到了，只是记忆随着时间的消逝而模糊了。

1978年我在黑龙江开始上小学时，自己走着或者父母骑自行车送去上学，冬天的气温可达零下30度，到了学校手脚经常冻麻了。教室里要生炉子取暖，同学们有时要带木柴甚至自己点火生炉子。手脚本来就冻得发麻，生炉子半天也不热，开始上课了手还没有恢复知觉，没法写字。印象中是在1981年三年级的时候，我们搬到了一个有暖气的教室，从此在我的脑海里再没有教室很寒冷的感觉了。我的带有猜想的推断是由于从1978年开始国家搞改革开放，经过几年经济条件好转了，政府对教育投入加大，学校安装了暖气。

1980年叔叔家买了一个九英寸的黑白电视，这是整个胡同的第一台电视，几乎引起了轰动，每天晚上总是有众多的人来看节目。后来我在英国留学时参观过一个博物馆，是关于1960年代当地居民生活的，发现他们那时就已经每家都有大电视了，顿时让我感受到了那些年我们和发达国家的差距。而如今我们大多数家庭的电视不比英国人的差了。1989年我父母拿出了多年的积蓄1 800元托关系买了一台18英寸的彩色电视机，感觉生活一下改善了。父母的工资当时只有100多元，现在1 800元足可以买到29英寸的显像管电视，以我目前的月收入买两台电视肯定没问题。

大学毕业后我分配到了国税局工作，当时的工资只有每月230元，就在我担心除了吃饭所剩无几时，1993年12月起，我的工资基本上翻了一番，后来每个月还有奖金、福利，日子比起学生时代真的是很幸福。这时我才真正感受到了经济的发展。那时也兴起了安装家庭电话。由于整个青岛市装机数量有限，要托关系安装而且价格每年不断上涨。于是，我做了人生中第一个投资，在1995年花光了几乎所有的积蓄3 500元搞到了一个电话号。而现在，安装电话基本是免费了，而且还有赠送活动。

1990年代还是流行出国留学，不少人的原因很简单：国外发达，工资高，生活好。我虽然工作、生活都很好，但还是想出去看看。可能我运气不好或者不够努力，这件事跨过了21世纪才得以实现——2000年我拿到了全额奖学金去英国攻读博士。在英期间，中国留学生谈论最多的就是中英差异。我很理解1980、1990年代不回国的留学生，因为那时中国和西方的差距太大了。

由于我每年都回国探亲，并且时刻关注国内的发展，中国每年甚至每个月都在变化，特别是城市发展及市政建设方面。以青岛为例，每年都有大量的高楼在街道两旁涌现，新的道路不断出现，城市越来越大，导致很多道路名称不看地图就不知道。而对比英国某些城市近20年的照片，变化并不大，至少在许多城市可以使用多年前的地图。

英国从1960年代汽车就已经开始普及到家庭，2000年到2003年，我们感觉中国和英国在这方面的差距还很大。当时计划回国时最大的愿望就是能像在英国一样拥有自己的一辆汽车。回国后发现我国的家轿市场已经开始火爆到让世人瞩目的程度。近几年，包括我在内，身边很多同事、亲属、朋友都拥有了私家车。2009年一季度中国的汽车销量更是达到了为欧美国家瞩目的世界第一。

2007年我再次回到英国从事两个月的合作研究时，又证实了我去之前的猜想：变化应该不大，至少在我留学的城市爱丁堡肯定不用买新地图，用我四年前的那个没问题。在英国的同学说英国人用的手机远不如我们中国人的那么时尚，功能那么丰富。英国朋友们非常羡慕中国人用的手机，尽管这里有"山寨"的功劳，但是很难说是坏事。

2003年以前为数不多的欧洲旅游城市提供中文网站等信息，而日语信息到处可见。而到了2007年我发现熟悉的欧洲的二十几个旅游城市都提供了中文网站、订房、机票等服务信息。著名的旅游景点上到处可见中国游客,免税店的商品标签都有中文,奢侈品店特别欢迎华人顾客。最近和一位来中国访问的法国教授聊起欧洲应对金融危机的措施等问题时,他手指向下指了指说,现在所有的钱(指外汇储备)都在这里(指中国),全世界都在看你们。这是一种别样的感受。

如果说市政建设的发展及生活水平的提高是表面现象,我能感觉到的还有国人普遍乐于奉献的爱心体现。在欧美等国家,有很多志愿者及义工在各个领域为社会及公众服务。2004年回国之后,我还经常和妻子谈论起来说好像我们国家"志愿者"这个词在媒体及人们谈话中出现的频率并不高。然而2008年四川遭受了特大地震灾害后,似乎一夜之间志愿者的身影遍布灾区,我们中国人的爱心及博大情怀充分地显现出来。北京奥运会的成功离不开志愿者的辛勤劳动,而且我现在能够感受到"志愿者"这个词已经深入人心了。我了解到一些学生甚至把没有做过志愿者看做是学生时代的一大缺失,作为一个大学教师我认为这是应该感到欣慰的事。

非梦时代

马春花

生于哪个年月,不算要紧的事,顶多是个怀旧的由头。得意了,就说生逢其时;失意了,便道生不逢时。一个年代的人,到头来,总是失意的多,得意的少。江山代有人才出,说的就是那少少的、生逢其时的一群;至于失意的多数,就被轻轻代表了,做了"公约数"里的无数。于是,人们时时被这样代表着,"五四一代"、"解放一代"、"知青一代",或者60后、70后、80后,如此等等,以为人人生于大时代,是广阔天地的弄潮儿。我生也晚,落草于70年代,蹉跎三十余载,尚不知得意为何,却常常被称为70后。

摆脱一代人的标志,是个丧失的过程。那种拥簇一起的温暖,彼此认同的安全,转瞬即逝,剩下的只有,此身何身的荒凉。而实际上,人就是那么孤独无助并自顾自地长起来,并不曾感觉有许多人,与自己一模一样,生在天底下。所以对我来说,70后是个伪命题,与自己无甚干系。

一群人的世界，是个时间的机器，生命消逝于历史轨道的轰鸣。而个人的现身，才让世界有所不同，时间不得不在你的身上，滑过不同的轨迹，对于那些个人的、时间秘密的描述，便是生命本体意义的呈现。不过，当回忆照亮时间，让自己现身的时候，情景依然令人沮丧，个人时间的四周，照旧是无边的黑夜。无论怎样呼喊，我都无法远离那些黑暗，让自己独自出现，个体言语的背后，还是"一代人"命运的幽灵。

70年代的世界，蒙太奇一般过去，恍若梦中风景。流星漫过天空之后，是山崩地裂的剧震，我坐在床上，看着屋子像船一样摇晃。当死亡的模样，传遍田野，从一只耳朵，进入下一只耳朵，我第一次，知道了命运的模样。防震窝棚搭在田埂上，而一到傍晚，空气里全是炒面的气息，我这一辈子里，再也没吃过那么香的炒面……

人小时候真是奇怪，总是睡不醒，天昏地暗的，一个梦接一个梦。日后的回忆，常常让人困惑，哪些是梦，哪些是真，哪些是道听途说。一个懵懂整日的孩子，哪里又记得住什么。可是，田间的窝棚、炒面的浓香，不时萦绕脑中；而每到夏日的夜晚，又每每惦念，蒲扇的清凉。关于这些，我问姐，她就笑，窝棚里的炒面？哪里有啊，那个时候，谁家吃得起？给你扇蒲扇？不记得了，只记得你，让只羊，拖得满野里跑！一切，一切，都不是我记得的样子，可这有什么？如果都一样，哪些算是我的呢？

少年的我，总是很忙，下地、打草、喂鸡、拌猪食——晴天、阴天，日日不得闲。最苦的是收秋，刈谷、打豆、掰苞米、切地瓜干。收个秋呢，掉层皮哪。我的少年时代，就是一个蜕皮岁月，一层未尽，又是一层。每个夏天，站在大海般的麦地边，我照例晕眩：什么时候，才能割到尽头！归园田居，在我像个笑话，我只想要逃走，远离稼穑。先走的是姐，在苞米地里，她接到了录取通知，我看着她跑出庄稼，忽然长出翅膀，一下子就飞远了。

以后的日子，我被幻想包围，一个纺织女工的梦，常常令人惆怅，纺织学校真好，或者还有大学，也蛮好。可梦想不重要，重要的是户口。母亲说，吃上公家饭，再说别的吧。白色的女工梦，彩色的大学梦，倏忽遁去，我收拾被窝，进了中师的大门。许是因为伙食免费，人匆匆地胖起来，周围的人们，也是一样。可是庄稼并未远去，夏种秋收，还是如往常，一身的汗，一身的累。那个时代的县城，离村庄永远很近，我有时候想，或者自己可以逃得更远一点。

我尚在做梦，姐却为钱发愁。那一年，人们买空了商店，姐的几个钱，变成了寂静的录音机，温暖的电冰箱。可觉得也好，总比攥着几张纸来得踏实。之后一年的夏天真热，许多鸟被烤脱了毛，肉肉地飞在太阳下，冬天又极冷，很多人都冻掉了下巴，说不出一句话。我再也没有看过，比这更怪异的年景了。那年夏天过去，我恋爱了，跟我自己。以后的日子，也就那样。先在县城中学教书，然后跑到省城读书，后来就是到了这里，一所海边的大学。如今，我不再做梦，却时常想起以前的梦，或者在很久以前的某天，我的梦想世界便消失了。

今天的中国，是一个非梦的时代。失去梦想的人们，只有聚集一堂，在怀旧里寻找慰藉。而这怀旧如此可疑，不过证明了我们内心的空旷，以及想象未来的危机。或者是时候，告别那些虚张声势的命名了：70后、80后——每个时代里的人们，彼此是如此不同，就像一棵树与另一棵树，一片云与另一片云，一座山与另一座山。每个人都是一个世界，每个人都有自己的缘由，每个人都是一只鸟，面对树枝而坐，令我感到魅惑。既然如此，生在哪个年月，又有什么要紧？

☆ 在父辈的期望里成长

胡乐乐

1982年秋，我幸运地降生于世，更幸运的是，恰逢盛世。从此，我开始了通过刻苦读书改变命运的梦想和冒险之旅。二十七年来，我从大风吹过的黄土高原陕北延安一个距离县城数里的宁静塬上农村，逐步流徙于祖国大江南北灯红酒绿的城市，折射出国家给个人的发展、前途和命运带来的影响之巨。

在我出生前，父亲做过一段时间乡高中教师，那时正值风华正茂的大好年龄——我长大后，时常赞美理想主义的青年父亲当年是多么的英俊潇洒。然而，由于祖上是地主，家族成员政治身份天然不好，受制于"文化大革命"及其结束后不散的阴影，父亲未能如愿考取梦想中的大学。与母亲结婚时，父亲是一名民小老师。我的出生，给父亲带来了不尽的欢喜和无限的希望，于是我有了这个响亮的快乐名字。

因为从小耳濡目染，加之天资较为聪慧，我四岁时便表现出强烈的读书兴趣，常常跑到村小教室门口听讲，家父家母甚为欣慰，感到他们的理想会在我身上实现。那时的村小孩子多，教师、教室和桌椅板凳却有限，加之我当时五虚岁，不够六周岁法定入学年龄，虽几经周折，但村长还是坚持拒绝我入学。后来，父亲决定带我随他辗转于乡里村小，悉心教我读书、做人、做事，不时严厉鞭笞以防懈怠和贪玩，直至考入乡中心小学读五年级。

住在简陋的窑洞里，学在昏暗的煤油灯下，吃着父亲日复一日做的烙饼，坐着父母结婚装新买的飞鸽牌自行车，跟随父亲下山过河、越沟翻塬，从东乡到西乡，从南塬到北塬。就这样，我度过了父亲启蒙、手把手施教、严词责骂、严厉鞭打和谆谆教诲的童年时光。现在想来，终生难忘，深怀感恩，因为那是我出穷乡僻壤、开创属于自己的小天地的基础。

不断函授教育和勤奋自学的父亲通过考试，转正为公办教师。随即，县教育局调动父亲工作，我们举家迁至另一个乡的一所九年制学校。父亲成为公办教师，这是我们这个四口小家的历史上第一个重大的里程碑式转折点。这为我和妹妹后来能够考取省重点高中和国家重点大学，提供了必要且稳定的家庭经济来源，尽管十分微薄。

为了我和妹妹的教育、发展和前途，父亲不计仅能糊口的工资和艰难举债，1993年送我俩到县中学和小学念书，同时把家安在县城，便于母亲照顾我俩。那时好学校座位十分有限，所以择校需要交纳价钱不菲的几百元（那时钱值钱）借读费。虽然度日甚为艰难——不仅只是省吃俭用，父亲还是想方设法东借西凑，使我们兄妹俩接受到优质的基础教育。我没有辜负父母对我的殷切希望，如饥似渴、起早贪黑地念书，考试每每名列年级前茅。

1996年，父亲力排亲朋好友主张让我初三念完读中专师范（那时中专师范还很不错——毕业可回县分配工作）的建议，力主我通过高中上大学。现在看来，父亲当时的决定是多么英明。在全市十三个区县选拔性考试中，我以优异成绩顺利考取省重点中学延安中学的公费生（自费三年要交几万元赞助费），令父母甚是骄傲。在接受优质高中教育和自己的刻苦努力下，我的学业逐渐进步，高二时立志考取国家重点大学。后因高考发挥不佳，未能被第一志愿北京师范大学录取，但幸而调剂到另一所教育部直属全国重点师范大学华中师范大学。

尽管小学一年级只念了三个月就跳为二年级，但我还是没能幸运地赶上免费大学教育的末班车。1999年，全国大学全面收费。同时，高等教育开始扩招。我所在的大学虽是部属师范院校，当年起亦开始收费。学费两千元左右，还有大城市的生活费，四年下来的总费用这笔不小的经济负担，对已经举债累累的我家而言，无疑雪上加霜。父母省吃节用，四处借钱筹资，供我读书。幸运的是，2002年，我成功地申请到首届国家奖学金八千元，得以及时交了最后两年的学费。四年中，我矢志于学术，勤于看书、思考和动笔，曾被评为全校本科生科研之星，照片和个人简介被彩色打印张贴到校园中心地带图书馆前的橱窗内展示，满心欢喜。期间，数次获得各种科研奖学金，不时能够填补生活费用之缺。

2003年，我本科毕业。时值大学扩招后第一届毕业生自行找工作，激烈竞争初露端倪。由于四年光阴没有虚度，包括在上海《文汇报》和北京《中国教育报》上发表过几篇教育文章，毕业论文也写得像模像样，我顺利找到份现在看来也应满意的工作——四川乐山师范学院教育系专业课教师（当年，扩招后的研究生已经互相激烈竞争工作，并且向地方院校云集）。初为人师，并且还是高校教师，我在兴奋的同时，诚惶诚恐地完整地完成了一学期的全校性师范生公共课心理学。至今，我仍保存着和第一班学生的合影，每每想及，颇感骄傲。

这一年，国家出台新政策，2004年研究生报考取消所在单位盖章同意，这让我着实很是兴奋，因为我正好赶上了这一大快人心的政策。我于是抱着考上就上、考不上继续工作的心态，居然考取了北京师范大学，随后辞职。现在想来，要是当时研究生不继续扩招，或者报考研究生仍需所在单位盖章同意，恐怕我现在不知是怎样的人生情景（最近看了电影《高考1977》，我在这方面很有感触）。当然，机会总是给有准备的人的。幸好，我抓住了这一难得的机会，促成了人生走向了不同的道路。

京城负笈求学的三年中，在聆听众多知名学者讲学的同时，我发奋自学，学术上逐渐有了一些积淀和发展，在核心期刊上发表学术论文多篇，大多为自己独立撰写和发表，特别是有两篇被《人大复印资料》全文转载。此外，独立撰写了两本学术著作中的两个专章，并负责撰写了一本书的点评稿。为自立和拓展社会视野，研一下学期起，我通过以文会友，先后在教育部、新华社、中国科学院、上海市教育委员会等多个机构的下属部门固定兼职撰稿，使生活费有了稳定着落，不再用家里钱。值得一提的是，我还参加了2005年第二届可持续发展教育（北京）国际论坛的会务工作，并参与撰写了最后通过的《联合国教育促进可持续发展国际实施计划》北京行动建议等。

研二暑假，为积累工作经验，我到天津市教育招生考试院实习。秋，在《中国教育报》边实习边找工作。当时，研究生扩招后的就业难已经日益严峻，形势非常不容乐观。我凭借自己的学术成绩，四处出击，海投简历，有所斩获。12月上旬，在学校就业指导中心发布的招聘信息中看到中国海洋大学需要教育学专业应届毕业研究生,于是抱着试一试的心态,我勇敢地投出简历。幸运的是,很快就接到系主任的来电,让我试讲。于是我买了崭新的西装和领带,把自己收拾打理好,踏上开往青岛的T77次列车。试讲通过,领导当即表示愿意聘用我,让我回去后耐心等待学校签约通知。

元旦后,毕业越来越近,找工作的焦虑心情日趋紧张。虽说中国科学技术协会直属的中国科技馆相中了我,但这份工作和北京这个地方,我没有太多的兴趣,于是继续找。寒假回家顺便去第四军医大学凑了凑热闹。3月,西北工业大学和空军工程大学招聘教育学专业应届毕业生。由于担心马上就毕业了工作还没有着落,于是投了简历。因为我学的是教育专业,学还算有点所成,又是陕西人,对西安也较为熟悉,面试前者成绩排第一,后者当面表示了签约意向。没过多久,中国海洋大学人事处来电要我寄就业协议书签约。我琢磨着自己不适合做行政,更适合当教师,特别是普通高等学校的教师,所以最后决定到中国海洋大学任教。

现在回想起来,能够偶然加入985和211工程双料国家重点大学中国海洋大学这一人才济济的教学团队,服务于蒸蒸日上的育人事业,我甚感幸运和骄傲。特别是通过近两年来心理学和课程与教学论的教学,以及参与评审与指导本科生毕业论文和研究训练计划,使我越来越深信一所国家重点大学的学生质量之高,会更好地促使教师不断成长——教学相长。我相信,虽然目前各方面困难些,但这是我人生中的一大正确选择,所以我会坚持。我也相信,中国海洋大学聘用我,也是一个正确的选择。我想,在薪火相传的中国海洋大学,不仅要留下我教书育人的身影和生活于斯的足迹,还要留下一些独立的学术思想和声音。

☆ 知识战胜贫困

朱玉贵

1980年,改革开放的第二个年头,我出生在江苏泗阳的一个普通农村,人们习惯地把我们这一代称作"80后"。

岁月穿梭,时光荏苒,转眼间,光阴的列车即将载着我度过匆忙而充实的大学生活,开始新的人生旅程。当我站在这一行程的尽头回首,细数沿途收获的点点滴滴，重温这旅途中采撷过的一幕幕风景，脑海中充满的是坚持、追求、上进和提高，行动中体现的是汗水、努力、责任和奋斗。有人说我的大学生活精彩而灿烂，但我深知：每个人的生活都是一潭水，有人渴望惊涛骇浪，有人偏爱静水深流，但是，浪花，决不会平白无故地产生，浪花的溅起，需要礁石，更需要直面礁石的激情、勇气和力量，而改革开放的春风、时代的前进和中国的崛起就是我这种激情、勇气和力量的源泉。

1992年，我12岁，这一年邓小平同志南巡并发表了著名的南方谈话，再次掀起了我国改革开放的热潮。受这一热潮的影响，家乡许多务农的年轻人积极奔向乡镇企业、民营经济及外向型经济活跃并迅猛发展的苏南，为自己的未来和家庭更加幸福的生活而努力打拼。面对家庭的清贫现实及改革开放的春风，还在就读初中的成绩优异的两位姐姐，主动并毅然地放弃了自己的宝贵求学机会，奔向南方。当时年少的我，并没有为此有太多的触动，但随着步入初中尤其是高中后，经常收到两位姐姐对我的忠告和关爱，我逐渐深刻认识到知识的重要性和自己所肩负的使命。因此，尽管我生活在清贫的农民之家，成长于崇尚朴实之风的美好校园，但是我很知足，而且深深意识到了只有知识才能改变命运。正是这种生活和成长环境塑造了我刚毅的性格、不屈的灵魂和无畏的精神。

1997年，我17岁，考上了县重点中学，但最终却选择了离家较近的一所普通的"农家守望者"的农村中学。之所以如此，并不仅仅是由于经济紧张的原因，还有这所中学的良好的学风和校风，以及"是金子在哪里都会发光"的自我激励和积极自信。

也就在这一年，香港回到了祖国的怀抱，而回想中国曾经遭受的百年屈辱及中国崛起道路中的披荆斩棘，更加让我珍惜这来之不易的求学机会，也更加坚信：不积跬步，无以至千里。

2000年，我20岁，开始进入海大求学。令我惊喜的是，国家在当年出台了国家助学贷款政策，我也有幸成为这一政策的受益人。曾有人说我的样子不像农村出来的贫困生，于是我坦率地告诉对方，贫穷不需要写在脸上，如果一眼就能看出贫困，那我的心也就穷了——再没有战胜贫困的决心和希望。贫穷不是我的过错，也不是我的未来，更不是我的人生，相反，贫穷却是我人生的宝贵财富，也是激励我走向成功的源泉，更是坚定我理想信念的动力。

2004年，我24岁，成为了一名海大硕士研究生。在面临就业、出国和考研的抉择时，同学们一般或多或少有过茫然和困惑。记得作家毕淑敏曾经说过，"适当的茫然不单是一种可以接纳的阶段,而且几乎是年轻人的特权。你有权茫然,但是不可以太久,太久的茫然就是思考的懒惰和行动的放弃"。值得庆幸的是,自己并没有那么多茫然和困惑,原因是四年的大学生活,让我学会了用理性的目光去选择自己的人生道路,学会了站在全局考虑问题,学会了权衡。

　　2006年,我26岁,在海大开始了博士生求学生涯。为了贯彻落实全国高校辅导员工作会议精神和教育部《普通高等学校辅导员队伍建设规定》,学校结合实际制定了《中国海洋大学关于辅导员队伍建设的有关规定》,并于2006年聘任兼职辅导员。经过层层选拔,我有幸在当年成为一名海大首届兼职辅导员,开始从事本科生的思想政治和日常管理工作。之所以积极争取这一岗位,是缘于内心深处的那份回报学校、老师和同学的责任。海大党委副书记张静教授在写给兼职辅导员张念宾的回信中提到英属哥伦比亚大学的校志铭:"创建一所大学好似往深水里扔下一块石头。当石头撞击水面时,便出现一个洞眼。然后,它便沉入水底,看起来什么也没有发生似的。然而,过不多久,你便可以看到一圈圈的涟漪向外荡漾,而且一圈比一圈大。"这一校志铭深深地启发了我,在我20余年的求学中,老师的谆谆教诲,同学的热情帮助,不正是投入我这一潭水中的一块块石头吗?因此,我决不能辜负老师和同学们曾经为我投下的一块块石头,有责任将这一圈圈的涟漪"发扬光大",让更多的人享受到这一波波涟漪所带来的激情、勇气和力量,以及所传达的刚毅的性格、不屈的灵魂和无畏的精神。

　　我深知我不能停止前进的步伐,眼前的成绩只能说明过去,未来的路途还很漫长,还有无数次的选择、挑战和机遇等待着我。但是,因为有了国家、学校和家庭对我的那份圣洁而温暖、高于山且长于水的恩情,我会以百分之百的热情与信心,热忱而自信地迎接它们的到来,拥抱美好的未来……

☆ 80后以志愿、支援来爱国

肖嫒

　　2009年,于我们80后而言是极富标志性的。在祖国60周年生日的这一年里,最年轻的80后也已然完成了成人礼,步入了人生中最年富力强的20岁光阴。

古人云：二十而冠。冠者沐浴更衣，于是神清气爽举止得当，这表达了对成长的期待，对未来的敬畏，更是对成年庄严时刻的尊重。二十而冠，"冠"的也是整个社会的责任，是中华民族进步的希望。这一年，当80后的我们全体过渡到了弱冠的年纪，22岁的我也踏上了大学毕业的列车。在即将迈入社会之际，我愿用我的笔触记下成长的所忆、所思、所感，作为献给祖国60华诞最真挚的礼物。

生于改革开放伊始，长在社会变革的世纪末，成熟于机遇与挑战并存的21世纪，与父辈那一代的童年相比，我的回忆是轻松愉快、丰富多彩的，似乎每天的生活都比前一天进步一点、美好一点。在记忆中，周围的人穿的衣服从以御寒为主的黑白灰发展到彰显个性以美观为主的各色混搭，住的房子从平房到80平方米再到160平方米，代步工具从自行车到摩托车再到如今满街穿行的私家车。不再担心食不果腹，而是追求吃得健康适量、精细天然。除了物质生活方面的变化，精神层面的追求越来也越自主和人性化：爷爷的年代喊的是"宁要社会主义的草，不要资本主义的苗"，爸爸的年代讲的是"不管黑猫白猫，捉到老鼠就是好猫"，而如今追求的则是"既要金山银山，又要青山绿水"；人们口中吟唱的畅销曲目，从《东方红》《团结就是力量》，到闪耀着民族自豪感的《大中国》，再到如今呼唤世界和平与合作的《北京欢迎你》。我们的声音越发自信，心态越发平和，这无不展现出一个大国的姿态。

然而，随着年龄的增长，我越来越深地思考一个问题：父辈们用自己的智慧和劳动创造了我们正在享受的美好生活，成为社会的主人，那么我们呢？当我们这一代成人之后，如何成为社会的顶梁柱？我们不需要上战场、搞运动，怎样才算实现自身价值？

成长的过程，正是人生观、价值观逐渐清晰的过程。我越发明白，进入激烈竞争的21世纪，自己身上承担着比上一代人更沉重的责任，爱国强国的任务也逐渐艰巨。1993年，6岁的我经历中国申办2000年奥运会失败，国人感到惋惜和遗憾，那时父亲告诉我，等我长大了，一定要由我们这一代来举办一届成功的奥运；1999年5月8日，12岁的我经历中国驻南使馆被炸事件，举国上下无不震惊和愤怒，年少的我强烈地感到了一股责任，相约定要努力学习，让祖国强大；2001年，14岁的我经历了"中国年"，申奥成功、加入WTO、足球出线，在自豪之余我也在想，十年之后我们这代能否创出个"中国年"……在这些目标和信念的指引下，学生时代过得特别充实而富有激情。因为目标明确，所以似乎每门课程都有无穷的吸引力，总觉得学好理论知识才能武装自己，进而促进社会的进步。

我的初中、高中到大学一直顺利地过渡,随着知识的积累思想也渐趋成熟,知道知识唯有和实践结合才能发挥作用,于是我和同学们参加各种社会服务活动:在街道社区做义务党建助理,帮助工作人员协调处理纷繁复杂的社区事务;去学校做义教老师,让贫困学生更多更好地接触知识和社会;参加"奥运英语进社区"活动,普及英文日常用语,让青岛以更好的姿态迎接奥运……在去年南方冰冻灾害和5·12汶川大地震中,以80后为主体的志愿者从祖国四面八方涌向灾区,有的捐衣捐物,有的留在灾区服务灾民。在天安门广场上,青年们高喊"中国加油,汶川加油"的口号;在各所高校的操场上,大家用烛光摆成心形为灾区祈祷;就在前不久,我们中有无数的应届大学毕业生自愿报名支援地震灾区工作,在那里奉献青春年华……2008年夏天,由80后组成的全国十几万名志愿者,身穿蔚蓝色服装,用灿烂的微笑和良好的礼仪征服了各国奥运选手和世界人民。极其荣幸的是,我也作为北京奥运会志愿者的一员,为祖国和世界体育事业贡献了一份力量。依旧记得2001年的夏天,萨马兰奇在莫斯科宣布第29届奥运会的举办城市是北京,从那时起当一名奥运志愿者的愿望就在心底种下了一粒种子。七年之后,通过层层选拔和严格培训,我已经在奥运服务史上做出了自己的努力。志愿服务结束之后,当一枚漂亮的"志愿者之星"徽章佩戴在我胸前时,我笑得很坦然,我知道我用实际行动为青春做了最好诠释,为价值的实现做了最好的证明。

而今,本科毕业的我选择了做一名国家公务员,都说"梦想没有黄昏",回想起幼时在爷爷面前喊出"报效祖国"的豪言壮语,似乎有了最佳的实现途径。犹记得笔试时的申论题目叫"真话·真情·真心",我在健笔如飞的同时就在想,这不就是报国、爱国的最应具备的心态吗?成为公务员难,而做一名优秀的公务员更是不易啊!既然选择了这条路,就要坚定不移地走下去,勇敢、执著才是我们80后最大的特色!

二〇〇九年十月月末版

喜庆海大八十五华诞

薛永武

一

八十五载叱咤铿锵,八十五载乘风破浪。八十五载筚路蓝缕,八十五载历史沧桑。八十五载春播秋收,八十五载硕果辉煌。八十五载人才荟萃,八十五载龙凤呈祥。

二

浩瀚的大海,熏陶了您宽广的胸怀。有容乃大,沧海桑田。深厚蕴含着海底冰山,宽广包容着宇宙浩瀚。您不拘小流,您相接水天。您把朝阳托出大海,您把蓝天尽情浏览。您有水的柔情,更有钢铁般的勇敢。您用温柔的躯体,描绘着海浪的曲线。您用生命撞击礁石,演奏出浪花的狂欢!

三

鱼山、浮山、崂山,[①]铸造了您性格的刚健。鱼山校区的百年古树,焕发出青春的容颜;浮山校区雄视大海,徜徉于山水之间;崂山校区钟灵毓秀,开启海大的百年期盼。乐水乐山[②]的海大,生机勃勃的灿烂。大海里有您的倒影,眸子里有您的梦幻。憧憬着海大的希望,创造着海大的明天。

四

举目远眺,海上朝阳分外耀眼。陶醉了晨曦,染红了海面。游人准备了行囊,渔夫绽开了笑脸。"弄潮儿向涛头立",[③]学子畅游大海之巅。烛光点燃了熊熊的烈火,园丁耕耘了肥沃的田园。听啊!前进的号角已经吹响;看啊!浩荡的大军壮阔波澜。乘祖国六十华诞的东风,扬海大改革创新的风帆。谋海济国的巨轮,正在驶向理想的彼岸……

五

一只雄鹰,一只海燕,掠过海面,飞上蓝天。逍遥着您的身躯,翱翔着您的远瞻。啊! 您就是大海,您就是蓝天,您就是朝阳,您就是海燕,您就是雄鹰,您就是海纳百川,您就是取则行远,您就是人才的摇篮……

注释：

① 指中国海洋大学三个校区依山而建，即鱼山校区、浮山校区和崂山校区。

② 语出《论语·雍也》。孔子曰："知者乐水，仁者乐山；知者动，仁者静；知者乐，仁者寿。"中国海洋大学依山傍海，兼得山水之神韵，融合智者与仁者之优长。

③ 语出北宋词人潘阆的词《酒泉子·长忆观潮》。潘阆曾以"弄潮儿向涛头立，手把红旗旗不湿"的词句，夸赞吴中少年手执大旗，争先恐后，迎着钱江潮的潮头，在万丈波涛中自由驰骋、矫健非凡的情景。此处指大学生在知识的海洋里无拘无束，自由遨游。

☆ 厚重海大 人文情怀

于志刚

在中国海洋大学85华诞、崂山校区奠基5周年之际，《崂山校区记》石刻揭幕了。默诵石刻，我不禁想起了5年前的今天崂山校区奠基的情景，想起了5年来崂山校区建设的一幕幕情景……5年的奋斗，一个功能完善、气势恢宏的现代化校园已坐拥于崂山脚下，海大终于摆脱了空间局促的窘境，为实现学校百年建设的宏伟目标奠定了坚实的基础，豪迈之情油然而生。我从内心深处向为崂山校区的建设殚精竭虑、勇于拼搏，为学校文化建设建言献策、贡献智慧的广大师生员工表示衷心的感谢和崇高的敬意！

目前，崂山校区的一、二期建设任务已经基本完成，文化建设工作也及时跟进，卓有成效。在这个崭新的美丽校园里，校训石、孔子铜像、赫崇本塑像、东方红船石雕、"实学渊泉"石刻等文化元素相继落成，新校园的一砖一石、一草一木都在自然而然地融入海大的文化。而呈现在我们眼前的这篇《崂山校区记》，则是崂山校区文化建设的厚重一笔。它记述了崂山校区诞生的历史，展示了海大厚重独特的文化理念。它是由我们海大人自己撰稿、自己书写的一篇记景言志的碑记。它的字里行间，都昭示着海大人谋海济国的鸿鹄之志，抒发了海大人跨越发展的自豪之情。

我相信，随着学校事业的不断发展，在全校师生员工的共同努力下，海大一定会人文日新,不断进步,世界知名、特色显著的综合性、研究型高水平大学的宏伟建设目标一定会早日实现!

崂山校区记

陈鹭

泱泱中华,浩浩蓝疆,求民族复兴之道,必兴海以图强。中国海大,精卫情长,负谋海济国之志,致树人与立新。适逢千禧,国运日昌。海大乘势而起,跨越发展,建崂山校区,续百年梦想。

鳌崂巍峨,黄海苍茫。山海钟灵毓秀,天成兴学佳壤。海大幸甚,东至于此,度山岭丘壑,辟荆棘洪荒,因势赋形,巧借天工,历经艰辛,兆兴土木,寒暑五易,乃成其功。

于是,五子顶下人文蔚起,楼宇参差;南北湖间金柳拂岸,曲水流觞。园中路平阔兼盘山越水,建筑群恢弘契旧风新尚。行远楼凭高起拥海之势,图书馆依山呈攀登之阶,教学楼振翅如风鹏正举,体育馆韫秀似奇贝涵珠。院系群庭院深深,生活区山阳昭昭。满园嘉木葱茏,处处琪花闪烁。兼有雨过芳沁涵闸,日晴鸟鸣青山,夏夜鱼读朗月,冬晓雪映橙红。

居园中,学者更上层楼,游目骋怀,望峰峦叠嶂,眺海阔天空,知壁立千仞之妙,明海纳百川之机,浩海求索,立言济世,同天地玄黄之朴而归于灯火阑珊之时,恍惚间疑兰亭在兹,不免有景行行止之嗟。学子曲径探幽,山重水复,睹名家巨擘,闻洪钟大吕,沐盈科归海之泽,承取则行远之教,牧海唯真,敏学笃行,秉星空律令之说而起于东方欲晓之辰,顿悟中知杏坛再造,油然生高山仰止之叹。嗟夫,"日月之行,若出其中;星汉灿烂,若出其里",魏武鸿篇,宛吟斯园。

美哉,海大,以崂山之石为础,铸就千秋基业。壮哉,海大,与万顷碧波相望,托起一片丹心。他年兴海强国日,名耀神州世界时。信之!

中国海洋大学
谨记乙丑年秋月

注：中国海洋大学崂山校区于二〇〇四年十月二十四日——学校八十华诞之际奠基，二〇〇六年七月二十二日，一期建设完成并启用。二〇〇九年二期完工，崂山校区建设按规划基本完成。校区建设凝聚了全校师生员工的勇气、智慧和心血，为建设世界知名、特色显著的综合性、研究型高水平大学奠定了重要的基础。为此，二〇〇九年十月二十四日——建校八十五周年之际，作文铭记。

☆《崂山校区记》诞生记

陈鷟

2004年10月24日，建校八十五周年之际，学校举行了建设崂山校区奠基仪式。当时，在一片高低起伏、荆棘密布的丘壑当中，新校建设指挥部用铲车铲出了一片小小的相对平整的空地，在几辆工程车的衬托下，布置了一个临时的会场。仪式进行当中，我四下里望了望，眼前一片乱岗。就在这样一片乱岗上，今天埋下去一块奠基的石头，几年之后就能长起一个现代化的校园吗？这不会是一个美好而遥远的梦吧？

但是崂山校区真的开工了。校长办公会由此常设了一个议题——听取工程建设情况汇报，研究相关问题。有时候我们像在听指挥部描绘一座海市蜃楼，有时候像在听他们讲一堂关于建筑学的、工程管理学的或者行政审批程序的课，有时候又像在听他们痛苦地求援。有那么多的问题需要汇报，有那么多的问题需要研究，有那么多的问题需要决策。学校好像面对着一场战役，大家都在战斗中学习。

建设指挥部租用了西校门对面的一栋二层楼房。有时候，学校相关的会议到这里现场召开。大家站在指挥部的楼上往马路对过望去，一大片工地，相信很多人也都看不出个子丑寅卯。就看到指挥部的同志们常常灰头垢面，晒得黝黑，嘴上起着燎泡。常常会听到工地上遇到了这样那样的麻烦：有人坐到炮眼上阻止施工了；天降大雨影响进度了；施工队有意见，指挥部领导被围住，人身安全也受到威胁了……不断地有这样的困难重重而又逢凶化吉的信息传来。校区的建设就在这样的战斗中推进。

2006年夏天,学校安排干部轮流到工地值班。那时教学楼已基本完工。值班室就设在教学楼一楼。我在这里值了两天班。白天炽热炎炎,待在室内也热得透不过气来,只能对着电扇猛吹。晚上放下蚊帐,蚊帐外面密密麻麻全是蚊子。有天晚上,十一点多去夜巡,发现学生宿舍楼附近有主水管漏水。我一个电话打给刚刚回家休息的王磊副总指挥,他又自己开车赶到现场指挥处理。看到他疲惫的样子,我有些后悔。冬天,我也来工地领教过一次肆虐的寒风,那天我带的安全帽被风刮跑,追出去老远才按住。过去的五年,不知道参与崂山校区建设的同志忍受了多少煎熬。

2007年9月,一期工程终于完工了,校区正式启用。直到那时,我才像发现新大陆似的看到,这里真的变幻出了一个美丽的现代化校园。这个校园顺应山岭丘壑的走势和起伏,因势赋形,巧借天工,功能布局合理,建筑错落别致。那时园中的绿化还少,正好看到了建筑典雅恢宏的全貌和道路的蜿蜒平阔。这个校园的建成启用,使得学校从此摆脱了办学空间局促的困境,得以更加从容地展开了学科专业的布局、教学科研改革和校园文化建设,为迈向建校百年发展目标构筑了重要的载体。9月17日举行的启用仪式上,吴德星校长发表了《让历史记住今天》的讲话。

2008年3月31日,行远楼启用,学校党政系统整体迁入了崂山校区。随后,作为第十一届全国运动会女篮赛场的体育馆日渐成型,韫秀奇美。负责馆内音响灯光效果以及舞台设计的付圣雪教授却为之疲惫不堪。校园里绿化越来越好,满园秀美。谁来了都说美。青岛市委阎启俊书记说:"来到这里眼前一亮。"夏耕市长说:"近年来青岛市我最满意的工程有两个,一个是奥帆基地,一个是海大崂山校区。海大的这个钱花得值!"

崂山校区的建设在我的心里由问号起而以叹号止。这么美的校园,这么好的建设者,学校八十余年厚重独特的文化底蕴和近十余年来的跨越发展,让我萌生了要写点东西以资纪念的冲动。于是我开始构思写一篇《崂山校区赋》。就此,我与许多领导和同事进行过交流,得到了他们的肯定和支持。

2008年秋,初稿《崂山校区赋》草成。它简约记述了崂山校区诞生的历史,力求雅致传神地描绘出校园的建筑和风貌,集中展示海大厚重独特的文化理念(文中自然嵌入了校训"海纳百川,取则行远",嵌入了"谋海济国"、"树人立新"等重要理念,还有海洋环境学院和水产学院两个学院的院训)。第一时间,我悄悄将初稿发给了两个人,一个是海大文学与新闻传播学院古代汉语专家冷卫国教授,一个是学校新闻中心的赵新安老师。他们两位都是我佩服的文章高手。两位老师都对文稿给予了肯定,并很快回复了重要的修改意见,使文稿得以完善。此后,我又小范围请教了党委校长办公室的几位同事。李睿青、蒋秋飚、解玮玮、刘海波等同志都提出了很好的建议。经过一段时间的沉淀,我正式将文稿提交到校长办公会。

  2009年6月30日,校长办公会讨论通过了文稿内容,采纳了机关党委魏世江书记的合理建议,将文稿题目更改为《崂山校区记》。会议决定邀请著名书法家启笛先生写成毛笔书法作品,后制作成石刻置于校园,作为建校八十五周年的一份献礼。根据会议精神,文稿在校园网公开征求广大师生的意见。一周时间,有1 341人次点击该文,60余名师生通过电话或电子邮件表达了意见,7位师生反馈了书面意见。整体上都给予了肯定。季岸先、赵可胜、薛永武、蒋济同、王秀海等同志提出的一些很好的修改建议被采纳。两周之后《崂山校区记》定稿,并交付启笛先生。2009年9月启笛先生完成书法。学校八十五周年校庆前夕,新校建设指挥部负责完成了石刻的制作。2009年10月24日,在八十五周年校庆日的前一天,学校举行了"中国海洋大学《崂山校区记》揭幕仪式"。仪式上,党委书记于志刚教授发表了热情洋溢的讲话,他的讲话既代表了学校党委和行政,也表达了他个人对于校园建设乃至人文文化的深刻理解,令参与校区建设的同志们和作为本文作者的我深受鼓舞。

  我相信,多年以后,当人们欣赏和享受着崂山校区的典雅与美丽的时候,人们一定会记得那些为校区建设付出了艰辛的人。其实这付出艰辛的人中,既有奋战在建设一线的指挥部干部职工,也有为之殚精竭虑的决策者,同样有与学校甘苦与共、风雨同舟的每一位师生员工。其中有你也有我!而这篇《崂山校区记》,也许是能够领起大家回想的一个引子吧。

2009年10月26日于海大

二〇一〇年十月月末版

☆ 一位老院士的人生魅力
——访石油勘探专家、中国工程院资深院士李庆忠

纪玉洪

数十年来，李庆忠院士胸怀祖国，转战东西南北，历尽千辛万苦，敢于追求，勇于创新，为我国的石油工业作出了突破性的贡献。自2001年李庆忠院士受聘中国海洋大学以来，他担任海洋地球科学学院名誉院长，为我国地震勘探人才的培养作出了突出贡献。

今年是李庆忠院士从事科教事业五十八周年，又恰逢李院士八十华诞。10月9日在李庆忠院士从事科教事业五十八周年座谈会上，首先他应地学院书记及院长之请，为海洋地球科学学院题词，上联是：五十亿年沧海桑田，演绎构造运动，板块造山，造就了地质学的深奥莫测；下联是：六十余载寒暑春秋，任凭岁月流逝，时代变迁，锤炼了地学院的青春永驻。（注：地球的年龄约为五十亿年；板块构造及造山运动是地壳演变的基础；海大地学院成立已六十四年，历经风风雨雨，至今青春焕发）这个题词凝聚着他对学校和学院取得巨大发展成绩的一份自豪。

也是在这个座谈会上，李院士用一首打油诗表达了他自己的切身感受：

    八旬老龄逢盛世，看人民生活改善，有吃有穿，真高兴。

    五十八年勘探兵，为祖国贡献余热，不需扬鞭，自奋蹄。

本报记者为此于10月17日专访了李庆忠院士。

正是初秋时节，灿烂的朝阳照进室内。坐在记者面前的李庆忠院士是一位祥和的老人，神态平静又精神矍铄。交谈中，他语气舒缓但中气十足，不时还会笑声朗朗，自然自信又充满睿智，洋溢着特殊的人生魅力。

五十八年勘探兵

1952年李庆忠从清华大学物理系毕业时，主动要求到最艰苦的岗位上去。1953年，他被分配到了新疆中苏石油公司地质调查处，在茫茫戈壁滩上迈出了他物探事业的第一步，一干就是八年。1961年，走出茫茫戈壁的李庆忠又走入了皑

皑白雪覆盖的大庆,参加轰轰烈烈的大庆会战。1963年到石油部646厂物探局(河北徐水)任研究队副队长。1964年,李庆忠调到山东东营,参加了胜利油田勘探开发的大会战。1979年回到中国石油天然气集团公司石油物探局(河北涿州)任副总工程师。

　　风风雨雨数十年来,李庆忠为祖国的石油勘探事业倾注了全部心血和才智,在他身上,凝聚着中国老一代知识分子的精神和品格。遭遇过戈壁滩漫天风沙的磨砺,经受过东北雪原难以忍耐的寒冷,但都阻碍不了他献身祖国石油事业的如火的热情与执著的追求。他说,那些艰苦的环境磨炼了自己。

　　东营会战期间,李庆忠提出了波动地震学的新理论,却遭到别人的刁难,"文革"时还因此被作为"三脱离"的典型受到批判。但作为一名科学家,李庆忠坚持物探科技进步的信心并没有因为动乱的时代和遭受的不公正待遇而有任何的改变。他始终坚信"是玫瑰总要开花的"。

　　上世纪八九十年代,他在全面揭露了"艾菲"伪科学的本质的时候,又受到有人声称要把他"告上法庭"的威胁。而他却斩钉截铁地说:"奉陪到底!"他在以他的智慧和学识开启物探科技大门之时,对于那些不符合事物发展规律的伪科学说"不"的勇气是那样的坚决。至此,李庆忠已经由一名"勘探兵"变成了骁勇的"科学斗士"。

为祖国贡献余热

　　2001年,李庆忠受聘中国海洋大学,担任海洋地球科学学院名誉院长,开始在地震勘探人才培养领域开拓人生事业的又一征程。

　　时年他已年逾七旬,仍以极大的热情积极投入到教学和科研工作之中,从指导学科发展规划到制定人才培养计划,从举办学术讲座到指导博士研究生,都饱含着他对科技教育事业的忠诚和热爱。来到海大后,李庆忠已培养了十余名博士和硕士研究生,与他的两个研究生一起,写成并出版了《岩性油气田勘探》和《多波地震勘探的难点与展望》两部专著,在国内外核心刊物发表了多篇论文,为我国地震勘探的人才培养作出了新的贡献。

　　近年来,博士生的培养质量令人担忧,许多博士生是从书本到书本,有些博士论文也是空空洞洞,缺乏实际内容。据说,物探专业方面世界上有两本著名的杂志,一本是美国出版的,叫黄皮书,一本是欧洲出版的,叫绿皮书。国内有些高校的博士生从里面找个题目,把国外的方法加上中国的例子,就算毕业论文了。李庆忠在博士生培养上一开始就坚持理论与实际相结合,培养他们解决实际问题的能力。几十年来，因为他自己一直奋战在生产第一线，对石油勘探的过程非常熟悉，积累了许多现实生产中需要解决的问题，有些甚至是当前生产中亟待解决的热点问题。他就让他的研究生结合这些课题去做研究。

这样来培养研究生，既培养了他们解决实际问题的意识，又锻炼了他们的实际工作能力。李庆忠说，高校要着重培养真正能解决实际问题的人才，做研究要面向生产面向基层遇到的热点问题，这样才能切中要害，做出的论文才有人看，才有实际价值。现在李院士培养的博士都在各自的岗位上崭露头角，有的已挑起了大梁。

李院士还多次给本科生和研究生做讲座，结合自己的人生经历激励本专业学生学好专业知识。每次学生们都会被他那种热爱祖国石油事业的激情、对于石油地球物理勘探知识的执著追求和应对各种困难的不屈精神所深深感染。

八十高龄逢盛世

历经人生艰辛和磨难的李庆忠对现在的生活十分满足，他说："我们国家发展到现在真是很不容易啊，今天的日子真是来之不易啊，老百姓能过上这样的生活是过去连想都不敢想的。"因此他无限感慨：八十高龄逢盛世，看人民生活改善，有吃有穿，真高兴！

记者眼前的李院士身体硬朗，面色红润，声音洪亮，全然不像一位年逾八十高龄的老人。现在他的生活很有规律，不抽烟，不喝酒，很少应酬，每天都坚持工作。每天晚饭后都会在家附近散步一个小时左右。他一日三餐简简单单，没有什么特别的讲究，更很少下馆子。

当被问到有什么业余爱好时，他说："没什么特别的，我喜欢做我的科研工作，工作就是我最大的乐趣，对祖国对人民还能做点事，我乐在其中。"也许这种对祖国的热爱、对科学探索的激情正是李院士永远保持年轻的秘诀。

他认为，同国家的发展形势一样，海大当前的发展势头也很好。学校位于青岛，校园建得很美，校风、教风、学风都是社会很认可的，再加上海洋这个特色，可谓占尽天时地利人和，与国内其他名校相比一点也不逊色，所以他为自己成为一名海大人而感到自豪。

李庆忠认为学院的建设还存在一些问题，今后应该在师资问题上多做努力。以物探专业为例，目前社会上挖物探人才的竞争很激烈，不少物探专业的博士生刚毕业就被小公司用高薪招聘去，这肯定对于相对清贫的高校教师队伍是个冲击。谈到下一步的发展时，李院士认为，今后教师队伍主要要立足于自己培养，时间长了，他们就成才了，这是我们事业延续和发展的基础。当然，学校也要下大力气解决住房等瓶颈问题，并结合科研团队建设，加大高层次人才引进力度，这样海大会发展得更快，而且大有前途。

不需扬鞭自奋蹄

虽已是八十高龄的老人，但现在的李院士仍是不愿清闲，奋战在科教工作第一线，以严谨的科学态度带领学生制作各种复杂的物理模型和地质模型，推演公式，编制程序，解决问题。不过在培养研究生之外，目前的他又把大半精力用来撰写一部文集。李院士说："我参加工作五十八年了，国家培养了我，我是新中国培养的第一代石油物探人，我有责任把自己几十年的经验积累起来，写成书，传给后人。"一份对祖国对人民对事业的赤子情怀溢于言表。

他打算用一年多时间完成这部文集，文集分基础篇、方法篇、争鸣篇三部分。目前基础篇写了一半以上了，主要解决物探科学上的一些基本认识问题，针对现在搞物探的鱼目混珠的现象，厘清怎么样才是正确的思路；方法篇已经基本上写完了，主要是对他这几年在物探方法的改进上总结了一下；争鸣篇里面对一些东西发出了自己的声音，该篇可能还得半年时间才能写完。

这些内容都是教科书上没有的，都是自己几十年科研工作的经验总结。现在李院士除了带研究生外，把自己大部分的精力都投到这上面了。

谈到写这部文集的体会时，李庆忠说，一定要坚持实事求是，坚持真理。比如有机物生成石油的理论，他就提出了自己的看法，可能会引起争论。他认为争论是好事，因为不争论就不能促进学术的进步，科技工作者必须有提出自己观点的勇气，科学面前坚持真理是一种品格。

我们期待着李院士能够早日完成他的这部文集。

☆ 赵进平：我对北极有种独特的情愫

吴迪　张琦

9月20日，中国第四次北极科学考察队结束了历时82天的科考任务，乘"雪龙号"极地科学考察船顺利返回祖国。在科考队员当中，我们发现了一个熟悉的身影:他就是我校海洋环境学院教授、北极研究的骨干科学家、本次北极科考的学术带头人——赵进平。此次考察,赵进平与100多位队员一道,航行1.2万海里,最北到达北纬88度26分,创造了中国航海史的新纪录。

10月15日,记者应约来到赵进平办公室。秋日午后的阳光透过办公室窗户,均匀地洒在地面上。置身其中,抬头可见墙上一行苍劲的行书——"情系北冰洋",使人感觉似乎有千言万语,尚未开口便已汇入这简短的五个字中。

在广袤的地球上,北极无疑是一个特殊的所在,它距离寻常人家的生活似乎太过遥远,那么赵进平为何会对北极"情有独钟",以至于痴迷其中三十多年而不改呢?"是因为好奇心",赵进平给了我们这样一个回答。未知的事物往往对人们充满着神秘感,我们熟悉中国近海,但极地科学与近海科学不一样,一个遥远的、与自己熟悉环境不同的地方,对于热爱探索的科学家而言是新鲜、有趣,甚至是充满致命吸引力的。"别怪我们好奇,搞科学的人,哪个不好奇呢?"赵进平笑言。

谈及第四次北极之行印象最为深刻的事,赵进平告诉记者说:不是艰苦和危险,而是一个"异象"——北纬87度下雨了。北纬87度,逼近极点,本应为零下三十多度的冰冻天气,而现在却下起雨来,意味着什么?意味着北极升温了。在"雪龙号"向北挺进时,队员们亲眼见到北纬84度以北海域的海冰出现大量的冰间水道或水塘,包括北极点在内的北极海冰融化得非常厉害,而北极的海冰是决定北极气候变化的重要因素。北冰洋就像赵进平的一位多年老友,如今这位老友的健康状况令人担忧,如果任由这种局面发展下去,可能产生很多的环境问题,对世界的影响将是巨大的。

除去北纬87度的雨,赵进平还提到,此次科考虽然依旧存在艰苦危险,但同前三次相比,情况已经有了很大不同。一方面,我们对北极更熟悉了,考察具有很强的科学针对性。另一方面,我们的各项条件都有了很大改善,饮食住宿、保暖防寒都有了很大保障,加之破冰船、潜水艇、飞机、直升机、卫星跟踪浮标、锚系潜标、卫星遥感、载人冰站等众多研究手段、辅助工具的日新月异,回观此次北极科考,其规模更宏大,资金投入更多,计划更周密,学科更齐全,仪器更先进。凡此种种,无不显示着我国对北极科考的日益重视和综合国力的日渐强盛。数次考察锻炼出了我国自己的北极研究队伍,取得了大批研究成果,使我国逐渐成长为北极研究的重要力量。

北极是一个极端的、特别的环境,在其中一切都以无法伪装的、最真实的面貌呈现出来,包括人的品质。除去大自然带来的震撼,感动赵进平的还有他所带领的学生们。

众所周知，北冰洋气候条件非常恶劣，除去严寒、雨雪雾、裂缝等危险因素外，还有北极熊随时可能的威胁。跟随赵教授一起前往北极的还有我校海洋环境学院的三名研究生，作为年轻人，他们承担了更多的体力活。沉重的器材、连续的作业，会使人产生严重的疲劳；单调的工作环境，会使人失去最初的新鲜感。纵使如此，他们也不能允许自己有丝毫的倦怠与停歇，正如他们的导师赵进平教授当年仅依靠滑雪和狗拉雪橇到达北极极点一样。赵进平说，考察队员们自己从来不提苦，因为他们来北极正是为了"自找苦吃"，来挑战、超越自我，并在此过程中实现自我价值。

赵进平高度肯定了随队科考研究生展现出的顽强意志、独当一面的本领以及不怕苦不怕累的精神。想象着那三名同学顶着年轻光洁的额头去接受北冰洋凛冽寒风的洗礼，让人不禁想起了一首古老的民谣：

一个男人必须走过多少路，才能被称为男人？一只白鸽要飞过多少海洋，才能安详地长眠沙滩？一个民族要生存多久，才能获得自由？
我的朋友，答案在风中飘。

八千里路的风霜雨雪，也许只是个开始。毫无疑问，我们的研究生们会像他们的前辈一样，在"北极课堂"里学到更多，成长的答案或许已经了然于他们心中。

许多普通人无缘去到北极，但我们的眼光同样关注着她。有人把极地形容成地球"最后一块净土"，但现在这块净土也不再干净了。赵进平提出过担忧，"倘若人类不采取积极措施降低对极地的影响，北极完全可能成为'失落的世界'"。

科学家热爱大自然，勇于探索大自然，也对大自然存有一份理性的敬畏之情，如赵进平教授所言，在大自然面前，人类是渺小的，对于它的发展趋势，我们不能改变，只能去认识、预测。北极的问题，是一个庞大、综合的问题，不是个人和个别国家能解决的。而事实上在目前，极地还并没有引起普通老百姓的关注，因为它距离我们太遥远。

那么，作为一个普通的、有责任意识的地球人，赵进平建议我们或许可以从"关心"做起，例如践行低碳生活方式，减少温室气体的排放。因为北极的变化已成为全球变化中最重要的因素，全球变化影响到地球的每一个角落，没有人能够偏安一隅。

言语间，赵进平给人留下的最深刻印象就是实事求是。科学家是忠于科学同时也忠于自我的人，实事求是、不事浮夸是他们自然而然的风度。在赵进平的身上,你能轻易感受到这种风度。如北极光一样,色彩清淡,没有炫耀,没有辉煌,只有质朴,万般光华皆在心中。

人在北极,海冰是柔软的,海水是温暖的,看不尽的是冰原的起伏、阴云之上的日光。在北极的各种艰辛欢愉,随着时间的流逝、环境的改变,可能会被逐渐淡忘,然而,"极地情"却是永恒的,无论身处何时何地,有情之人都能产生共鸣。一位不知姓名的老极地科学家曾这样说过:"极地情总是那样神奇,一旦拥有,天长地久。"我想,赵进平也已经把自己对北冰洋的情愫融入了血液,与他的生命同在。

☆ 史久新:历经艰苦坚持才意义非凡

王晓

"北极圈里北纬86度附近下过一阵雨咧!"史久新眼神里不无惊讶。

其实对于已经参加过中国第十一、第二十四次南极考察、中国第二次北极考察和加拿大北冰洋考察的史久新来说,北极的彩虹、海豹、北极熊已经不能敏感地触动他的神经。他一门心思放在科研上,不过,这场雨倒是带给他不少新鲜感。

"北极地区极高纬度下雨是我参加科考以来从没有见过的,这多半是由于全球气候变暖,本应下雪的地方竟下起了雨。除此之外,海冰的融化也并不是像我们想象中那样一点一点融化,而是以各种料想不到的姿态融化,这种不可料想,正是北极科考的吸引力所在。"阳光照耀在史久新温文尔雅的笑容里,也打在办公室里那张巨大的北极地图上。对于我们,都希望分享他所有行在路上的经历、心情和收获,因为北极是"身不能至,心向往之"的天涯。

安全是"雪龙号"上千叮咛万嘱咐的事。"刺骨的冰水是无形的杀手。落入水中时间一长会使你失去呼吸的能力,肌肉失去控制,身体剧烈抖动,只需约4分钟,暴露在外的部分就会冻僵,7分钟之后意识模糊,15到20分钟就会死亡。"英国皇家特种部队生存教员约翰·怀特曼所著的《生存手册》一书中这样写道:"如何抵御?可以拼命击水进行剧烈运动,快速游上岸,在雪地打滚以吸收水分,立即回到帐篷,钻进干被窝。"

在北极长期冰站作业时,那位骑雪地摩托车不小心掉入融池的科考队员也许现在还心有余悸。有的融池覆盖一层厚厚的积雪,让人分辨不清是冰还是水;有的浮冰中间的缝隙隐藏得如假包换,让人一不留神就会踩空掉下去。冰上埋藏着一个个危险"地雷",稍有不慎就可能掉进冰水中。冰面太滑,加上没有看清前面的险情,从车上滑倒的队员不小心就跌入冰缝中,刺骨的冰水直淹到胸膛,衣服是没有浮力的,冰水零下好几度,要是在水下待超过五分钟,就有生命危险。幸好,大伙儿都在附近,一招呼一起把他拉了上来,惊魂未定的他急忙跑回船上去换湿透的防寒衣。"海大的几位队员没有这样的情况发生,一路平安。"史久新非常欣慰。

其实,海大小分队的冰上科考活动多,范围大,多是测融池、钻冰洞等直接与冰打交道的任务,所谓"最危险的也就最安全",靠的是什么?一是心理预防,时刻保持小心;二就是经验。三位老师自不必说,三个学生也都有冰上作业经历,哪个地方需要走得谨慎些,哪个地方需要绕道走,哪个地方需要趴下,心里都有数。拿不定主意的时候,最简单的办法就是拿根竹竿敲敲试试,屡试不爽。

"我喜欢在甲板上看见北极熊,不喜欢在冰上看见北极熊。"这是当年"雪龙号"上俄罗斯专家弗拉基米尔曾说过的一句话。那是因为以前几次北极科考中,北极熊常常去骚扰科考队,使得他们总得为这件事烦心。可不要妄想和北极熊面对面时它还能憨态可掬,彪悍凶猛的北极熊不是好惹的,它经常把海豹当做早餐。为了不让北极熊靠近,直升机的巨大轰鸣声是最奏效的。而这次科考中,由于防熊工作特别周到严密,使得弗拉基米尔的梦想成真了,大家只在甲板上远远看见了北极熊,而没有与北极熊在冰上亲密接触。史久新介绍说,北极出海也有一定经验,防熊工作成为安全工作的重中之重。牢固坚硬的苹果房、"防熊避难所"大铁笼,都是为防熊准备的。除此之外组建了冰上作业固定瞭望警戒组、冰上防熊巡逻组等等,一旦发现北极熊,"雪龙号"就将拉响汽笛,要求返回到船上。防熊队员则做好射击准备,掩护队员转移。史久新平时文质彬彬,但是瞄准射击毫不含糊,培训时还获得了自动步枪持枪合格证呢。

南极科考有"爱国、拼搏、求实、创新"的南极精神。史久新说,科考队伍中也有北极精神,顾全大局、工作积极、无私奉献、团队协作,都是其中要义,还有一点:在最疲惫的时候也要坚持下去。

白令海"脾气不好",每年科考都要给"雪龙"一个下马威。低垂的天空,让翻滚的涌浪看起来更加嚣张。"雪龙"船驶过白令海峡,就真正进入了北极圈,北冰洋考察工作就马不停蹄地开始了。史久新等负责物理海洋学观测,这次的国际联测断面站与站之间只有几海里，遇到值夜班的时候，连一个盹都打不了就到下一个站，开始工作了。史久新做事稳健，所以开绞车、开雪地车都是他上阵。对他来说，最艰难的就是晚上12点到早上8点的时候开绞车。这是他第一次开绞车，更难办的是绞车在悬吊观测设备上下甲板时，需要与折臂吊车配合，左右手协调同步动作，一不留神可能就会把昂贵的设备摔坏。生物钟被打乱，却要强睁着眼皮不能出错，要唤起注意力的高度集中，克服夜晚视线不好的困难，任务之艰巨，只有胆大心细之人才能完成。"雪龙"船上的绞车操作员都是经过严格培训，持证上岗的。"年轻的还好，上了岁数的人一天下来都腰酸背痛。但是像赵进平老师说的，下次工作的时候就要强迫自己起来。"但是，北极也给予了他们嘉奖——第一手的科学数据、资料以及中国航海新纪录——"雪龙号"抵达北纬88度26分、西经177度20分的位置。因为历经艰苦，所以，一切的坚持才意义非凡。

当所有的承载都变成了海洋，一艘"雪龙号"科考船就是所有人的家。船上欢声笑语，其乐融融，能够跟全国极地研究的同仁一起交流更是机会难得，"在国家级的北极科考中，每个涉海单位都会派自己的得力干将出海，大家会第一时间记录数据，在返航过程中就把考察报告写完，也趁着这个时候互相交流"。

在史久新的心里，大洋彼岸的另一个家更让他牵挂。"女儿没让我从北极带什么礼物，只希望我早早回家。"提到家庭，他的脸上涌起带着内疚的甜蜜。极地研究是史久新一生的事业，从1992年进入中科院海洋所，1994年第一次去南极考察，他的生命就和极地紧紧地联系在了一起，甚至妻女也耳濡目染。"夫人上网浏览新闻的时候会不自觉地关注两极地区，女儿交关于全球变暖的画图作业时想出了小企鹅吃雪糕的创意。"在史久新的办公室里，打印机上贴着一个小企鹅手工画，那是他可爱的女儿为父亲做的。

☆ 矫玉田：愿为极地科研添砖加瓦

江梦

"我与两极就像相隔两地的夫妻，越爱越深。"谈起对两极的感情，矫玉田打了一个形象的比喻。是什么原因使得让自己无暇家人又如此危险的极地在矫老师心目中占有如此重要的地位呢？"随着我国经济社会的迅速发展，国力也在逐步提升，科考设备也不断完善，这就像有了更先进的装备，骑士就希望踏上更遥远的征程，"矫玉田感慨道，"这些先进的仪器需要先进的技术去操控，需要人们去不断获取数据。比如说观测仪器，它的自动化程度越来越高，已经由最初的人工观测发展到如今的机器自动观测。我们将机器在冰上放置好，人就可以撤退了，这样就大大降低了被北极熊袭击的风险"。

矫玉田数次去两极，看到两极一次比一次完善的建设，就像看到自己的孩子在不断成长一样，这是他热爱极地的又一个重要原因。"我选择了这个领域，一直在考察工作上没有离开过，考察的主要任务是获取数据，我希望不断去获取更多的高质量数据，使得科学家们研究极地的科研成果更加完美。"

在矫玉田的办公室里，他扳着手指，如数家珍般说起自己数次与北极熊不期而遇的经历。

北极熊虽然有着温柔可爱的外表，却是世界上最危险的动物之一。它是北极的霸主，更是北极的杀手，世界极地考察史中曾有多位考察队员命丧北极熊之口。矫玉田的四次北极之旅，与北极熊的交锋应该是北极科考中最精彩、最惊险的段落了。"首航时大家对北极熊的危险性都不是很重视，没有料想到北极熊的厉害。"矫玉田说，有一次他下冰去采冰洋，一抬头猛然发现二百米远的地方有一头北极熊走来，当时他就懵了，都没有来得及感到害怕。不过还好北极熊并没有继续朝考察队员们走来，而是径自走开了。第二次北极科考建设大冰站时，科考队在冰上临时搭起了一个棚子，有五位科考队员在里面工作。这时来了三头北极熊，远远地朝队员们慢慢走来，对示警的枪声毫不在意。棚中的人暗捏一把冷汗，好在驱逐北极熊的直升机及时赶来，将北极熊驱赶而去，化解了这场危机。第三次的经历比较有趣，也使科考队员对于北极熊的了解又加深了一步。当时，一只北极熊到科考队的冰站上四处游走，使得科考队员无法上冰作业，于是不得不用飞机驱赶，待北极熊跑出去五六千米后，科考队员才得以上冰作业。待考察完毕，那只北极熊再次光顾。如此三番五次，这只北极熊总是对这片冰地流连忘返。而之后的一天，一个血腥的场面终于揭开了这只北极熊对这片冰地如此执著的答案——它知道这片冰站旁的水中隐藏着一只海豹，这顿美味的晚餐正是它坚持不懈来此寻觅的动力根源。

有了前三次有惊无险的经历，这次去北极，考察队制订了更为全面的防熊策略，新增了一些十分有效的防熊设备：苹果屋和铁笼子。苹果屋是一个绿色的圆球形封闭式小房间，其形状和大小有些类似于游乐场中摩天轮的一个小房间，十分美观有趣。为什么采用这样特殊的圆球形呢？主要原因是圆球形受风受力面积小，大雪不容易在其表面覆盖堆积。另一方面，这种设备的形状是为了浮力的考虑，它具有防水漂浮的功能，一旦上冰时冰裂开了，这个苹果屋仍可以在水上漂浮。铁笼子，这也是专门为了预防北极熊的袭击而设，"是人进笼子里，并不是把北极熊关进笼子里"。科考队还选取身强力壮的年轻考察队员组建了防熊队，进行培训。

科考队准备了十分周到的防熊策略，但北极熊的罕见却是在意料之外。此次行程中仅仅在北纬70多度的地方见到一只北极熊，而随着"雪龙号"前进纬度增高，竟没有再见到一只北极熊。这和以往至少能见到四五只北极熊的情况大相径庭。首次起航的时候，科考队只到达了北纬75度，那里两米左右厚的冰层挡住了"雪龙号"的前进。而10年后的第四次考察，"雪龙号"最北已经到达了北纬88度26分，这是中国船舶所到达的最高纬度，并且一路上冰川融化，基本可谓畅通无阻。"当我们在途中遇到很厚的冰川需要破冰或计划改变路线时，科考队员一般会因此得到一天的休息时间，而这次因为冰川融化，一路很少有停歇，我们24小时分两班人工作，每天只能睡三四个小时，有时忙起来整夜都顾不上睡觉。中途只因为天气原因得到了一天的休息时间。那天船上一改人来人往的景象，所有科考队员都在睡觉。"矫玉田说，这次虽然比以往累，但收获的更多，大家都没有任何怨言。"在中秋节那天我们还举行了中秋晚会，还是我们海大学生徐栋担任的主持人。"矫玉田认为，这些人性化的休闲设备让科考队员们暂时忘记了对家人的思念，全心全意投入到工作中去。

"沿途北极熊鲜见，据我们猜测，这可能是在纬度较高的地方冰川融化，隔断了北极熊的道路所致，北极受到温室效应危害明显。"他不无担忧。

我国极地科考方方面面都有了提高和进步。矫玉田举了一个例子，用电供应已从最初的小电瓶、电池供电发展到现在先进的太阳能，不仅储电量增大，降低了科考成本，也更加环保。如今的"雪龙号"总长167米，宽22.6米，能以0.5节航速连续冲破1.2米厚的冰层，技术性能先进，属国际领先水平。船舱内有游泳池、篮球场、桑拿室等让科考队员在紧张工作之余放松休闲的地方，并附有卡拉OK这样的娱乐设备。矫玉田说，最初中国北极科学考察四年一个航次，现在是两年一个航次，相信在不久的将来，随着国家的富强，极地科学研究的深入，会在更短的时间里进行北极科学考察。

二〇一一年十一月月末版

☆ 回望那抹蔚蓝色的天际线
——海大师生完成中国高校首次环球航行记

纪玉洪　金松　张琦

忘不了,东西方交汇处"世界永恒之都"伊斯坦布尔的大气磅礴;忘不了,站在帕特农神庙的残垣断壁前聆听古希腊先哲们的智慧之音;忘不了,深入拉丁美洲热带丛林中的神庙遗址处寻找遗失的玛雅之光;忘不了,国庆日巴拿马运河上高举五星红旗的那份自豪;忘不了,不同国籍的人们一起注目天际边朝阳喷薄而出时的怦然心跳;……行程2.9万多海里,环绕地球一圈,穿越亚、非、欧、美四大洲,领略22个国家的风土人情……中国海洋大学选派7名师生组成国内高校首个环球航行团队,搭乘日本"和平之船"邮轮,开展"全球大学专项学习计划",在经历了海上的106个日日夜夜,圆满完成学习计划后于近日凯旋。

"如果要给这次活动找一个关键词,那就是'行走',行走是一种生命哲学。海大以如此宏阔的作为,让她的师生用真实的步履走过万水千山,践行'读万卷书,行万里路'的教育理想。这样的气魄就如同那一望无际的蔚蓝色的大海一样强悍而浪漫。"11月29日,回顾这次航行时,师生们兴奋之情仍难以释怀。

中国航海日挥旗启程

此次"全球大学专项学习计划"缘起中国海洋大学驻校作家、著名女作家毕淑敏女士,她曾跟随"和平之船"环绕地球一周,并根据经历撰写了《蓝色天堂》一书。在她的积极倡导下,在大连獐子岛渔业集团的慷慨资助下,海大周密筹划后启动了这一具有全新教育理念的计划。

经过选拔,由文学与新闻传播学院副教授欧阳霞带队,6名来自不同学院的大学生——曹诗嘉、潘国锋、孙乐天、郭小兰、胡静一和高晴幸运地拿到了船票。6名大学生的家乡有内陆的,也有沿海的,除胡静一是大四学生外,其他皆是大三的学生。他们都有一个共同的梦想:周游世界。"只是没有想到在20岁就实现了",胡静一的话表达了90后大学生的心声,"我们是在顺境中长大的,我们有五光十色的梦想,更有要为实现这份梦想所需要的坚强、执著、吃苦的决心和行动力。我们要证明自己,给我们一个机会,我们就能肩负未来"。

7月11日是中国航海日,600多年前,郑和船队扬起了下西洋的第一面风帆,600多年后,中国海洋大学揭开了中国高校师生首次环球航行的序幕。7月19日,7名师生在日本横滨登上"和平之船",带着海大人的希冀和关切,开始了中国高校师生环球航行的处女航。

艰难困境磨炼人生意志

环球航行中经常会与恶劣天气相伴。船到阿拉伯海时就与强大的季风相遇,浪高近20英尺,晕船非常厉害;在波罗的海和大西洋上则时常遭遇滔天巨浪,在床上躺都躺不住;到日本横滨外海的时候,又恰巧有台风袭来,船发生了剧烈晃动。师生们要时时面对旅途中这些艰难凶险所带来的生理和心理上的挑战。

"海上漂泊是最孤独、最难熬的,晕船、饮食不习惯、蚊虫叮咬,还有生病,包括感冒、皮肤过敏、口腔发炎、牙痛、便秘、腹泻等,都是上船前想象不到的艰苦和困难。"孙乐天说。有段时间,因为晕船,有的学生在房间里抱着马桶哇哇吐,为了对抗晕船,学生们成立了"海上自强社"。

中美洲国家危地马拉是个原始森林保持完整的国度,他们探访丛林的时候,还有过一次难忘的与一群猿猴相遇的历险:在一眼望不到缝隙的树丛中,忽然传来凌乱的巨响,只见一个个黑影在蹿动,一阵阵靠近,不禁让人胆战心惊。

在驶向墨西哥曼萨尼约叶时,他们遭遇飓风和强热带风暴的双重影响,整整五天船都无法靠岸,又加不了油,船上的很多乘客都陷入了极度焦虑中。身材单薄的欧阳霞一路上最辛苦,此时晕船最厉害的她带领学生互相慰藉关心,通过看书或开讨论会缓解自身心上的痛苦。他们在大风大浪中磨炼了意志,学会乐观面对困难和关爱他人。

"海上课堂"领悟生命真谛

"和平之船"是一所移动的"地球大学",师生们踏上这特殊的旅程,便注定了它会成为生命中一份宝贵的财富。在大洋上,在沙漠里,在丛林中,在教堂前,在清真寺里……他们的见识逐渐丰富,视野不断开阔。

航程中,师生们还定期围坐在舱房里,讨论写作,解读人文精神,探讨宗教的力量,追问佛教中的哲理……这就是"海上课堂"。欧阳霞以"专题课"和"研讨课"的形式,定时上课,让大家把旅程中的所见所闻所感,以一种鲜活的"思想碰撞"的方式,获得进一步消化和对比,感受彼此的思想。

面对万千世界,同学们学会了感受,学会了思考,学会了表述。郭小兰漫步在巴塞罗那的流浪者大街,写了一篇极有韵味的优雅之作,她说:"风起,梧桐叶落,鸽子低飞,我们在巷子里漫步。一块又一块带着欧洲风情满载历史的石头在指尖下划过。我喜欢用手触摸这样沉淀了历史、历经风尘的石头,就像能够感觉到它的脉动。"

欧阳霞批改着他们的作业,感受到这些正在成长中的大学生对生命真谛的体认正在通过读书和脚踏实地的行走而实现。正如胡静一说的:"这样的'海上课堂',的确能够使我们在想问题和看世界时,不似从前那般狭隘,它洗涤着我们内心的浮躁与喧嚣,沉淀下人世间那份最真的情感。"

校党委书记于志刚在给他们回信时,对"海上课堂"给予了高度评价:这就是我们期盼的"渗透于每一个环节的通识教育"。

文化交流播撒世间大爱

船至新加坡,导游林先生是一位新加坡籍华人,可依然一口一个"我们中国"。在车上听到学生们对新加坡的赞许,他只是轻轻地表示赞许,但当谈起中国的时候却满脸自豪,这就是绿叶对根的情意。在海大师生举办的 presentation 活动上,同学们的剑术表演、书法展示、唐诗朗诵、京剧演唱,令现场气氛高潮迭起。这一幕幕真切的经历,让师生们为身为中华儿女而感到无比骄傲。

运动会、音乐节、绘画展、诗歌朗诵、语言学习……船上每天的活动是丰富多彩的。船到各地港口时,还会邀请一些"特殊嘉宾"举办讲座或讨论会。在这三个多月的时间里,他们的耳边传来的是一个个诸如环境、贫穷、就业、战争、文化和发展等方面的英语单词。这些来自不同国家有着不同思维模式的声音,却在关注着人类所面对的共同问题。

船上的日本人大多是朴实而善良的。负责船上生活的野平晋作先生就给予了海大师生细致的关照。许多日本人会很认真地学习汉语。有位77岁的得过脑血栓的日本老人拄着拐杖去跟郭小兰学习唐诗宋词。他如孩童般快乐地学习着,情到深处往往手舞足蹈。老人身上这种执著的、毫无功利性的学习精神让同学们深受感动。同学们也跟外国人学习日语、西班牙语、阿拉伯语。这些来自不同国度、使用不同语言的人们,为了了解对方的文化、融入彼此的世界而相聚在一起。

一百多天的风雨同舟,中国师生与船上的日本人、印尼人,与来自西班牙、美国、澳大利亚的国际志愿者之间结下了深厚的友谊。那些普通人的心底都充满了人性的美与善,祈祷着世界的和平与繁荣。下船前,一位日本老奶奶拉着孙乐天的手说,中国和日本要永远友好。离别时,潘国锋把自己最喜欢的几件衣服送给了餐厅的工作人员印尼小伙艾瑞克,还在衣服里塞上一封信,别上中国结,转身的一刹那眼泪就掉下来了。这是人与人之间最自然的大爱,它跨越了语言、国界与文化的差异。

本月初,7名师生顺利返回学校。座谈会上,他们在畅谈自己的收获和心得时说:走过22个国家,对于世界的印象不再是一张冷冰冰的地图,这次旅程不仅开拓了眼界,更净化了心灵,改变了灵魂深处那个世界的模样。

吴德星校长亲切会见了凯旋的7名师生。他深情地说:"你们冲过了在海上生活的极限值,靠意志坚持下来,这是一种宝贵的经历,将是你们一生的财富。"他认为,海洋文化的核心是包容,大海以其博大接纳百川,学生们身处这样的平台,视野自然也能变得开阔。而这正是中国海洋大学开展此次"全球大学专项学习计划",通过一种国际性跨文化体验式培养人才的题中要义。

☆ 郭小兰:心灵留下成长记忆

王静

"风起,梧桐叶落,鸽子低飞,我们在巷子里漫步。一块又一块带着欧洲风情、满载历史的石头在指尖下划过。我喜欢用手触摸这样沉淀了历史、历经风尘的石头,就像能够感觉到它的脉动。"时空恍然,情感如斯。郭小兰漫步在巴塞罗那的流浪者大街,不经然间邂逅了黑格尔二百多年前曾经摸到的"历史远处的余温"。

旅途中处处氤氲着丝丝心动。有时,甚至是在异国的路上不疾不徐地行走着,与阳光相拥,和清风对语,在风雨的洗礼中,即可感悟生命的真谛与自然的瑰奇。于是,她用饱含生命质感的文字记录着每一丝感动,每一分收获,每一股温热——"当一张张灿烂的笑颜,绽放在斯里兰卡破败的街道上,似乎远比那阳光还要明媚。温情散落在各个角落,心便也跟着温暖起来"。在小兰眼中,在那样陌生而新鲜的环境里,身体和意识才自动自发地去感受,全身的触觉也都被唤醒。

作为"中国海洋大学 Global University"成员之一的郭小兰还有另外一个身份,每天早上给几位日本老年人上中国古典诗词课。虽然要花一定时间用来准备资料和教案,但小兰很享受这项工作。每每看到那些古稀之年的老者怀揣着小书在甲板上阅读,孜孜不倦地接受各种新鲜知识和技能,她都被其身上无止境的好学精神所折服;他们和年轻人、外国人语重心长地谈心,引领其他乘客一起跳舞、吟诗、演奏乐器等快乐温馨的场面,也使她真切地感受到生命不息的快乐与充实。古语有云:"学然后知不足,教然后知困。知不足然后能自反也,知困然后能自强也。故曰教学相长也。"

在这艘"和平之船"上,郭小兰并没有感到"异国人"身份的难言与尴尬。船上有一种良好的氛围,大家从互不相识开始,每个人都努力与周围的人交流,保持着积极的心态。当与各国朋友面临语言交流不畅时,她试着借用肢体、眼神、表情、语气甚至是笔谈等方式来传递情感。真诚的笑容和关爱化作彼此共通的语言,大家甘之若饴。

同一个世界,同一个梦想。"环保"、"和平"、"可持续发展",与世界各地的朋友谈论的话题似乎永远离不开这些关键词。郭小兰逐渐明白了世界上有很多人在关注着人类的现在与未来,人们都有着最朴素和朴实的愿望。连书本上口号式的认知,也变得真实可感起来。她感慨道:"和平相处,友好相待,人是需要彼此的微笑的。不要预设阴谋,预设别人可能对你的企图,预设一切的不友好,用最本初的面目去对待,青涩又笨拙的我见到的世界没有那么复杂。我愿意投身其中,期待和平,期待世界少一些灾难,期待下一代有更美好的未来。"

这些文化的交流使郭小兰学着用更宽广的胸怀去思考问题,去洞悉自然的瑰丽和神秘;在更为开阔的视域中,理性宽容地感悟世间探索不尽的真理,看待和理解时代的发展潮流。

环球航行,对于从未经过专业体能训练,也未有过长时间奔波劳顿经历的郭小兰来说,最大的考验莫过于路上身体和心灵的双重炼狱。由于风浪颠簸和饮食的不习惯,大家的胃往往随着船在风浪里摇晃,走路也像是醉了酒的人,紧紧扶着把手生怕摔倒。胃里翻云覆雨,恶心、头疼、呕吐等种种不适使她吃尽苦头,最后连晕船的药物也已经不产生作用了。为了减轻晕船症状,大家发挥互助精神,自发成立"海上自强社"。作为"社长"之一,小兰组织团队群聊,努力转移注意力。

因船舱里长了虫子,小兰已被叮咬得腿无完肤。伤口红包的痒痛使她白天行动不便,夜里又七八次地醒来,难以入眠。加之心理上的压力和情绪上的紧张,此次航行对小兰来说变得异常艰辛。

幸而,老师的悉心照料、伙伴们的贴心帮助以及校内领导的殷切关怀,给了小兰莫大的信心和支持。她渐渐学会用积极的心态去面对困难,在坚忍中磨砺意志。随着航程切近终点,船舱里狭窄昏暗带来的压抑感,船延误时对未卜的回国日程的焦虑担忧,五味杂陈的焦躁感,终如泡沫般地渐渐消逝了。

一路跋涉的艰辛,泪水与欢笑,刻骨铭心的历练,令今天的小兰眉目间添了份从容,步履里多了份稳健。这个女孩因负了责任而逐渐深沉,更因有了阅历而显出一份厚重。也许,那曾经的困苦与阵痛,坚韧与历练,早已在她人生记忆的枝头,抹上了一抹浓重的色彩。

走过了,感受过了;经历了,震撼过了;眼睛读过了大自然最杰出不朽的作品,心灵留下了难忘美妙的成长记忆……对其自身,旅行的意义恐怕也在于此吧。

☆ 胡静一:我随时醒来等待起跑

王晓

当胡静一站在你面前的时候,你不会真正了解这个美丽清瘦的女孩在环球航行中遇见过多少你不曾想象的困苦,不会真正知晓这双美丽的眼睛曾领略过多少你曾经梦想的美景。因为她说过:"真正能触动人内心的东西,是难以用语言来表达的。"旅行是对自由的追逐,这个从骨子里坚持自由和梦想的女孩,在106天的环球航行后,收获的不仅仅是几百张照片和照片背后的故事,她收获的还有很多。

2011年7月18日,胡静一在博客里写道:"我回顾这些日子以来的点点滴滴,从我在教务处网站上看到这个环球航行的学习计划开始,到这一刻焦急地等待着飞机起飞。起飞后窗外的天空却很蓝,我就在想,不知道在大海中央,又会看见怎样的蓝呢?……期待。"一路上的风景没有辜负她的期待:她忘不了约旦安曼的星夜,那是不夜街上空水烟缭绕的一团团淡淡明黄与粉红,"不如不睡了吧,与星空畅谈一夜也很好呀！"她忘不了海上日出的壮阔，忽然明白，夸父为何追日，因为"在那片金色之中，有种巨浪狂澜般的吸引力，是没法拒绝无法抵挡的……日出，海动"。她也忘不了给她带来惊喜的危地马拉，"一到中美洲的第一站，我就惊叹了，没有想象的荒芜与贫瘠，却只有接连不断的欢快与美景……阳光、猛男、古镇、湖泊，这里就是危地马拉！"她当然也忘不了挪威的"百草园"和多米尼亚共和国的"巧克力工厂"，还忘不了那次死海漂浮，"水温很烫，但更烫的是岸边的石头，脚就没法儿踩，跟煮鸡蛋似的，烫得我们一个个都跟'跳舞'一样"。

美好和痛苦总是相伴而行，在"和平之船"上，什么是最大的问题？答：晕船、生病、蚊虫叮咬、饭菜不合口味等。到航行后期，以至于在美洲一个靠港的中国超市买到"老干妈"时，静一都高兴得跟过节一样了！遇到风浪时，胡静一也淡定不了，"大西洋的大风大浪让我一晚上都在'奋斗'怎么不从床上掉下来！"除此之外，静一还忍受好长一段时间口腔没完没了的发炎、牙龈肿痛出血和餐时变化引起的消化系统紊乱。每当这时，师生们就格外想念家乡，想念学校，家人和学校领导也都会通过短信、电话等送去慰藉，一路陪伴，一路鼓励，一路关心。

"和平之船"上每天有上百项活动，绘画、音乐、舞蹈、诗歌、人权、宗教讨论、环保讲座、语言学习……完全可以根据自己的兴趣选择参加。静一和日本朋友打过乒乓球，学过肚皮舞，还教外国人学习中文。教课时经常是中、英、日等多种语言"齐上阵"，乱作一团，却也总能心领神会。除了这些，胡静一最喜欢的，恐怕还是"海上课堂"。六个学生和老师定期在船舱里上课，让大家在旅程中的所见所闻所感，以鲜活的"思想碰撞"的方式，得到了很好的消化，引发了更多感触与思考。师生们会讨论大学人文精神，讨论怎样写作，探讨宗教带给人心灵的力量，解读怀疑精神、批判精神以及自由与限制等等，这是静一一直以来梦寐以求的大学的上课情景。她说，对于学生而言，这种课堂具有一种"致命"的吸引力，因为它真正做到了"以人为本"，以学生为本。

一路上慢慢沉淀，这次经历便羽化为一种"大世界观"。静一说，"我充分理解它以全球航行这样的方式，让学生们走出国门，去开眼看世界，去看这个世界上的其他人，去感受其他地区的文化、社会和宗教，去体会这其中异同的初衷。因为有比较，我们才会对自身和对世界都有一个更全面准确的认知和判断，而这正是青年知识分子以更成熟的心态和更有效的方式去参与社会改革和发展的前提"。而于个人而言，"我想说这一路下来，感谢所有馈赠与相遇，我懂得了沉静和包容，懂得了真实和谦逊，懂得了什么是责任，什么是平等，什么是大爱"。

无法用简单的几句话抑或是一段演讲来囊括这次环球航行的所有的点点滴滴，行走中的记忆还需要沉淀，需要人生更多的积累，才能拥有开启它更深刻内涵的钥匙。胡静一认为，她还有很长很长的路要走，还有太多太多的东西要静下心去学习。因为世界之大、之包容超出她的想象，让她感动。所以，她真诚感谢这一路所有温暖的相遇。静一说，这"终点"也将是新的"起点"。

☆ 潘国锋：我发现我真的属于海洋

李文凤

"当夕阳逐渐消失在海平线上，在这一望无际的汪洋中，甲板上我们不分国籍，不分年龄，大家一起仰望澄澈如水的星空，一起注目西方天际渐渐发红的晚霞，一起等待海豚们腾跃而起，此时语言似乎已不再是不可逾越的鸿沟，毕竟大自然会是传达思想最好的载体。"这是潘国锋环球航行途中写在博客上的。

潘国锋是一个非常善于观察并坚持悉心作记录的人。在这次环球航行中，他详细记录了海上每一天的航海数据，包括日出、日落时间，航程、风速、风向、浪高、水深等，以及行走在不同国家的见闻感受和瞬间独特的心灵体验。作为中国大学生首次环球航海旅行的记录，这些都是独一无二的航海资料，对于他今后的学习和成长来说也是一份意义非凡的宝贵财富。"回来之后看着这些一百多天来的航海数据，心里就会有一种莫名的成就感"，他这样说。

在跟随"和平之船"的 106 个航海日里，在 28 653.8 海里，53 066.8 千米，360 度环绕地球的航行中，除了感受大海的波澜壮阔与深邃博大之外，他们还有机会走访 22 个国家，并在陆地上亲眼见证了不同地域文明气象万千的美好景致。因地而异的文化形态和气息的转变，如同一幅绚丽多彩的宏伟画轴，沿着他们行走的足迹依次铺展开来，带给了他们一次又一次视觉冲击和心灵震撼。

在穿越了不同的国家，耳闻目睹了不同的文化神韵之后，每一个心灵被触动的瞬间擦出的斑斓火花已经串联为一条或隐或现，或断或续的精神延伸线，扩充心域的同时使得潘国锋更加清醒地认识自己，对于生命，对于世界也都有了更加清晰的体验和认知。

对于"和平号"上的点滴成长与感触，潘国锋都铭记于心且受益匪浅，至今回想起来都犹如电影画面般历历在目："难忘在惊涛骇浪中晕船的痛苦不已，遭遇飓风船被迫延期时的无可奈何；难忘和日本人一起唱起中日共同的歌曲时，文化相通带来的那种心有灵犀的碰撞；难忘国庆日，在巴拿马运河上高举五星红旗，共祝祖国美好富强时的心潮澎湃；难忘在西班牙语、日语、阿拉伯语课堂上一点一滴地从零开始的学习；难忘在每期中文课上，教日本人学习汉语，听着他们的发音然后彼此相视会心一笑的感动……"潘国锋说，"我从老师的批评与赞许里逐渐成长"。

"因为太热爱海洋了，我发现我真的是属于海洋的，所以毕业以后希望能够从事跟海洋石油相关的工作。"当问起毕业之后想从事什么行业时潘国锋满怀喜悦和期待地说。在环球航海的过程中，他给了自己更多思考的时间，这所非同寻常的移动着的"海上大学"所给予他的不仅是无限拓展的心灵疆域，还有更加强烈的使命感和责任感。面对着深邃的海洋和神奇的人类文明，"寄蜉蝣于天地，渺沧海之一粟"之感会幻化为一股动力，鞭策他以更加虔诚和认真的姿态行走在未来的人生道路上。

无论是烟波浩渺、海平如镜，还是惊涛骇浪、飓风侵袭，都已凝筑成深蓝色的记忆，定格为年轻的生命履历中最为壮丽的画卷，正如潘国锋所说："三个月的时光交替，几万公里的海路已经走过，地球也一寸一寸地挪移过，横滨归港时，看到的还是那座通体洁白的大桥，还是那座高耸入云的高楼，只是原先的起点变成了终点，'和平'上的我们已经丰收返航。大海教给我们的，老师教给我们的，身边的人教给我们的……此次环航的所有印记，在我们的记忆里，永不消散！"

☆ 我们一起走过

欧阳霞

这次全球大学专项学习活动，如果让我找一个关键词，那就是"行走"，行走是一种生命的常态，也是一种生命哲学。中国海洋大学以如此宏阔的作为，让她的师生用真实的步履走过万重山水，践行"读万卷书，行万里路"的教育理想，实施国际化人才培养目标,这样的气魄如海洋般强悍,也如海洋般浪漫。我们是幸运的,因为有那么多人支持和成全着我们这个大学的理想。毕淑敏老师一直以她的宽厚、仁慈和对学生的热爱推动着全球大学专项学习计划的实施,而大连獐子岛渔业集团通过支持教育缔造的文化已经成为一种美好的能量。说句感谢实在太轻,唯有不断努力和进步才能报答所有关怀和帮助中国高等教育发展和大学生成长的人们。

"读万卷书,行万里路"是我们的前人用脚步走出来的真理,早在2 500年前,老子、孔子、墨子、庄子诸子百家,他们一生都在行走。老子,一路西行,在函谷关关口留下《道德经》后就消失在了大漠荒烟中,今天我们还在牵挂,他去了哪里。这就是文化的魅力,也是行走的力量。孔子从55岁走到了68岁,一路向西,他带着弟子周游列国,一走就是14年。这次环球航行,恰巧我们也是一路向西,我对同学们说:我们正在用脚步向为我们留下辉煌中华文化的祖先仰望、致敬。

在这次不同寻常的行走中,同学们的心智和才华一步步粲然绽放。在同学们一路上写作的文章中、在我们的海上课堂讨论中、在日常的交谈中,我看到了他们出众的才华、美丽的情致和迅速的成长。

我们走过了22个国家,看到了许多古迹、建筑、博物馆。我们看到,在地球上,有的角落曾经集中过无限的权力,有的角落曾经集中过无限的残暴,有的角落曾经集中过无限的诗情,而有的角落则集中过无限的智慧。

我们一步步艰难地攀登法国圣米歇尔山,去仰望修建了八个世纪的教堂,去寻觅悬崖上的历史;我们在烈日下一步步穿过沙漠,穿过峡谷,去领受具有千古气势的佩特拉,询问人类祖先可能埋藏在古迹中的遗言;我们在密林中一步步走到玛雅遗址,去探寻那些带着悲怆记忆的飘零文明;我们在巴塞罗那看到满街的建筑都是世界名作,那些有着巨大想象力的欧洲建筑充满了最苍老而不会衰老的诗意。

面对万千世界,面对千姿百态的生态和心灵,同学们学会了感受、学会了思考、学会了表述。

潘国锋被佩特拉的恢弘和神秘所震撼,他在写佩特拉的游记中说:"远远地望着,风沙从耳边呼啸而过,那一刻,我听见无数Anbatto先民用他们手中的凿锤在一点一点地敲击着岩壁,这不是简单的敲打,他们分明是在雕琢,在大自然赐予的岩石上,先民们用智慧与勤劳,缔造了一个新的世界。"

胡静一在西班牙看到高迪的建筑作品时,抑制不住内心的激情,她说:"在那个叫高迪的人用灵魂和思想塑造的圣家赎罪堂和奎尔公园面前,你将会惊叹一个人的仿佛可以直耸云霄的想象与创造力、一个人对自然和美的追逐、一个人对人类这个族群本身的体恤与尊重、一个人对梦想的坚持和塑造竟然可以达到如此的高度,让他人的灵魂都受到了震慑!"

郭小兰漫步在巴塞罗那的流浪者大街,写作了一篇极有韵味的优雅之作,她说:"风起,梧桐叶落,鸽子低飞,我们在巷子里漫步。一块又一块带着欧洲风情、满载历史的石头在指尖下划过。我喜欢用手触摸这样沉淀了历史、历经风尘的石头,就像能够感觉到它的脉动。"对这段话,我写的批注是:"黑格尔说:在灰烬堆中摸到了历史远处的余温。你的感触与黑格尔如此相似。多好啊。"

批改着他们的作业,引领他们在"海上课堂"讨论和平、环保、人生、信仰,我知道这些正在成长中的孩子对真理和生命的体认正在通过读书和脚踏实地的行走而实现。

同学们的成长是自觉的,迅速的。我开玩笑说上船的时候我们的两个男生还都是小男孩,不太懂得帮助女生,照顾别人,可是环球一周再次抵达横滨港的时候他们就已经变成了男人,他们不仅帮助我们搬行李,还帮助同队的其他人搬巨大的旅行箱。

在船上,同学们迅速融入了日本乘客的群体,他们天性中的宽厚、快乐、健康和真诚深深地感染了船上的日本人;日本人无功利的学习态度、团队精神和坚韧的性格也感染着同学们。昨天,在船上特别关照同学们的陈阿姨从日本打来电话,问我:同学们都好吗?乐天好吗?孙乐天的单纯、快乐让船上好多人都很喜欢他。还有天真可爱的曹诗嘉也让老老少少的日本人愿意和她在一起,而她也总是感到自己的不足,如饥似渴地学习。还有高晴,这个有个性有思想的女孩,常常坐在甲板上看云看海。这个学文科的孩子,也许和我一样没有能力像在座的海洋科学家一样科学地解释海洋,但我们在海上100多天,深切地感受到了海洋强大的生命力、包容性和变化万千。海洋温和时如丝绸般柔软,暴戾时如钢铁般坚硬。我们陶醉在海洋幻化的无垠美景中:当天空晴空万里时海就是蓝色的,当天空阴云密布时海就是黑色的,当夕阳西下时海就是金色的,当晚霞满天时海就是红色的……我们也身陷在海洋制造的艰难和险恶中:我们一次次因巨浪掀起邮船从床上滚落到地上,一次次被晕船的剧烈头痛和呕吐逼迫到无路可逃,一次次被邮轮突然坏在茫茫大海上和可能遭遇的危险而面对生死……海洋的伟大气韵,启示我们一切与自然的深层沟通都不能仅靠文字资料,而必须以脚步、目光乃至整个血肉之躯作为船筏。

海洋文化的核心是包容,我希望我们的学生能更加从容,更加自信地去面对这个世界。而事实上,在这次航行中,学生的成长是迅速的。他们开始用更宽广的胸怀和眼界去看待这个世界,去思考问题,去洞悉自然的瑰丽和神秘,去感悟世间探索不尽的真理。

我相信这次环球航行如一粒充满生命力的种子,它承载着中国海洋大学的教育理念和理想,在我们行走的路途上一路远播。

☆ 曹诗嘉:让世界看到一个真实的中国

李靓

行走,让梦想照进现实。梦想,这一早已被人遗忘在现实角落里的字眼。旅途的经历让梦想重新照进现实。

曹诗嘉在和船上同行的日本友人聊天时问到"梦想"这一话题,得到的答案让她感触良多:有人致力于资助非洲因贫穷面临辍学的女童;有人想加入非政府组织或是联合国;还有的人想为孩子创造更好的教育环境。可是在我们的生活圈子里,同学们早已习惯了把梦想和现实对立起来,一心一意只想求个待遇优厚的工作、优越的生活条件、大一点的房子、好一点的车子。这些原本理所当然的"宏伟目标",现在在诗嘉看来,也许连理想都称不上。理想,除了要考虑个人的发展,还要把目光投注到更广阔的世界,把自己对于社会、对于他人的帮助和贡献作为生活的目标。在把自己的爱与他人分享时,理想才会散发出更加迷人、高尚的馨香之气,获得从内而外的快乐与满足。在现实的狼藉里拾起自己最初的梦想吧,期待自己可以积极地影响世界,帮助别人过上更好的生活。

在美洲,"和平之船"邀请了危地马拉的大学生上船交流,谈到对于中国的认识时,他们说的两句话让她感到非常惊讶。第一句是"上海是你们的首都吧",第二句是"你们上届主席是不是姓毛"。曹诗嘉一直认为作为世界上发展最受瞩目的国家,特别是2008年北京奥运会大放异彩后,中国应该被全世界人了解,特别是受高等教育的大学生。而实际上,很多国外人仍然不了解我们的国家。

船上每天八点郭晓兰都会在八楼大厅教授几位日本老年人中国古典诗词。其中有一个老人，总把"中国和日本不一样"挂在嘴边，那天竟然兴致勃勃地向其他日本人讲起英法联军火烧圆明园的屈辱历史。曹诗嘉听了非常气愤，转身离去，但又马上想到这样既对其他在场的人有失礼貌，气急败坏、拂袖离去也不是解决问题的办法。于是，她又回到那里，对那位日本老人说：中国人不会忘记历史，但是中国人懂得向前看。自此，老人不禁对年纪轻轻的曹诗嘉刮目相看，从此对海大师生都很尊重。曹诗嘉用自己成熟、理智的处事方法和不卑不亢的应对态度赢得了同行的外国人喜爱和尊重。每个人的心中对于和平的期待，对于彼此关怀、帮助的渴望，都是相通的。只有怀着真诚的心彼此沟通与交流，才能得到更加客观公正的结论。我们作为新时代的知识分子，有责任让世界看到一个真实的发展中的中国，有责任让中国和世界的关系变得越来越融洽。

在船上曹诗嘉参加了运动会、音乐节、歌唱比赛、未来小组、英语短剧，与年轻人共同发表未来宣言。在和他们亲密的接触中，曹诗嘉感受到人们之间的善意和友好。走过这22个国家，曹诗嘉同样深深地感到世界上的人们其实如此相像，抛开外貌、语言的差异，就像音乐、舞蹈的无国界性，每个人的心中对于和平的期待，对于帮助他人的渴望，都是相通的。在下船前，一位日本老奶奶拉着曹诗嘉的手说：中国和日本的年轻人友好，中国和日本才会友好。同样一个日本年轻人也和曹诗嘉说：让我们成为中日友好的桥梁。一个来自台湾的女孩儿更是告诉她："我相信大陆和台湾一定会越来越好，因为我看到了你们这一代人。"这些经历和话语都让曹诗嘉认识到在和世界接触的过程中他们对于国家的责任，他们有责任让世界看到一个真实的发展中的中国，有责任让中国和世界的关系变得越来越好。

曹诗嘉深有感触地说："世界上我不了解但需要去了解的事情太多太多了，这些都要求我在航程结束后不断地读书去弥补。虽然航程结束了，但是心灵的旅程才刚刚开始。在我原来的学习中忽视了对于历史、政治等人文知识的学习，而在走向世界的过程中，作为中华文明和世界文明的双向传播者，只有努力丰富对于中国和世界的认识，才能扮演好'交流的桥梁'这样的角色。"

三个月的时光交替，几万海里的海路走过，地球在脚下一寸一寸地挪移。旅程教给诗嘉的远不止这些。现在的她回到学校，又开始了忙碌而又充实的校园生活。旅行告一段落，而读书思考，灵魂继续远行。

☆ 孙乐天：旅行的意义在于走出自我

蔡文

孙乐天，一个名字中蕴含着乐天知命寓意的大男孩，是此次中国海洋大学环球航海的一名代表队员。笔者采用了QQ采访和电话详聊的方式试图从他娓娓道来的记忆中寻找他所经历的那一段关于旅行的故事。

毕淑敏在她的作品《蓝色天堂》中列举的关于旅行的33个理由第一条就是：远方有故事。恰巧这场环球航行的发起人也是这位温和坚贞的女作家。我想在她最初衷的理念中，一定也存在着这样一种想让人分享的关于旅行的渴望。旅行的艰辛和执著，清瘦了身体和心灵，为身体和心灵减重，腾挪了所有烦躁，让内心归于内敛和丰盈。

我也想分享这段旅行，于是我急切地想问孙乐天在旅行中都遇到了哪些故事，太平洋和大西洋的海域是否也如青岛的海这般海天一色，热带海岛的风情如何绚丽，温带大陆的平原在海上看是如何莽苍，海岬的某片经风沐雨的岩石上，是否也有美人鱼的雕像若隐若现，再或者，是否也曾有尝试掌舵的欲望，在苍茫无际的大海上，行走出一条湛蓝的线路。

事实证明我的想法总是浅显而感性的。一次难得而珍贵的旅行，他们所获得的远远不是看看风景、开阔视野这么简单。在他送给我的诸多资料和游记中，有很多更深层的感悟，对于各地的民俗风情、异国文化的交织碰撞，航行过程中的苦与甜以及对无垠世界的沉静思考与面对，都脱去了当今大学生所面临的浮躁和急功近利的杂尘，就像一场完整清澈的思想之雨的洗涤。比如孙乐天说的故事中有一个厌倦了东京生活的日本青年，由最开始沉浸于自己的音乐世界到后来成立了未来小组，带领船上的年轻人们共同思考个人生活方式，思考世界问题。这个故事让我印象非常深刻。对于繁华都市的追求，在现今我们大学生中间其热烈程度不言而喻，即使有人肯去教授贫困山区的孩子知识或以特立独行的孤身旅行的方式去追求自己的理想和价值，其人数也在少数，并且这些人经过多年的社会熔炼，也很少有人不改初衷一直坚持到底的。我们社会中充斥的浮躁感，扬尘一般笼罩了本应是社会精神主流的大学校园，年轻人的心找不到归属感，如何才能重新找到自己理想的标杆，找出自己生活的意义，应该是值得我们反思的。

谈到最喜欢哪里的风景，孙乐天在他的游记中提到很多：如拥有美人鱼青铜雕像的丹麦，从美人鱼俯首倾听海浪的姿势中遥想战争与和平的交织；拥有美丽自然风光的芬兰农场，欣赏芬兰人平静幸福的生活；在最美丽的挪威峡湾，流连于北欧风情的旖旎绚丽……"从东亚来到阿拉伯世界，穿过苏伊士运河，来到南欧、西欧，再来到北欧，万里之遥，一眨眼也就过来了。不同的国家与地区，不同的民族，不同的社会制度，不同的人文风情。"旅行中总少不了风景，这些风景，像一幅幅色彩自然、色调明快的油画，展现了一颗善于发现美的心。但美景的背后也有很多问题，相比北欧的富足，第三世界的落后也让他们咋舌，沿途也有发生示威暴乱的情况，让他们对和平与环保问题一直有所深思。他们的成长，一直在漫漫的长途旅行中悄然生发，从旅行中观览世界，视点一下子变得高远开阔起来。"和平号"上每天轮流举行的讲座，让他们得以与诸多的友人畅谈达旦，思想熠熠如星辉，在夜色茫茫的大海上交相辉映。

至于此次旅行，孙乐天说自己觉得很是值得的。虽然付出的代价很多，比如晕船的痛苦，食物的不习惯等等，但是经历是一笔财富。出门看世界，看到不一样的风景。这些，是在学校里学不来的，也是从别的渠道学不来的。只有自己行走、感悟，才能得到属于自己的一些东西。

关于旅行的意义，他这样对我说：旅行的意义在于走出自己的世界，见到不一样的东西。有的东西自己能接受，有的东西自己还一时不能接受，不管怎样，有所了解就有所感悟，这就是成长，也就是旅行的意义。

网络上流行一句 in 语："要么读书，要么旅行，身体和心灵，必须有一个在路上。"而今再体会这句话，竟然如醍醐灌顶一般。天高海蓝，人生正年轻，我们亟待出发，身体不能出发，那就让心灵奔走！

☆ 高晴：甲板上看海看云想到了什么

韩春艳

知道高晴这个名字，是因为海大校报上刊登的一张照片。照片上的高晴正和同伴一起表演初级剑，那干净利落的姿势使我不禁将这两个女孩与挂帅出征的穆桂英联系起来。这有意思的联想，也让我把她们的名字默默记在了心里。于是，每当校报上刊发从海上寄来的文章时，我总是不由自主地先看看有没有这两个女孩的名字。

  后来，认识高晴的同学对我说："高晴是个很有思想、会告诉你很多事的女孩。"我也想认识认识她，听听她的故事——那些我希望自己能够经历但暂时无法实现的事。但总害怕突然地打过去电话会显得很唐突，于是她的号码存在手机里，却一直没有拨出。在最近的日子里，我一张一张地翻阅他们在旅途中的照片，慢慢品读他们的文章和"海上课堂"的记录，突然觉得我和她好像已经很熟悉了，并且——我真的觉得她很棒！

  棒在哪里？在船上与高晴朝夕相处106天的欧阳霞老师这样评价她："有个性有思想。"在"海上课堂"的记录里，我发现高晴的话并不多，但很智慧，能够吸引人去思考一些问题，并且有所坚持。比如，在评价同伴的一篇文章时，高晴说："歌曲有高潮部分，而我觉得静一的一直是高潮，一直在向上。"这样的评语单就语言来说就很美。而当同伴在文章中写到"虚无"这个词时，高晴不无严厉地说："我觉得哲学这样的东西，哲学家都还没研究透的东西，你怎么就可以用一种肯定的语气？"年轻的高晴未免有些气盛，不过能对一个大家习以为常的概念产生怀疑，并且避免自己用一种肯定语气表达它，这种不妄断的态度，我很欣赏。当欧阳霞老师对她所欣赏的文章进行批评时，高晴却坚持说："老师你言重了，我严重抗议。"高晴的有主见可见一斑。

  不过，我看重高晴的地方，不在于她对哲学、对人生的思考有多么深入，而在于她对自己一直有一种反思的精神。我不知道如欧阳霞老师所描述的，总是坐在船的甲板上爱看云看海的高晴，通常会想些什么问题，是有关世界和文明这样宏大的主题，还是仅仅是过去的自己与未来的方向。我无从猜测。但我想，当人面对浩瀚的海洋的时候，一定会开始怀疑过去那个小小的"我"。那么高晴如何说过去的自己呢？在她的文章里有这样的描述："从前我是这样的，六点爬起的晨跑是为了减肥；从前我是这样的，在打眼望去干净实则小垃圾多多的校园路上走着，沿途拾一次就再也停不下手，不断弯腰以至于不能正常走路总令我倍觉尴尬，每每是，狠下心半途放弃又伴随下半程的是内心的纠结万分；从前我是这样的，走路习惯于低头、闪避他人目光，我为自己的不自信找了高尚的理由'低头走路那是我在思考'；从前我是这样的，几乎不看报纸，上网不浏览新闻，两耳不闻窗外事，又没有一心只读圣贤书的；从前我是这样的，身边有成绩好又长得漂亮的同学总在引起我长长的羡慕之后,置我于糟糕的低落情绪中去;从前我是这样的,习惯对身边人发火,言辞刻薄犀利……"

可是,在这历时106天、途径22个国家和地区的航行中,高晴好像变了。"走路习惯于低头"的高晴,在船上的"大洋运动会"中快乐地和大家一起跳舞、拔河、跳大绳,从中感受到"真诚"的重要性;在海上勇敢地与飓风"搏斗",在与死亡接近的时分学会沉静的力量;在加勒帕克斯群岛资助乌龟"奶粉钱",从中懂得牵挂源于爱的付出;在巴拿马先民部落里她与白化病人真诚相处,从而想在未来的日子里了解那些过去她不曾在意过的人;在分别的时刻,她与船上的人互留了联系方式,互相留言,没有一点点陌生人之间的戒备心,感受到人类关系中最美好的一面。这些经历或许将会作为高晴青春记忆里最温暖的片段得以保存吧。也许正是这些温暖,使高晴说:"我抱着百分之百的诚意改变自己,我愿意先修身,后齐天下,我愿意成为从前为看不到一个真正有气质的学生而深感失望的校园里一名有气质、令自己自豪的人,我愿意,为有朝一日成为一个有尊严、有趣味、有眼光的个体而付出比从前加倍的努力。"我们能在怎样的程度上改变这个世界,我不知道,但我承认,一个微笑会让世界显得美好一些,所以我相信,高晴会一直微笑下去。

最后,我还是想问问高晴,当你坐在甲板上看云看海的时候,你想的是这些吗?

二〇一二年五月月末版

继承弘扬方宗熙先生的学术薪火和科学精神

吴德星

方宗熙先生是我国著名的生物学和遗传学家,海洋生物遗传学和育种学的奠基人。先生创立了海藻遗传学,发现了海带新的生活史类型,建立了海带和裙带单倍体育苗、育种的方法体系;先生领导完成的"单海一号"海带单倍体新品种培育,不仅成为开创我国海洋生物细胞工程育种时期的里程碑,而且是我国褐藻遗传育种领先于世界同类研究的标志性成果;先生指导完成的海带、裙带配子体克隆培育,解决了大型褐藻不能实现长期保存的世界难题,实现了不同种系海带配子体克隆间的杂交育种,培育出了"单杂十号"等优良品种;至今,先生所建立的系列海带遗传育种技术仍是国内外大型经济型褐藻育种研究沿用的技术手段,为我国海藻养殖业作出了重要贡献。

先生长期致力于遗传学的研究和教学,编写出版的《细胞遗传学》是我国自上世纪50年代以来的第一本高等学校遗传学教科书,滋养了数代学子;先后翻译了《物种起源》等世界名著,撰写了《达尔文学说》《遗传工程》等科普图书,为推广普及科学知识与科学精神作出了重要贡献。

先生对于学校海洋生物学科的开创与发展厥功甚伟。1953年,先生应童第周教授邀请,来青开坛授业,开启了学校海洋生物遗传学研究。山东大学主体迁址济南,先生留青筹建山东海洋学院生物系,先后建立了世界上第一座大型海藻种质资源库和我国第一座海洋微藻种质库,奠定了学校乃至我国在国际海洋植物研究领域的重要学术地位;先生建立的学校第一个"海洋生物遗传育种"实验室已经发展成为"海洋生物遗传学与育种"教育部重点实验室,成为我国重要的教学与科研基地。先生一生著书立说,教书育人,桃李满园。先生的诸多高足,秉承先生的科学精神,在我国海洋生物遗传育种领域作出了杰出贡献,有力地推动了学校海洋生物学科的发展壮大。

经过近50年的发展,当年的海洋生物遗传学已根深叶茂,成为学校特色优势学科群的重要组成力量。尤其是近10年间,在全院师生的共同努力下,经过国家"985工程"和"211工程"两期重点建设,海洋生物学科的师资队伍和科研实力显著增强,并为学校植物学与动物学学科率先进入 ESI 全球科研机构前 1%作出了重要贡献。

学校隆重举办了纪念方宗熙先生百年诞辰系列活动,通过追忆先生生平事迹,深切缅怀先生为推动和发展我国海洋生物遗传学和育种学作出的卓越贡献,追思和学习先生为国家教育事业呕心沥血、鞠躬尽瘁的崇高风范,激发后学励志创新,努力为国家的海洋事业,为中华民族的伟大复兴作出新的更大的贡献。

☆ 呕心沥血 铸就崇高风范
——记著名海洋生物遗传学家方宗熙

胡建廷

"经年辗转异土,归程波折无数。授业人空巷,海藻育种齐瞩。科普,科普,雏鹰振翅高骛。"这首《如梦令》的词描述的主人公就是我国著名的海洋生物遗传学家——方宗熙。

少年有志冲云霄　游子深情梦魂绕

1912 年 4 月 6 日,方宗熙出生在福建省云霄县城郊一个烧砖瓦的手工业者家庭,兄弟姐妹共七人,他排行第三。他的祖父靠烧窑维持一家生计,父亲继承祖业,收入微薄,经常入不敷出。贫寒的家庭环境并没有掩盖方宗熙聪慧过人的才华,他自幼酷爱读书,全家人节衣缩食,勉强供他上学。由于家庭生活困难,他平时随家人参加劳动,假期里,常去乡间的舅父家打柴放牛,讨口饭吃,适当减轻一下家里的负担。不管到了哪里,书本永远是他的随身之物,饭可以不吃,书不可以不读。在云霄小学上学时,他珍惜时间,学习勤奋,成绩名列前茅。

1926 年云霄中学创办时,他经考试直接进入初中二年级。在学校里,他博览群书,除了课本,还读中外名著、剧本和历史故事,并喜填词、写旧体诗,这为他日后的写作打下了坚实的基础。

少年时代的方宗熙对中国动荡的时局感到迷惘,他在老师庄少青的启发和教育下,懂得了很多做人和做事的道理。后来,庄少青被敌人诱捕杀害,他才知道这位正直豁达的启蒙老师是中共地下党员。在他诗书文章频见报端时,就以

"少青"作笔名,以纪念这位为自己开辟鸿蒙的老师。

1929年,他从云霄中学毕业,考入厦门大学,主修生物学,副修化学。因成绩优异,先后获得福建省清寒奖学金和陈嘉庚奖学金。从他每天晚上写的日记中可以看出,他思想活跃,喜欢交友,每天的生活也很有规律,黎明即起,晨读一两个小时,白天不是坐在教室里听课就是到实验室做实验,晚上多半埋首图书馆,那里有他的"固定"座位。上课时他专心听讲,认真写笔记,遇到不懂的地方赶紧标注下来,下课后就向老师请教。他反对不求甚解的读书方法,许多科学术语不好懂,越是难懂,他就越要钻进去弄明白。他在日记中写道:"有一次上英文课,教英文的周先生在英文会话课上把班里的学生一个个地轮流问了几句简单的话,问的句子,大半是从书上拿来的,结果空空费去一个小时的光阴。周先生本来教法是很不错的,但因多数学生不注意,周先生也没法。我想英文是治各种学问的好工具,工具不利,成功殆难。"

那时他最感兴趣的是遗传学和进化论。平时除了钻研科学知识,他还参加各种社会活动,曾任厦门大学生物系学生会的主席,经常写诗歌和散文投寄报纸杂志,作品题材广泛,很受人们欢迎。大学二年级时,他参加了校内生物博物馆整理鱼类标本的工作,进行形态分类的研究。三年级时,兼任厦门大学附中的生物学教员,同时进行科学研究,写出了论文《一种板鳃鱼类之解剖》。四年级时,主编厦大生物学会的《生物学会刊》,主办海洋生物标本展览。整个大学生活,他把时间安排得简单而充实,可谓多姿多彩。

1936年,他从厦门大学生物系毕业,因学业优秀留校任助教。次年夏天,他回母校云霄中学任生物学教师。据当时他的学生回忆说,方老师上生物课十分生动,亲自解剖蛙和猫给学生示教,深入浅出,很受学生的欢迎。

故乡的贫穷激励着他为这片热土奉献青春和汗水,而故乡的闭塞和落后也在时时提醒他不做井底之蛙,展鸿鹄之志才可以翱翔长空。他仿佛渊底之龙,时时在寻找机会施展自己的抱负。这一年,他决定投考清华大学招收的出国研究生,去异国留学寻找救国图存的真理,学成之后报效祖国。志向甫下,他备考的步伐更紧更快了。也就在这一年,"七七事变"爆发,日本全面侵华战争开始了,整个华北沦陷,包括清华大学在内的北京各大高校相继内迁,正常的教学秩序全被打乱,他的留学之梦只有暂缓。

誓死不当亡国奴,方宗熙在心里给自己设了个底线。然而一介书生,无路请缨,虽报国无门,但无论如何不能为日寇服务。1938年初,他经友人介绍,漂洋过海，到印度尼西亚苏门答腊岛巨港中华学校任生物学教师兼教务主任。在这里，他继续进行科学研究，采集了很多热带动植物，建立了"生物标本室"，编写了《印尼土产》这本教材，同时积极组织学生义演募捐，支援祖国的抗日战争。1941年12月，太平洋战争全面爆发，日本侵略者先后占领了南洋各地，巨港也被日寇的铁蹄所践踏。他只好带了一些科技书籍和友人一起避居深山，在马来人集居的村落里种菜度日，过着近乎土著人的原始生活，直到1945年日本投降。

第二次世界大战结束后，新加坡的社会秩序逐渐恢复。1946年初，应爱国人士新加坡华侨中学校长薛永黍的邀请，方宗熙再次从印度尼西亚启程，赴新加坡华侨中学任生物学教师，并兼任图书馆长。巨港一些爱戴他的学生跟随他一起到新加坡进了华侨中学，他想方设法把一些贫苦学生安排到图书馆打零工。

每到周末，他的宿舍就成了很多家在外地的学生的聚会点。看着这些对美好未来充满憧憬的孩子，他就觉得有万钧重担压在身上。他给孩子们讲解救国救民的道理，介绍他们看进步书刊，教育孩子们多读国内外新书，引导他们向科学进军，积累资料卡片，练习写科普文章。在此期间，他与英国著名遗传学家荷尔登教授建立了通信联系，而且积极参加胡愈之在新加坡创建的中国民主同盟马来亚支部的活动，创办进步刊物《风下》。

1947年秋，他为了进一步深造，在新加坡朋友汪万新先生的资助下，到英国伦敦大学攻读博士学位。在学习期间，他选修人类遗传学，专攻人类指纹的遗传研究。在方宗熙乘船抵达英国伦敦不久，在新加坡的民盟组织被殖民地政府查封，进步人士被扣押或驱逐出境，他幸免遭到不测。

他在伦敦留学期间孜孜以求，心无旁骛，1948年就在英国的科学杂志上发表论文。1949年底，他以博士论文《手掌上a-b掌纹数目的遗传和大舌症低能的关系》通过答辩，答辩成绩优异，得到了答辩委员会教授们的赞赏，获得伦敦大学人类遗传学博士学位。

这时，新中国已经成立。方宗熙离开祖国已经12年，在异国他乡再也待不下去了。他归心似箭，恨不得立即把自己学到的知识献给新中国的建设事业。

在回国之前，他还有一个未了的心愿，就是想亲眼看看仰慕已久的苏联到底是个什么样子，赤色的旗帜上下是否有赤色的天空和赤色的大地。他计划绕道苏联，看看苏维埃政权下的社会主义国家是怎样一幅绚丽的画卷，然后横跨远东返回祖国。但是他的计划遭到了英国政府和国民党驻英国大使馆的阻挠，他被迫改变行程。

东去之路走不通，只有选择西行。不得已，他于1950年6月去加拿大的多伦多大学做访问学者，继续研究人类指纹的遗传。加拿大的生活非常安定，科研条件也非常好，在这里潜心搞他的科研，出人头地是自然而然的事。在加拿大的半年，他写出了《人类指纹遗传》等论文数篇，发表在加拿大的科学杂志上，获得了好评。但是，风霜雪雨挡不住归巢的飞鸟，安逸和名利又怎能阻拦得住游子赤诚的返乡之心呢？他极致的追求就是把自己的一生奉献给祖国的科学事业，他回国的决心毫不动摇。

于是，他一边搞研究，一边暗暗寻找着回国的机会。1950年12月，机会终于来了，他拿出自己多年的全部积蓄买了一张飞机票直飞香港，辗转回到了祖国的怀抱。

故乡的风是如此柔和，故乡的景是如此亲切，故乡的人是如此热情。飞机的舷梯舒展着放下了，他重新踏上了魂牵梦萦的故国的土地。13年漂泊异域，其间的辛酸和波折不堪回首，恍如昨日。祖国！母亲！儿子回来了。方宗熙的眼眶里溢满了泪水，久久不忍拭去。

纷纭世事如抽茧　化难为易卓不凡

方宗熙曾任山东海洋学院教授、遗传教研室主任、生物系主任、副院长等多个职务，但他一直没有离开教学第一线。他不仅是一位杰出的科学家、翻译家和科普作家，而且是一位出色的教育家。传道、受业、解惑是老师的天职，可是要把高深的理论知识准确地传授给学生们，除了一滴水的传承需要一桶水的知识储备外，如何找到一条知识传递的捷径就显得尤为重要。

1953年4月，方宗熙应山东大学副校长童第周教授的邀请，来到该校生物系任教。他认为，近百年来中国人贫穷和受人欺侮是由于我们国家科学技术落后，中国要富强必须发展教育，培养人才，增强科技实力。从事高校教学工作，必须同时进行科学研究，两者相辅相成，不可偏废。

他担任生物系遗传教研室主任时，除了进行科学研究，还讲授遗传学和进化论。他口才很好，善于表述，讲课的特点是深入浅出，诙谐生动，引人入胜。听他讲过课的学生回忆说：方老师给我们上物学引论，我们第一次听他讲课，他像讲故事似的，听出味来了，这节课就该结束了。他有一个习惯，上课前两分钟，他就来到教室门口，与学生交谈，问长问短，上课铃一响，他就走上讲台，翻开学生名单，提问学生上一堂课最基本的概念掌握了没有，然后才开始讲新课。他上课时间控制得非常好，讲课时从不看讲稿，都是一口气讲完，同学们听得聚精会神。

方宗熙讲课的另一个特点是,善于将比较高深的学问,通过事例进行讲解。他讲遗传"三大定律",讲到一些细胞学理论,经常引用一些简单的事例把很复杂的理论问题说得一清二楚,让学生很容易接受,学生们都特别爱听他的课。他提倡的一流教授要给一年级新生讲课的主张,备受师生欢迎。

  他认为,要攀登科学高峰,单靠老一辈的知识分子是不行的,必须培养中青年教师接班。他一贯主张把中青年教师放在教学和科研的第一线,严格要求他们,耐心指导他们,让他们在实践中锻炼成长。他反复审查和修改他们的讲稿和文章,以便尽快让他们独当一面。为了多出人才,早出人才,他在古稀之年还一次招收了五名研究生,指导他们研究海藻的各个方面的课题。这五名研究生踏上工作岗位后,有的已担任研究所的领导,有的在科研岗位上作出了新成绩,成了单位的骨干。

  对待学生,他比对待自己的孩子还要亲,非常耐心细致地辅导他们。他觉得生不学乃师之过,生欲学而师懒惰更是错上加错,学生肯向老师提问题是虚心向学的表现,非常值得鼓励。不管在教室、在办公室,还是在路上,只要同学们提出问题,他总是不厌其烦地耐心解答,力求用最简洁的方法、最通俗的语言讲解,直到他们满意为止。多少年过去了,任何一个承教于方宗熙的学生,只要一提起他,崇敬之情、感恩之心无不溢于言表。

  人们常说,复杂事情简单化非常复杂,简单事情复杂化非常简单。世间万物纷纭复杂,环环相扣,互为因果,科学研究上的新发现、新理论、新方法层出不穷,单单把一些科学名词罗列一下,就能出一本大厚书了,何况要从中理出个子丑寅卯来呢!有些人甚至觉得,科学的本质就是复杂,越是大科学就越是让全世界没几个人能看懂。

  方宗熙却觉得简单即美,科学的要义是简单而绝不是复杂。一部大块头的著作,核心可能只有几段文字;一次长篇大论,能真正发人深省的可能只有几句话。作为大学老师,传道是标,解惑是本,灌输给学生一脑门子糨糊知识毕竟还是糨糊,但是,如果老师把自己所知道的知识融会贯通,剥茧抽丝,简单而清晰地告诉学生,就能带给学生醍醐灌顶的感觉。

  他秉承这个原则,身体力行,竭尽所能。他自己是这方面的典范。对于年轻老师和后学之辈,他既严格要求,又放手使用,给他们创造充分施展才华的舞台。如今已经是中国藻类学会副理事长、中国海洋大学教授、博士生导师的张学成,怎么也忘不了方先生当年对他的那种耳提面命的栽培。

张学成到山东海洋学院工作以后,很快就得到了方宗熙的赏识。方宗熙先是安排他做科学实验,继而鼓励他大胆走上讲台,让他承担遗传学的教学任务。第一次讲课,张学成的心里惴惴的,担心把这大姑娘上轿头一回的事给搞砸了,辜负了方先生的殷切期望。他多了个"心眼",请方先生先上台讲绪论,万一方先生讲高兴了,一口气把两节课都讲完,他就有了更多喘息的时间。谁知方宗熙只讲了一节就从讲台上下来,让张学成接着讲。张学成硬着头皮上台了,虽然经过了多次演练,脑海里也无数次浮想自己在讲台上的应对之策,还是觉得比较紧张,手心里直冒汗。方宗熙静静地坐在教室后面,从头听到尾,下课后立即找同学们征求意见,同学们反映不错,说可以,挺好的。这下,两个人才同时长舒了一口气。

从那以后,方宗熙只要有时间就会听张学成的课,不时根据张学成的表现和学生们在课堂上的反映,提出一些改进的意见。他告诉张学成,老师教课首要的目的是让学生理解和掌握,必须让他们听明白、愿意听。讲课的时候要生动,要把基本的原理用生动的事例来体现,千万不要照本宣科,照本宣科能把学生讲睡了,更不要试图故弄玄虚,把一些问题复杂化。比如遗传学上有"三大定律",不是写在黑板上怎么讲,而是反复举例子,来说明这"三大定律"。这样学生学的东西真的是活的,十年二十年之后,他不搞这一行,其他东西都忘了,但是遗传学"三大定律",在概念上仍然会非常清楚。

有一次,方宗熙听到张学成把一个概念讲错了,下课后告诉他有个概念讲得不对。张学成很诚恳,赶紧请方先生告诉他错在哪里,正确的概念是什么。方宗熙很严肃地拒绝了,马上召开教研会,在会上指出张学成错在哪儿,其他老师应从中吸取什么教训,如何避免此类事情的发生。回忆起这件往事,张学成自始至终毫无怨言,至今仍然深深感念师恩。方先生的正直和认真如同一面镜子,总在有意无意中,特别是在他稍觉懈怠时显现出来。直面方先生冷峻而睿智的目光,他瞬间警醒过来,重新精神抖擞地投身于教育事业中去。

方宗熙不只在教学上追求复杂问题简单化,在其他方面也都是一以贯之。在长期教学工作中,他将自己教学心得加以整理,编写的《生物学引论》《普通遗传学》《达尔文主义》《拉马克学说》《生命发展的辩证法》《遗传工程》和《生命的进化》等著作,都被选为高校的教科书或教学参考书。其中《普通遗传学》经不断修订再版,到1984年已是第五版。这些著作都力求去芜存菁,删繁就简,用精练的文字加以表达,让学生于轻松中看个清清楚楚,明明白白。

遗传工程牵红线　海藻养殖做月老

科研是提高教师学术水平和教学质量十分重要的途径。方宗熙深知科研的重要性。他从20世纪60年代初开始,就着眼于海藻遗传和育种的研究,率领课题组开展研究工作,在海带研究理论方面取得了若干重要的发现和技术突破。他被誉为我国海藻遗传育种工作的主要开创者和奠基人,为我国海藻养殖业的发展作出了突出的贡献,1978年荣获全国科学大会奖。特别是海带单倍体遗传育种的成功,使他在海藻遗传育种领域享有国际声誉。

海洋藻类在我国海水养殖史上有着突出的地位。新中国成立后,国外排华势力对中国进行全面垄断和封锁,关系百姓健康的常规食品也都是违禁品,碘也在其中。而碘在人们的生活中非常重要,没有碘,就会得甲状腺病。为解决碘的问题,国家大力组织山东海洋学院、中国科学院海洋研究所、中国水产科学研究院黄海水产研究所等一大批科研单位的科学家,攻克海带人工养殖难题,从海带中提取碘。

国家的需要就是第一位。海洋生物学家完成这一重任更是责无旁贷。方宗熙深深懂得这一点,义无反顾地投身于这场火热的攻坚战中,虽历经千辛万苦,却始终无怨无悔。

1959年他调回青岛山东海洋学院后,就在中国科学院海洋研究所任兼职研究员,并与这个所的有关同志着手对海带的遗传育种进行研究。方宗熙明白,目前养殖的海带是一个未经人工选择的高度杂合体,只有通过杂自交和连续人工选择,才可以培育出所希望的品种和自交系。他相继发表了一些很有创新性的学术论文,阐明海带的遗传、变异,推动了海带养殖业的发展,为下一个重要的问题——如何对海带品系进行种质改良,打下坚实的理论基础,为筛选优良品种提供科学依据。

海带原产日本,营养非常丰富,特别是它富含碘,成为治疗"大脖子"病的不二之选。人们都认为中国的海区不适合养殖。海带的个体非常大,有5~6米长,专业术语称为孢子体,它成熟后就产生雌配子体和雄配子体。当时国际上许多学者都认为,类似海带这样的大型褐藻,不是进行遗传学研究的好材料,原因之一是孢子体个头太大,非要在海里养才行,在实验室养成本太高;之二是配子体阶段相当短命,几天就死亡。这是横亘在海带遗传育种上的一道难关,不想方设法跨过去,一切都无从谈起。

方宗熙在苦苦思索着良策。他想,一切受精过程都是由雌雄共同完成的,它们混杂在一起,到了性成熟期,谁能阻挡它们自发受精呢?可是,如果人为地让它们"分居",等需要的时候再让它们"同房",这样受精过程不就可以控制了吗?他为这个想法兴奋不已,赶紧去做实验加以验证。课题组把海带的雌配子体和雄配子体一个个分开,分开后由于没有受精过程,配子体就做营养生长。他们很快就发现,分开的意义非常大,配子体由短命变成长命,更重要的是用不同的品系可以筛选很多雌雄配子体进行杂交,不同杂交组合后所产生的子体性质差别非常大,有了长速快慢和含碘高低的区别,从而就可从中筛选出生长旺盛的优良新品种。这样就可以从同一个物种变成不同的物种杂交。

这一灵光闪现虽然当时只是雏形,但是主要的思想和实验依据已经存在,后续工作就是如何改进和完善了。他用智慧之光解决了一项世界性的难题,为建立海藻遗传学打开了方便之门,铸就了他最重要的学术贡献,现在世界各国做褐藻研究都采用这个方法。

科学的发现是永远没有尽头的,总是跨过一座山峰,就会发现还有更高更险更壮观的山峰需要攀登。有哲人说过,一个人的知识面如同一个圆,圆里的是已知的知识,圆外是未知的世界。圆越大,已知的固然多了,但未知领域的接触面反而更大了。

20世纪70年代,由于一些重要农作物相继通过细胞和原生质体培养成植株,单倍体育种和细胞工程技术已成为国内外研究的热点。方宗熙从小麦、水稻等农作物的单倍体育种方法中得到启迪,认定海带也应该成为这个大家庭中的一员。1973年冬天,"文革"的阴霾尚未散去,科学研究仍被视为一棵毒草。他在得到默许后便默默开始进行科学研究,与助手们展开了探索海带单倍体遗传育种的实验。他翻阅了不少国外资料,得出的结论是:从海藻培育出来的单倍体孢子体大多数是畸形,寿命很短,没有培养价值。他觉得,外国的先进经验应该学习,但不能迷信,此路不通,必须另辟他途。

生物学上早就发现,海带和裙带菜孢子体产生的雌雄生殖细胞都是混杂在一起的。方宗熙和课题组通过单个生殖细胞形成雌雄配子体的分离培养,首次发现海带的雌性生活史,即由雌配子体经孤雌生殖产生的孢子体,其后代全部发育成雌配子体。这种雌性生活史在人工隔离培养条件下,可以稳定遗传。他首次发现海带配子体在人工条件下可以无限生长,由此形成海带配子体无性生殖系,使短命的配子体变为长寿。这些单倍体细胞系为海带的种质保存和遗传研究提供了前所未有的应用前景,并成为海带单倍体育种的新的基本方法。这些成果获 1978 年全国科学大会奖。当时，科研条件十分简陋和艰难，实验室是课题组几个人动手筹建的。经过全组同志一年多的努力，海带单倍体遗传育种实验取得了成果，从雌配子体单方面的遗传性进行生殖，长出了小海带。方宗熙如中了状元一般，非常兴奋，犹如在漫漫长夜中看到了一丝曙光。但是，由于没有低温设备，这些羸弱的小海带经不起高温的灼烤，度不过盛夏就死亡了。他认识到必须建立低温室，否则就一事无成。

1975 年，低温实验室建成，孤雌生殖的小海带长了出来，这一难关终于被他们攻下了。坚持了八个多月，一部分海带生长得特别好，接着培养的第二代、第三代，长势也很喜人。前后用了三年多时间，他们终于攻下了海带单倍体遗传育种这一科研项目，选育出了"单海一号"海带新品种，比当时推广的优良品种产量提高 15% 以上。这是单倍体育种在海藻中首次获得成功的记录。其后，他们又乘胜追击，应用海带不同雌雄配子体无性生殖系杂交，选育出高产、高碘、抗病性强的杂交种"单杂十号"优良海带。该杂交群体优势显著，产量超过生产品种 70%，碘含量超过 80%，1985 年获得山东省科技成果一等奖。

先进的科研思想是创新的源泉，谁掌握了它，谁就拥有了开启生命之门的金钥匙。

面对我国 18 000 千米的漫长海岸线和辽阔的海域，方宗熙对培育耐盐农作物和用植物微核监测环境污染物，也表现出了浓厚的科研兴趣。从 1976 年开始，他领导的研究小组开始进行耐盐水稻新品种的选育，取得了一定成果，以求把海边 2 000 余万公顷的盐碱地更好地利用起来。1980 年夏天，他与美国西伊里诺大学马德修教授合作，根据污染物对染色体断裂愈合的影响，统计细胞分裂后的微核数量，用于环境污染物的诱变监测，运用紫露草进行微核监测。这项生物学的新方法，经过不断的实验取得了成果，在全国首先建立了检测环境污染的遗传学方法，并发表了《中美合作研究用植物细胞微核监测环境污染物的报告》一文。这项科学研究引起了全国各地环保部门的重视，都纷纷派人来青岛取经，后来举办了两期全国性的学习班，才算满足了各地的需求。

正因为有了领先他人的科研成果，才有了与世界各国同行平起平坐、开展交流合作的资本。方宗熙先后于 1977 年和 1979 年两次赴法国巴黎参加联合国教科文组织属下的政府间海洋学委员会的会议，撰写了数十篇海洋生物方面的论文，并多次赴美国、加拿大、日本、英国、德国、法国、新加坡等国以及香港地区访问讲学。

方宗熙除在校任多个重要的领导职务外，还积极参加国内学术团体的活动。他被选为中国遗传学会副理事长、中国海洋湖沼学会副理事长、中国海洋学会副理事长兼秘书长、全国科普作家协会副理事长、山东省科普协会理事长，兼任《遗传》杂志主编、中国大百科全书《海洋科学》卷编委兼《海洋生物学》分卷副主编、《海洋学报》副主编、《山东海洋学院学报》编委副主任等职。在社会活动方面，他是全国第三、五、六届人大代表，山东省第五届人大代表，第四、五届山东省政协副主席，民盟山东中央委员，中国侨联委员，民盟山东省委常委，山东省侨联副主席，青岛市侨联主席等。

给海藻遗传育种当的这个"月老"，贯穿方宗熙全部的科研生涯。它好比月下老人的红线，连成了多少对秦晋之好；它仿佛丘比特神箭，定格了无数生命之心；它宛若日月星辰，普惠了芸芸众生的生活。

科学普及惠民众　著书立说传后人

方宗熙从精深的专业知识和长期的观察研究中体悟到，生命真是件神奇而不可思议的事情，它亘古至今演化无穷，它奇幻诡谲变化莫测，它发端于邈邈的既往，它承载着文明的希望，它如同一个充盈在茫茫宇宙中无所不在的可爱的小精灵，跳跃着，欢腾着，传承着。

然而，人们对于这随处可见、视若平常的生命，总有太多太多不明白的奥秘。他认为作为生物学家和人类遗传学博士，如果能尽己所能把这些奥秘剖开来，掰细了，揉碎了，指点给孩子们看，让他们一生都活个明明白白，不是件相当有意义的事吗？

为了实现这个简单得不能再简单的目标，方宗熙一个猛子扎下去，在科普的海洋里畅游。他计划一年为青少年写出一本科普读物，即使遇到再多的坎坷，再大的障碍，也要努力去实现。心愿既许，剩下的就是还愿了。可以说，他终其一生都在践行着自己许下的这个诺言，成为一位出色的科普作家。他年轻时的求知欲就非常旺盛，兴趣广泛，中学时博览群书，除了课本，中外著名小说、剧本、历史故事，乃至一些马列主义的启蒙读物他都感兴趣，尤其钟情中国古典文学，特别喜欢填词，写旧体诗，语文成绩很是出众。1936年他从厦门大学生物系毕业留校任助教，主要研究鱼类学。在此期间，他翻译了基因学说创立者摩尔根的《进化的物质基础》一书，并经常在厦门的报纸上发表科普文章，介绍生物学知识，简洁流畅的文字下蕴涵着丰富的内容，为正处在长知识时期的青少年送去了一份份精神食粮。

1948年，他在伦敦大学攻读博士学位时，以"少青"作笔名，经常给新加坡出版的《风下》和《现代周刊》撰写《伦敦通讯》，介绍英国的风土人情。为了了解西欧其他国家的情况，有一年暑假，他曾到法国、意大利和瑞士考察，搜集写作素材。他的小品和散文文笔优美，才华横溢，脍炙人口，富有幽默感，有些新加坡人甚至以为"少青"是一位侨居英伦的中国文学家呢。

方宗熙从加拿大辗转回国一到北京，就受到国家出版总署署长胡愈之的邀请，在出版总署担任编审，审查新出版的生物学方面的书籍并写书评。后来人民教育出版社成立，应出版总署副署长叶圣陶的邀请，到该社任生物编辑室主任，负责编写中学教科书。为了用新知识哺育青少年成长，他日夜埋首案头，在不到两年的时间里，编写成了《植物学》《动物学》《人体解剖生理学》和《达尔文主义基础》四本教科书，经叶圣陶先生亲自审阅后出版，使我国中学生用上了科学性强而又通俗易懂的生物学新课本。

在1950年冬至1953年春，为了发展我国的遗传科学，他写了不少书评和科普小册子，与叶笃庄、周建人合译了达尔文两本生物学经典巨著《物种起源》及《动物和植物在家养下的变异》，还翻译了麦克德莫特著的《人和动物的细胞遗传学》，译文达100万字以上，为在中国推广进化论，提高我国遗传学的学术水平，作出了不可磨灭的贡献。短短的两年多时间，著译了这么多作品，几乎本本都是经典著作，难怪有人说他是"抓住时间的人"，诚哉斯言！

上天对每个人都是公平的，才气总是垂青勤奋的人。正因为有厚重的中国古典文学底子做基础，方宗熙成为一名文笔好出手快的高产科普作家。熟悉他的很多老师讲，方先生写的东西根本不用改，一遍就成。科学普及难就难在把一些科学的东西用很通俗的语言表述出来，让人通过浅显的文字理解很深奥的道理。在这方面方宗熙可谓独辟蹊径。他在结构和语言上狠下工夫。他的许多作品都用同一个模式，即每章有几个小节，每个小节标题下又分一、二、三、四……每节末尾都有一个小结，全书结尾还有一个提纲挈领的总结。这种结构使他的著作条理清晰，一目了然。他对遣词造句更是不遗余力，充分考虑读者的文化水平和认知能力，着力用浅显的文字来表达很深奥的道理，语言直而不平，字都是常用字，读起来却是"横看成岭侧成峰"，深入浅出，引人入胜，自有一股收放自如的文脉贯穿始终。

他之所以能够妙笔生花，驾轻就熟，恣意游走在科学研究与科学普及之间，与他平时的专于读书、勤于思考、善于表达是分不开的。

他的子女回忆说，我们这个老爸可是个就是前面有眼井也会掉进去的"半瞎子"。他经常走着路打腹稿，浑然忘我，更不知自己置身此地是何地。他晚上看电视时，眼睛平静地盯着屏幕，脑子却在构思运转，看了半天，别人问他电视里演的什么，他压根就不知道。一年到头，他雷打不动地早睡早起，每天早上五点准时起床，到吃早饭的时候，一篇科普文章已经一挥而就了。

作为山东海洋学院领导和知名教授，他其实是个很平易近人的人，没有一点官架子。但是，由于他常常走路想事儿，对许多熟人视而不见，别人跟他打招呼他也置若罔闻。他这种目中无人的表象，曾经让许多人不可理解。久而久之，当人们知道其中缘由，心中都对他萌生敬意。

他那些耳熟能详的科普读物更让他深受青少年的爱戴。从早期的成名作《古猿怎样变成人》、20世纪70年代创作的《生命进行曲》，到他病故前创作的最后一部科普作品《科学的发现——揭开遗传变异的秘密》，方宗熙一生创作了几十本达100多万字的科普著作。这些作品运用辩证唯物主义和历史唯物主义的观点，向人们揭示了人类和生物进化的遗传学奥秘，指出了遗传和变异的基本规律。这些作品的共同特点就是全书结构紧凑，叙述脉络清楚，前后衔接自然，有血有肉，通俗易懂，可读性非常强。即使是遗传学的外行和文化水平不高的人，也能看得明白。

此外，他还写了《写什么？怎么写？》《科学性是科普作品的命根子》《实事求是地写好科普作品》和《编写科普读物要处理好几个关系》等几十篇指导科普写作的文章，坦露其心得体会、所思所想，让别人循着他前进的足迹寻觅花蕊的粉芳，其胸襟之博大、诲人之不倦可见一斑。

一个在高端科技领域颇有建树的科学家，却花费大量的时间和精力搞科普创作，许多人认为他大材小用，甚至有人认为这些东西学术水平不高，搞不好会降低他大科学家的形象。但是，方宗熙却不这么想，他认为普及科学知识，是每一个科技工作者的神圣职责，是他终生秉持的责任和追求。特别是遗传学和进化论方面的科学知识，看似玄奥艰涩，实则与我们每个生命个体和日常生活都息息相关，人们了解得深了，年轻人懂得多了，不光能够提高全民族的文化素质，更重要的是国民的科学素养也将大幅攀升。这不是人们茶余饭后的谈资，不是可有可无的风花雪月，更不是碌碌之辈聊以糊口的稻草。科普是人们通向光明彼岸的天堂之梯。

疾风方觉劲草挺　　岁寒尤感松柏青

"年少贫寒苦读,青年辗转异域,壮年为国效力,老年枯木逢春",这几句话几乎可以简单地概括方宗熙的一生。而终其一生所隐含的一条红线就是:不畏困苦,知难而进,百折不回。

人们常说造化弄人,上天往往赐予盲人敏感的听觉和触觉,赐予丧失听力的人灵敏的视觉和嗅觉,赐予常人什么都不突出的全部感觉。人与人的真正区别其实只有一点点,不在顺境时的志向冲天、意气风发,而在逆境中的不屈不挠、愈挫愈奋。世上是没有人随随便便就成功的。方宗熙的人生旅途也验证了这个理念。而他之所以能够不屈不挠、愈挫愈奋,就在于他心里始终有一杆秤,那就是祖国的利益高于一切,为了这个报效祖国,任何辛酸困苦和艰难挫折都是可以克服的。

"文化大革命"期间,方宗熙受到了批判,生活上也受到了很多限制,一度非常艰难,即使这样,他的子女也从未听过父亲一句怨言。

在这场史无前例的"文革"浩劫期间,教育和科研被当成反动的东西。方宗熙和他的合作者花了多年心血培育出的海带优良品种——海青一号、海青二号和海青三号,被这股恶风一扫而光。方宗熙除了惋惜,就是痛心。

疾风知劲草,路遥知马力。只有在身处逆境之中,方显英雄本色。

正常的科研工作被迫中断,却中断不了方宗熙用脑思考、用心研究。1973年冬天,他从小麦、水稻等农作物的单倍体育种方法得到启示,和助手们在十分艰难和简陋的条件下,悄悄开始了海带单倍体育种的实验。不幸,他因劳累过度,心脏病发作了,不得不住进疗养院休养。

1975年,海带单倍体遗传育种赖以继续开展的低温实验室建成了,他在疗养院里得到这个消息,再也待不住了,病情稍有好转就立即出院,参加了系统的研究工作。经过一年多的努力,这一难关终于被他们攻下了,孤雌生殖的小海带长了出来。小海带下海后,需要定期划船出海进行管理。为了取得第一手资料,他不顾年轻同志的劝阻,不管海浪冲击、头晕眼花、恶心呕吐,经常坐着小舢板到海上观察小海带的生长。倘若没有这种在逆境中拼搏的干劲,只是一味地长吁短叹,愤恨时运不济,他是很难在晚年取得这样骄人的科研成果的。

他严于律己,却宽以待人,事事为别人着想,绝不睚眦必报。因为他知道,自己的顺境,可能是某些犯过错误的人的逆境,培养一个人很困难,把一个陷入绝境的人一棍子打死,却容易得多。他心胸开阔,能顾全大局,即使在十年动乱中整过他的人,他也一视同仁。他常说:"青年人犯错误改了就好,只要肯学,就应该教。"这种宰相肚里能撑船的气度,有口皆碑。

1985年2月25日,方宗熙告知家人说他肚子痛,经医生诊断为肾窦炎及胃扭转,他没有在意。3月初,他作为第六届全国人民代表大会的代表,参加了去农村、工厂、码头及特区的视察工作,还抓紧时间赶写自己的专著。视察归来,他感到腰酸腹痛厉害,实在难以忍受,才不得不住院检查。青岛的医院限于条件,不能作探腹检查,于是转到上海瑞金医院诊治。拖了将近一个月,于4月4日才动手术,检查结果是胰腺癌晚期,肿瘤已无法手术切除。

病中,他满怀希望,带着两本新出版的英文书,打算等病情好转后阅读。他对前来探望的领导说:"我已联系好三所大学(山东海洋学院、美国马里兰大学及香港中文大学)合作搞科学研究,这件事一定要抓紧。"他还要领导和公费出国留学的山东海洋学院生物系毕业生保持联系,希望他们回国后重返母校任教。后来,他自知不起,曾说:"我的病是不会好的了,惨啊!真惨啊!我还有三本书没有写出来。"他指的三本书是《海洋开发》《海藻组织培养》和《海藻遗传学》。

三本书,对落笔生花的方宗熙来说根本不算什么,如果时间老人允许,他能再活五十年、一百年,应该还会有几十本著作问世。生命不息,奋斗不止,不管顺境逆境,每年都要有新的成果问世,这是他永恒的信念。

1985年6月8日,是一个平常得不能再平常的日子,可对于方宗熙来说,这一天堪比"金榜题名",因为,党支部在这一天同意吸收他入党,让他填写入党申请书了。其时,他正处在病危期间,一股强大的精神力量竟然使这个病入膏肓的老学者在病床上坐了起来,吵着嚷着要出院。他说:"我还有很多工作要做,我要回家。"

6月29日,他在病床上宣誓入党。

7月6日,方宗熙溘然长逝,终年73岁。

从填写入党申请书到撒手人寰,只有29天;从宣誓入党到魂归天国,更是只有短短的8天。可又有谁知道,为了这神圣的29天和8天,这位73岁的老科学家付出的却是泣血的至死不渝的追求。

初中毕业那年,他在小学启蒙老师庄少青的带领下,从福建云霄远赴广东饶平,参加广东北伐军武装宣传队。

庄少青被敌人诱捕杀害后,他才知道这位敬爱的启蒙老师是一位地下共产党员。从此,"共产党"三个字,深深地印在他的脑海里,急风暴雨冲不走,千难万险抹不去。

"七七事变"后日寇相继进犯华北、华东和广大的内陆腹地,五千里壮美山河被笼罩在一片腥风血雨之中。不愿在日寇铁蹄下当亡国奴的方宗熙,1938年初流亡到印度尼西亚苏门答腊岛的巨港教书。位卑未敢忘忧国,匹夫救国也有责。虽身处异国他乡,祖国的时局却无时无刻不在牵动着他的心。在授课之余,他积极组织学生义演募捐,支援祖国的抗日战争。1941年12月,太平洋战争全面爆发后,南洋各地也沦陷在日寇的魔掌之中。那时他抱定信念,决不为侵略者服务。他和爱国华侨一起,匿居深山丛林里马来人聚集的村落,靠种菜度日,在艰苦的环境中仍然为炎黄子孙传授科学文化知识,讲解救国救民的道理,直到1945年日本投降。

整个抗日战争和解放战争期间,方宗熙虽然对共产党心驰神往,奈何无人为他引线搭桥。万不得已,他只好通过民主党派遥助祖国。1946年,他在新加坡华侨中学教书期间,买了一大堆进步书刊,自己关起门来细细研读,也介绍给身边的孩子们看,让他们懂得了很多救国救民的道理。在这期间,他参加了胡愈之创建的中国民主同盟马来亚支部的活动,创办进步刊物《风下》,以此为阵地唤醒更多的华侨走上追求光明追求真理的道路。

在党的"百花齐放、百家争鸣"方针的指引下,他认真刻苦地学习马列主义经典著作,从科学的认识论和方法论的高度,不断修正和澄清遗传学中的许多混乱思想,推动我国遗传学的健康发展。

正是有这些马克思主义的哲学思想做后盾,他在写作中努力贯彻唯物辩证法,在阐述一个基本科学原理时,尽量反映本学科的新成就。他把遗传学和进化论的科学道理,形象地介绍给读者。他上百万字的科普作品内容驳杂,包罗万象,但都有一个鲜明特色:读来既觉得有趣,也极富思想内涵,读者可通过具体事例学习辩证唯物主义和历史唯物主义的一些基本原理。

他从马克思主义哲学思想中汲取的这些营养,既使他在开展海带遗传育种的科学实验和科普写作中如虎添翼,更让他对以马克思主义作指导的政党产生了更加浓厚的兴趣,乃至心驰神往,终身追求。

斯人已去,江山未老!方宗熙,这位党龄不满一个月的"老"党员,用一生对事业的执著追求和对生活的安贫乐道,践行着他舍生取义、报效祖国的宏愿。那一声声气息微弱却掷地有声的入党誓言,仿佛幻作天籁之音,鸣响在他生前跋涉过的祖国的山川湖海之间。

怀念我的父亲

方菁

我和父亲相差40岁。小时候对父亲的记忆,没有去公园的玩耍,也没有去海边的散步,只记得有一年的冬天,外面下着雪,窗户的玻璃上都是冰,父亲扶着我和弟弟来到窗边,我们站在窗台上用手刮玻璃上的冰,父亲用手扶着我们似乎在想着什么。现在回想起来,大概是在构思某篇论文或者科普著作。

我上小学后对父亲的记忆就是,每次我感冒发烧,他一下班,总是先到我床边看看我退烧没有,问我是否吃了APC,然后才去厨房吃饭。我的学习他从不过问,因为他工作一直很忙,只记得他常去北京开会,回来的时候会给我们带好吃的茯苓夹饼和周村烧饼。

父亲是中国海洋生物学家,也是科普作家。在他生前我从没有看过他写的科普书和文章,在他去世后,我才看了他写的《古猿怎样变成人》和他在伦敦留学时写的《伦敦通讯》,这时我才知道他的文笔是这么好。

从20世纪70年代后,记忆中的父亲写作时从不用写字台,而是坐在沙发上,用一个硬纸夹,上面放上稿纸写作。生物图是他自己趴在桌上,摘了眼镜,一点一点画的。有时候问他一句话,要说几遍他才听见,可见他是多么专心致志。生活上他从不挑剔,给什么吃什么。记得70年代末期有一天晚饭时间,我煮了面条,一人盛了一碗,另外还有一大碗的菜码,父亲先过去吃饭(他每天要按时吃饭),其他人还没有回来。他几分钟就吃完了,等我过去吃饭时,怎么也找不到那碗菜码,只看见那几碗面条,我问他晚上吃的什么,他告诉我吃的是面条……弄得我哭笑不得。大概在吃饭时他也在想着他的工作,以至于吃的什么都不知道。

他平常在家总是沉默寡言,和我说的话就是想吃肉了,能否给他买点熟肉,或者他的毛衣破了,他来北京开人大会的时候买了毛线,让我给他织毛衣。有一次他问我他的毛裤破了,能否拆了重新织一条。我拿起来一看,从大腿破到小腿,毛线变成一段一段的,根本无法重新织了。

在家的时候他都是自己管理自己。有时候我看见他摘了眼镜,仔细地缝补破了的棉毛衫裤。那个年代没有洗衣机,他的衣服基本都是自己洗的。放在脸盆里,接上水,打上肥皂,用手搓洗,虽然洗得不是很干净。那时没有煤气,也没有暖气,所以生火也是他的事情。那个年代用的是定量的煤面,要加上黄泥搅拌,炉子像个大花盆,每天早上要用劈柴点着。因为这是他每天早上必做的事情,所以他生火的技术很高,只用4根劈柴就能点着煤炉。然后煮泡饭,吃过泡饭就上班去了。偶然我高兴,早上早起会去东方菜市的食堂买油条。

他业余时间最大的乐趣是和我弟弟下象棋,一般是在晚饭前后,开始是他赢,后几年是我弟弟赢。70年代末我小弟弟自己装了一台黑白电视机,所以晚上有时候他会看看电视。那时候只有一个北京电视台(中央电视台的前身)。记得有一个周末下午,电视台播英文版的《简·爱》,我和父亲一起看,看到后来我问他能否听懂,他说能听懂,电视里正好说道:I have been loved. 他告诉我他听懂这句话,我告诉他这句我也听懂了,他高兴得哈哈大笑。

父亲是一个不善表露感情的人。我每次离开家一般都是他在写作的时候。临走时我过去打招呼,他连头都不抬,只问一句带了APC没有。但是在我去北京结婚的时候,那天他破天荒地一直送我到院子门口,满脸通红,很激动,似乎要哭了。这是我看到他真正动感情的一次。

朱自清的散文《背影》给我的印象很深。同样父亲的背影给我的印象也很深。那是"文革"初期的一个8月初,吃过午饭我去海水浴场游泳,回来时大概两点半,快到家门口的时候,看到父亲戴着草帽,匆匆从院子里出来,赶去学校的操场拔草。望着父亲的背影,我觉得非常难过,也突然觉得父亲真的老了。后来他去了文登乡下"劳动改造"几个月,我记得他回来的时候正好是临近春节,天气很冷,他穿着短大衣,斜背着一个帆布包,一进门看到桌子上有一个苹果,竟然来不及洗手,抓起来,眼睛放着光,狼吞虎咽,一会儿就吃完了。后来我去插队了……听当时和他一起去太平角出海的同事说,那时他带的午饭,就是生的小米加白菜叶子,中午在那里煮熟了吃。有一次人家看到他的午饭竟然带了米饭和鸡蛋角,就知道一定是女儿回来了。

后来我结婚,生了孩子。他只要一有空就会去抱孩子。记得我女儿11个月时,有一次发烧,孩子也不闹,一直安静地躺着,他竟然放下手里的事情,一直抱着我女儿。我说孩子不哭,让她躺着;他说孩子在发烧要抱着……我到北京后,父亲出差来北京的时候,一般住在教育部招待所,因为招待所离我家很近,所以中午和晚上都来我家吃饭。记得他出国考察回来时,我还替他去教育部交过剩余的外币。

1984年的春天,他在全国政协礼堂讲"海洋开发",这是我第一次听他讲课。他把我认为枯燥的海洋开发讲得栩栩如生,我真没有想到平常在家不爱说话的人,口才竟然这么好。

他每年来北京开人大会的时候,我们去看他,总觉得他精神很好,身体也很好。1984年11月他从美国讲学回来,路过北京,看到他精神很差,起先我还以为是时差的关系,后来才知道他不舒服已经有半年多了,直到1985年3月才和我当医生的弟弟说他腰痛,肚子痛,那时已经是胰腺癌晚期了。

值得欣慰的是,在他去世的前一年,在美国见到了我小弟弟。回国时,转道新加坡一个星期,故地重游,见到了过去在新加坡的老友和学生,访问了曾经工作过的新加坡华侨中学。回来时还在香港大学做短暂学术交流,我想那个时候他一定很快乐。

谨以此文纪念我的父亲方宗熙100周年诞辰。

(作者为方宗熙先生的女儿)

二〇一三年九月月末版

三十一年，我如何当老师

林少华

一晃儿，老师当三十一年了，还在当。家人问当三十一年还没当够？当老师真就那么好玩儿？年轻同事则偶有人问我三十一年来的感受，似想作为他自己是否也当三十一年的参考。校内媒体则郑重其事地让我谈谈作为老师如何在这个时代安身立命求得精神的超越、思想的自由、学术的独立以及薪火的传递等宏大主题。也是因为今天三杯小酒下肚，忽然有了涂鸦冲动，遂伏案提笔，在此一并作答。

说实话，倘以当下标准衡量，我是没资格当大学老师的。我一九六五年上初中，勉强念完初一"文革"就来了，往下再没念成。一九七二年念大学念的是"工农兵大学生"，在校三年零八个月至少有一年零八个月学工学农学军和批林批孔批邓。一九七九年"回炉"读研三年倒是正规的，但即使这样，所有上学年头加起来，也不过相当于高中毕业。说痛快些，小学上大学，高中生当大学老师。一九八二年开始当，一九八五年破格当副教授，一九九八年非破格当教授。今年二〇一三年——当三十一年了，是该说点什么了。

说什么呢？想说的第一点实际上已经说了：我当大学老师很大程度上是由于历史原因（说历史的误会未免自虐），而我想说的第二点也同样与历史有关——假如我在精神的超越、思想的自由、学术的独立方面多少有一点作为并相应获得认可的话，那么我想也应该首先从我经过的那段特殊历史或个人特殊经历中去寻找原因。

不言而喻，我算是"文革"过来人。作为"文革"过来人，在"文革"过后始终有这样一个又粗又黑的问号如魇住一般挥之不去：当国家、民族这艘巨轮驶入危险而荒唐的自毁性航道的时候，当知识分子视之为安身立命之本的文物、典籍等历史凭依和传统文化惨遭腰斩和焚毁的时候，当天下无数苍生的尊严荡然无存甚至身家性命朝不虑夕的时候，包括大学教师在内的知识精英为什么集体失语甚至有人与江青之流同流合污？一言以蔽之，知识分子为什么没有成为校正历史舵轮的积极的制衡力量？因此，窃以为培育自觉充任超越于团体利益、个人利益以及利益集团之上的真正忧国忧民,即真正为国家和民族的长远利益怀有使命意识的独立的知识分子层不仅实属必要,而且是当务之急。应该说,这样的知识分子层国外有过,现代也有,如爱德华·W.萨义德和苏珊·桑塔格;中国古代有过,如屈原、司马迁、建安七子、李白、辛弃疾、陆游、方孝孺、王阳明、袁宏道、顾炎武;民国有过,如鲁迅、胡适、刘文典、张奚若、周炳琳、陈寅恪。

是的,陈寅恪,九十年代通过《陈寅恪的最后贰拾年》一书同陈寅恪的"相遇",对我有明显影响。他在传统文化风雨飘摇之际甘愿为其"托命人"的远见卓识与执著精神,他推崇"独立之精神自由之思想"和强调"思想不自由毋宁死耳"并身体力行的士人气节与铮铮铁骨,在处于困惑中的我的面前陡然竖起一座寒芒四射的摩天冰峰,让我为之仰视和倾倒。其后我又"认识"了"吾曹不出如苍生何"的梁漱溟、"宁鸣而死不默而生"的马寅初,"复习"了"无穷的远方无数的人们都和我有关"的鲁迅……回想起来,是这样的教授、这样的知识分子为我因"文革"而产生的特殊精神底色相继抹上了浓重的几笔。

而这无疑影响了我的教师生涯走向和生命姿态——使我专注于专业而又超越了专业,服务于校园而又走出了校园,将眼光投向了更为广阔和波谲云诡的领域,尝试以一介文弱书生之声为促进社会公平与正义、为呼唤文化乡愁与良知、为凝聚正能量以推动社会变革而说点什么做点什么。即使所谓壮夫不为的文学翻译活动,我也基本没有过多偏离这条自定的主线。例如通过四十余部村上译作所传达的对于个人尊严、个体差异性的推崇和尊重这样的价值取向,未尝不可以说已经影响了一两代无数读者,从而为加速多元化公民社会的到来多多少少做了社会心理方面的铺垫。与此同时,对于学术研究也大体怀有这样的社会担当意识,力求使自己的论文和相关评论文章在"象牙塔"与大众之间架起沟通的桥梁,为民众提供一种有益的思考和启示。而另一方面,对申请各类项目则不甚热心,对申报奖项之类更无兴趣。

其实,我觉得问题主要并不在于项目和奖项本身,而在于以此为核心甚至刚性指标的学术评价体制。这样的评价体制和导向,使得大学越来越失去民族精神家园守护者的荣耀和世俗社会灯塔的光环,使得大学教员越来越多地沦为钱理群所批评的"精致的利己主义者",使得学术越来越成为获取一己之利的"私器",同时使得纯粹出于个人学术兴趣的钱锺书式研究越来越不受待见。而我(和我的一些同事)就在这样的环境中生存着。原来的问号没有消失,又增加了形形色色新的问号。心中苦楚,人何以堪。所幸,我和我这样的人也还被不少人需求着认可着甚至尊敬着——我就这样度过了教学生涯中的第三十一个学年,开始步入第三十二个年头。"三十功名尘与土"——用之于我固然谬以千里,唯此三十之数,偶然同之,姑且借以抒发某种人生况味。

☆ 严父有厚爱,严师有大爱

侯永海

我是同海大工程系一起成长的。1983年海洋机械工程专业(现机械设计制造及其自动化专业)招收第一届本科生,1985年海岸工程专业(现港口航道与海岸工程专业)招第一届本科生,1991年自动化专业招收第一届本科生,1993年工程系改建制为工程学院,1994年建筑工程专业(现土木工程专业)招收第一届本科生,这是令工程人振奋的发展历程。

系里的许多老师都曾教过我。丁履量老师曾教我们力学,他衣冠整洁,但上课铃一响便脱去衣帽,走上讲台;他语言风趣,理论课也常引来一片笑声。陈向荣老师风度翩翩,言辞自信坚定,教我们画法几何及机械制图;他实践经验丰富,案例兼有趣味,一次还建议我们趴车底下去看看汽车底盘结构。山广恕老师讲课声音洪亮,字句简要准确,板书规整,画图精准,在二楼上课,楼外也听得清楚;最让同学惊讶的是作业中的错别字、标点符号他全给订正,就连标注的单位少了括号也给补上,最后还标上批改时间。吴葆仁老师教检测技术,是要用心去听的。他实践经验丰富,许多应用技术细节都是书上没有的。开出的6个实验都是他自编的,也是教材上没有的。特别吸引我的实验是用数字万用表显示温度测量值,即用电桥测出铂电阻随温度变化的电参数,并调整至毫伏数与温度值一致,非常巧妙。他只讲原理,过程要学生自己做。

那时我年轻,最喜欢有工作干,最高兴的事是配合山广恕老师、李贵立老师建设实验室。我使用了工程系第一台计算机,是组装的苹果机;制作了我系第一个动画演示软件。那时BASIC语言的绘图语句功能简单,完成动画极其繁琐。软件是演示四杆摇臂机构两个顶点的运动轨迹,四杆长度可设置,摇臂转角可设置,也可连续转动一周,也可随机停止;制作了我系第一台演示教具——多功能机构演示仪。演示仪上装有12种机械机构,主动轴和每个机构传动轴采用链传动,12个电源开关对应12个电磁离合器,可任意控制驱动一个机构运行或停止。电机实验室12套机组是我们自己组装的。模拟电子、数字电子试验箱是我们自己设计制作的。实验室布线、电控箱都是利用假期自己干的。我也参加了"光电色选机"、"自容式海流计"等科研项目工作。

我父亲侯国本也是海大的老教师(侯国本先生是我国著名海洋工程专家,编者注),他常常向我灌输山东的海洋优势。山东半岛突出于渤海与黄海之中,拥有3000多千米黄金海岸,占全国海岸线的六分之一,居全国第二位;山东有大小十几处良好的深水港址,远洋航运历史悠久;山东拥有数十个渔港,是我国北方海产捕捞养殖大省;黄河在山东入海,这里有广袤富饶的黄河三角洲。设立海岸工程专业是他多年的夙愿,那时他年已60多岁,频频奔走于省政府和教育部,争取相关领导的支持。1985年该专业正式招生,他兴奋了好长一段时间。

父亲的工程意识极强,他常说搞工程的人一是要服务国家,一是要科学严谨。他向国家建议在日照建设深水大港,如今日照港年吞吐量过亿吨,为国内第九大港;他论证东营黄河口可以建港,如今东营港已成为国家一类口岸;他建议开发黄河三角洲;建议保护胶州湾;建议青黄以隧道代大桥(青岛和黄岛隔海相望);由于他的建议胶州湾大桥两易桥址(团岛黄岛间称南桥方案,移至大港北侧称中桥方案,移至沧口水道北称北桥方案)。他热衷实地考察,热爱水工模型试验,事必躬亲,必须拿到第一手资料。

读小学时父亲就教我使用三角板、曲线板、比例尺、计算尺、绘图仪,到我工作时还有人没见过比例尺、计算尺。父亲对我要求极严。恢复高考时我还是知青,高考无疑是我脱离困境的唯一出路。他说好好考,分够了自然就取了。结果1977年,分够了,体检了,也没取。那年招生名额分配到专区,外乡人、大龄考生基本排斥在外。1978年再战,才考入海大。大学毕业留校时,父亲说只要不去海洋动力室(他是主任)去哪都行。我结婚时,父亲说不准用学校的车,也不能用和他有关的单位的车;不准请客;不准在院内贴喜字放鞭炮。父亲80岁高龄后,才允许我陪他外出。我曾陪父亲考察黄河中下游,从山陕交界的禹门开始,沿陕西、河南、山东直到黄河口。凡是他知道的险要多灾地段必须下车观望,当地水利部门劝阻也没用。我也陪他到淄博、东营考察,到北京等地开会。1998年到韩国出席PACON年会(他是理事),教育部批文我任组长(本人是中共党员),父亲是组员,但我没敢给他看。严父有厚爱,严师有大爱,教我受用一生。

父亲、我和女儿三代都是海大人。我与海大有缘已35年,读书于此,工作于此,退休后受聘海大第五、第六届教学督导。一踏进海大校园,满目朝气蓬勃的学子,好似看到了祖国的未来;和青年教师的交流沟通,好似看到了祖国的希望。遇到师长前辈我会致意问好,或驻足聆听。30多年在校园里,我总是不断变换学生或老师的身份,时时目睹学校的蓬勃发展,总是有种神奇的感觉,倍感作为一名教师的荣耀和欣慰。

☆ 寥语漫数师辈情,感念树人树业恩

盛立芳

今年暑期到气象部门看望实习的学生,充分感受到作为海大人的骄傲。从77级的老校友到刚毕业的小校友,毕业于海大的局长、台长、首席、骨干……从不同的方面在气象战线上做出了优异的成绩。每每为自己杰出的校友感到自豪时,总是不禁想到一辈辈海大教师们的无私奉献。没有他们当年的辛勤耕耘,就没有海洋气象勃勃生机的今天;没有他们当年的殷切教诲,就没有海洋气象工作者勤奋踏实的精神传承。值此第29个教师节,寥语漫数师辈情,感念树人树业恩。

我在海大认识的最老的老师是王彬华先生。2008年,在海洋气象学专业历任领导聚会上,我得以初见先生。虽已94岁高龄,他却思维敏捷,语言风趣,并且能够清晰地叫出许多在座老师的名字。送他回家时,他问我什么职务,我说副系主任,他说:"当年我也是副主任,咱俩一样。"其风趣幽默可见一斑。通过以后的交往和了解,我对这位获得首届"气象终身成就奖"的老前辈更是心生敬仰之情。他是海洋气象学专业的奠基人之一,是著名的海洋气象学家,其在海雾领域的研究专著国内外知晓。他强调特色办学,在专业设立之初就提出海洋气象学的办学方向。50多年来,气象学专业的老师们代代相传、坚忍不拔,在海—气相互作用、海雾等领域取得了丰硕的研究成果,在国内和国际学术界产生了重要影响。先生对学科的奠基作用不言而喻。

秦曾灏老师是我的博士生导师。我写完毕业论文后请他审阅,他逐字逐句看,将错误的或不合适的地方用笔圈出来。记忆犹新的是"绕"字,我将所有的

"绕"误打成了"饶"而浑然不觉。他一字一顿地告诉我说，绕山气流的绕不是讨饶的饶。这件事对我影响很大。此后我不仅时刻提醒自己要严谨，对自己指导的学生论文的语法和文字也很在意。秦老师在学问上的严格态度体现在所有与他接触过的师生身上。虽然离开海大多年，他几乎每年都要回来亲临研究生答辩，不客气地指出研究中存在的问题。许多学生对这位师爷爷又敬又畏。作为海洋气象学博士点创建人之一、学科点的博士生导师，秦老师培养了很多优秀的学生，美国马萨诸塞州大学终身教授陈长胜，美国NOAA大西洋海洋与气象实验室气候与飓风组主任、Journal of Geophysical Research（Oceans）杂志主编王春在，现任中国气象科学院院长端义宏等都是他的学生。秦老师在学问方面要求高，但是与学生的感情交流却很细腻，无论学生的年龄大小、职位高低，都保持密切联系。即便是我这名很普通的学生，他也一直关心。2012年他从上海回来时，特地带给我一张当地的报纸，上面刊有哈佛大学研究生院院长、中国学者孟晓犁的文章《谈谈如何当好一名系主任》，对学生的要求和希望自不待言。

1992年我留校工作时周发琇老师任气象系主任。我清楚地记得他的海洋馆办公室里有一盆海棠，花姿潇洒，花开似锦。在他的京山路位处一楼的屋里和院内也摆满了花草。养花的人性情优雅，在宽松的促膝会谈氛围中，他培养了很多优秀的学生，如今已是各单位的大梁。像中科院南海所的副所长王东晓，"百人计划"王鑫等都是他培养的学生。留校后我一直在物理所工作，当时在教学与科研的任务分配上，物理所与系里是有区别的，因此与周老师的交流不是很密切。大约是2002年的某一天，周老师突然对我说，你到系里来吧。随后开始了我倾情教学的10年，与周老师的交流也多了起来。周老师非常热爱教学，即便是退休后也一直参与教学督导工作。他与许多参加教学评估的青年教师面对面地交流，多次参加我们系组织的教学研讨，不定时地到我办公室来交流一些教学方面的事情。他有关教学的观点和理念使我受益匪浅。比如，他认为导论课和通识课不要讲得太专、太广，主要是拓宽学生的知识面，激发学生的好奇心和想象力。这种说法听起来不稀奇，但是从一位退休多年的老教师口里讲出来就很不一样。他是了解学生的人，了解时代要求的人。

王彬华老师已经过世，秦老师和周老师也已退休多年，在职的人中仍不乏名师。刘秦玉老师是我国海洋—大气相互作用研究学术带头人之一。鉴于她在北太平洋和南海海洋—大气相互作用研究中的突出贡献，作为第一完成人获得2004年中国高校自然科学二等奖和2006年中国高校自然科学一等奖。她也是

2005年和2009年中国科学院院士增选有效候选人之一。刘老师是出了名的严师，对别人严，对自己更严。她将毕生精力用于了科研和教学，倡导情景教学，着重培养大气—海洋学科交叉创新型人才。在她培养的学生中，北京大学杨海军教授、国家基金委地学部海洋科学处项目主任李薇博士都是年轻的后起之秀。

如果从1953年山东大学物理系气象组并入刚成立的海洋学系，王彬华正式调入海洋学系，与于宝琛、左中道、杨文民、陈绍鑫等一起组成了成立气象专业的储备力量算起，海大的气象发展已经走过了60年的历史。60年风雨兼程，薪火传承，厚重的历史积淀凝结出气象文化特质。我们回顾过去，既是感恩老教师们为海洋气象发展创造的伟大成绩，更是要清醒地认识到目前的发展形势和当代教师的责任。所谓"骐骥一跃，不能十步；驽马十驾，功在不舍"，只有发展再发展，才能与百舸争流，与千帆竞渡。

☆ 从学路上，学而有师

梁兴国

人在一生中一般会遇到一位或多位对自己有很大影响的良师益友。根据自身的经历，我认为往往是老师一句"漫不经心的"、激励的话语，对学生肯定的表示，对犯错误学生的谅解和鼓励，或者是一句善意而刺耳的批评都能影响学生，引导学生发挥他的潜能。而老师的一次大意或随便也可能毁掉一位将来的栋梁之才。

记得小学时除了年龄最小之外，我没有太过出色的表现，成绩也平平。有一次，在四年级的数学课上，由于我回答一道数学问题时提出了不同解法而遭到了班上很多同学的"攻击"，班主任杨永锦老师开始也认为我错了。我试图向大家说明，却招来了更猛烈的反驳。正当一位同学大声指出我的"错误"，我开始无助地哭泣时，经过思考的老师打断了他，并向全班同学说"他的方法是对的"。那一幕给我的印象很深，老师的肯定增加了我的信心，使我更加愿意独立思考，提出不同的见解。从那以后，也有几次因好学而单独得到老师不厌其烦的指导和讲解，对我的学习方式予以肯定的情况，至今记忆犹新。现在想来，无论对与错，老师对有独到见解和思维方式的学生予以肯定,很有可能使其获益匪浅,有利于他将来的发展。

高中以后的学习主要是,"看着课本的内容,跟着老师的节奏,重复着大量的训练",似乎老师的影响没有那么大了。印象较深的是读本科时的一次有关传热的化工原理实验课上,带实验的老师是一位刚从美国回来的博士。他对我提出的粗浅的问题和分析给予了充分的肯定,激发我认真思考,从而完成了一份出色的实验报告。这件事使我大大增加了对科学实验的兴趣,并帮助我在以后的学习中不断提高分析实际问题的能力。还有一次经历,像一盏明灯一直指引着我的科研之路。那是我研究生毕业后留天津大学任教时的一件平凡小事。我用硫酸二甲酯进行甲基化,可实验了多次收率都很低。穆振义老师给出的建议是大大增加硫酸二甲酯的用量至过量20%以上。当时我很不理解,因为对于那个实验过量多了会有副产物生成,反而不利。可我抱着试试看的心态做了实验,果然很成功。后来才明白,时间长了硫酸二甲酯部分变质,虽然表面上过量20%,实际过量在5%以下。这件事让我在以后的实验中经常记起,懂得了仪器显示的数字必须经过我们的分析和核对后才能相信;需要准确把握样品纯度、吸湿、污染、变质等情况。

我深深地热爱并怀念教过我的每一位老师,从他们身上我收获了很多。但以上的小事之所以留给我很深的印象,不断影响着我,是因为当时真正地触动了我的内心,使我懂得了学习和思考。这些老师应该不会还记得这些小事,可对于我,这些极其珍贵的经历却帮助我正确思考问题,产生创新性的想法,并最终选择了从事科学研究的工作。

以上这些经历也能帮助我深入思考如何做好教学工作的问题。在现代社会,人类获取的知识越来越丰富,尤其是近200年的科技进步积累了大量的自然科学知识,使我们越来越富足。另一方面,要学习的东西也越来越多,学生的负担越来越重,对老师的要求也越来越高,学校教育的偏颇已经成为我国严重的社会问题。古今中外,许多名师大都意识到老师的更重要的作用是帮助学生掌握学习的方法,学会逻辑思考,提高学习能力,而知识的获取主要依靠学生自己。陶行知说:"千教万教教人求真。"首先要引导学生去求学,只有学生想学的时候,老师才能起到真正的作用,即学而有师。韩愈也说,"圣人无常师"。广义地讲,我们向别人请教,别人就是我们的老师,是我们要学习,他们才成为老师,而不一定他们的职业是教师。善于学习的人,不会只闭门自学,而经常在讨论中互相学习,在同家人、同学、朋友的共事和交流中学到东西，提高自己。《论语》中"不愤不启，不悱不发，举一隅不以三隅反，则不复也"也是说的这个道理。如今，针对不同性格特点的学生，如何激发学生的学习兴趣这一重要而困难的工作却经常被忽视，大家不愿意下工夫。老师应该让学生明白，学生不能依赖老师，必须自己思考和解决"我如何才能学好"的问题。

我从老师们那里学到的另一个重要的方面是"道德修养"。我真切地体会到，"教师是人类的灵魂工程师"（恩格斯）；"教师不应该专教书，他的责任是教人做人"（陶行知）；"教师不仅是知识的传播者，而且是模范"（布鲁纳）。一个民族，如果不是优秀而且道德素养好的人去当教师，一定会落后于人。有人做过调查，"学生群体的人格品质和班主任的人格品质趋于一致"。虽然我对此持怀疑的态度，但在为人处世的态度和做法上老师的确对学生影响很大。全社会应该感谢并推崇那些业务素质强、品德高尚、兢兢业业的辛勤园丁，真正做到尊师重教，使越来越多的优秀人才加入到教师队伍中来。

人类的进步源自我们的学习天赋，归功于我们非凡的创造能力。而建国后中国没能产生有巨大创建性的思想家和科学家，应该归咎于我们固定模式的学校教育。只有激发孩子"求学"和"求真"的兴趣，让他们的思想能自由驰骋，才有可能找到"钱学森之问"的答案。

☆ 师从海大

董跃

光阴荏苒，逝者如斯，迈过初秋，我已经进入在海大从教的第十个年头了。回首往事，颇多感慨，岁月如流，什么都会过去，却总有些东西发生了就不能抹杀。乍一看，最大的变化恐怕就是体重了，从170斤窜到200多斤，一介绍自己总要带一句"就是法政学院最胖的那个老师"。除了外观上足以证明学校伙食不错的变化外，按照流行的标准，恐怕就是一系列新加的头衔，例如学位、职称、导师资格、这个奖那个奖什么的。诚然这些标记很重要，但是海大九年最大的收获恐怕还是从生活和工作中得到的乐趣，一句"小董老师"或"胖大海老师"胜过千言万语。有学生曾经问我，为什么要选择教师这个职业，是因为自己有不断去发现新的知识的追求，抑或喜欢学校里安静平和的氛围？我想多少都有一些，不过最大的一个原因，就是我这一辈子遇到了太多的好老师，他们对我的教导，驱使我想去做同样的事情，也去影响更多的人，使我的学生们的人生更加快乐和精彩。这一点，不仅是我求学路上的感受，在海大从教治学的过程中，我有着更深的体会。

以教学为例，刚入校时，偶有同事提起学校的教学督导制度，往往配之以严肃的表情，说的也都是某某被"抓"了，下场很"凄惨"等等，搞得我自己也很是惴惴不安，生怕被督导听课。偏偏那时承担的教学任务也多，于是从2005年开始，我就经常被督导的各位老师听课，到了2010年参加教学评估，更是被绝大多数的督导老师"抓"了个遍。但是与传说中的"杯具"不同，每一次被督导老师听课对我而言几乎都是非常"愉悦"的经历。原因无他，因为先生们不仅态度和蔼可亲，而且往往会循循善诱，为你细解教学中存在的问题和应该注意的事项，每每收获甚丰。

我记得，有一次，谢式南先生听我的课。下课之后，谢老师详细总结了我上课的一些优点和缺点，接着看看时间不够了，又记下了我的邮箱，说是要给我发材料。到了晚上我打开邮箱一看，原来是学校以及教育部对于课堂教学评估的详细要求。说实话，在此之前，我虽然在讲课上很用心，但是以规范化、标准化的细则来要求自己，还是从谢老师给我发来这份材料开始。再说陈峥先生，陈老师听过我好几次课，印象最深的是教学评估之后的那个学期，他又来听我讲的国际环境法，课间跟我说，较之国际经济法，我的国际环境法课堂氛围把握得更好，几个有趣的带点"段子"感觉的教学案例用得都不错，着实夸奖了我一番，并且要求我把课件发给他再看看，给我提些意见。陈老师的意见巩固了我讲授"有趣的法律"的教学理念。最有意思的是和周继圣先生的一次偶遇。有一次下了课直接赶班车，和法律系同事坐在一起聊天打发时间，提到自己讲三节课嗓子就受不了，发干发哑时，坐在前面的周老师立刻回过头来跟我们说这是发声的问题。我和同事两个正好有不少问题，于是问问答答，周老师给我们讲了很多课堂教学的技巧，结果也连续上了四节课的他一路没休息，扭着头给我们讲了20多分钟，还留下自己的联系方式，说有问题还可以随时向他请教。还有张永玲先生，也是听过我好多次课。后来熟悉了，听过课后，张老师还会拉着我聊些别的，例如科研进展、生活状况什么的。不论在哪个高校，年轻教师都是略有几分"窘迫"的，张老师的开导在那个时候对我来讲非常重要。评估专家们也对我有很深的影响。例如刘新国先生，听过我的课后，刘老师脸上笑眯眯的，却一针见血地指出了我的问题：节奏太快，程度太深，光注意自己讲得好不好，忽视了学生听得好不好。当时我可谓醍醐灌顶，让我直视自己以往感觉到却无法准确把握住的缺陷，几年来这方面我有了一定的提高。除了上述先生外，李凤岐、肖鹏、卢同善、李静、赵茂祥、徐玉琳诸位老师对我的帮助也非常大，所以我才会在教学评估总结时发自内心地称诸位先生为海大的"镇校之宝"。

在科研上，我是"小硕"毕业进入海大的，没有受过博士系统的科研训练，所以开始四年没有申请过任何课题。真正开窍是在2007年，当时田其云老师刚刚被引进海大不久，就中标了那时可谓凤毛麟角的国家社科基金项目。我因为不会写课题申请书，就腆着脸去找田老师，说要借申请书看看。其实所谓"国之利器不可以示人"，课题申请书就是教师的"利器"，但是田老师很爽快地就拿给我看。实事求是地讲，我对课题申请"开悟"就是从这件事情开始的。因为田老师是理工科出身转向法学研究，所以他的论证带有浓厚的理工科风格，恰是这种风格，使我对如何描述研究现状以及创新点有了深入的认识。与此同时还发生了一件事情，就是学校"谋海济国"战略规划的酝酿和提出。我看到学校将海岸带综合管理研究列为985重点建设的方向之一，认识到这一方向的潜力和前景。于是2008年我第一次申请山东省社科项目，以"海岸带综合管理中的环境资源法律问题研究"为题，就获得了立项。2010年，我在省社科的研究基础上，又以"我国海岸带综合管理法律问题研究"为题申报了教育部社科项目，这次的申请书我还特意请田老师给我改了一遍，也获得了立项。

从2007年开始，我开始把研究视野放在北极之上。除了我的博士生导师刘惠荣老师，给我帮助最大的就是郭培清老师了。郭老师是国内最早研究北极战略问题的学者之一，也被誉为中国北极权益的积极倡导者。我刚涉足北极之时，他已是著作颇丰了。但是郭老师没有半点藏着掖着的地方，对我们法律团队总是不遗余力地帮忙，提供资料、提供观点、联系调研，使我和我所在团队的研究从一开始就兼顾国际法和国际政治两大领域，带有鲜明的前沿性、交叉性和实用性。后来我国家社科基金的中标及开题，郭老师都出力甚多。

枝枝蔓蔓地讲了这么多事情，似乎与传统意义上《我的老师》这类文章有所不同，每个人的成长，都离不开别人的付出和支持。幸运如我，一路走来，身边似乎总是有"贵人"相助，诸位老师就是我的"贵人"。细品其中三昧，我想恐怕不是因为当下流行的所谓"人品"之说的原因，最重要的是因为我选择了中国海洋大学。前面提到的每一位老师以及我没有提到但是九年来同样教会了我许多、帮衬了我许多的诸位老师，他们都有一个共同的特质——海大人。海大的视野、襟怀、理念、风范，塑造着海大人，再通过海大人，去产生更为广阔和深邃的影响。从这层意义来讲，我的海大，就是我的老师，也是我迄今为止遇到过的最好的老师。

☆ 可敬可近的刘秦玉老师

王海

　　时光荏苒，白驹过隙，今年已是我师从刘秦玉老师的第三年了，从当初一名稍显稚嫩的硕士研究生成长为一名初步成熟的博士研究生。三年里，刘老师教给我的不仅仅是如何做学问，还有如何做人。

　　在本科时，就听说过刘老师杰出的科研成果，心里很崇拜。有一次听刘老师做报告，更深深地被她兢兢业业做研究的精神所打动。在保研选择导师时，我第一时间找到刘老师，想跟着她做学问。与老师初次交谈，我紧张又忐忑，因为觉得自己的本科成绩不够优秀，又面对这样一位学术大家。而老师的一番话，立刻就消除了我的顾虑和紧张。老师说，科研在于认真而严谨的态度，在于以后的努力，不在于之前本科的成绩，分数是死板的而以后的科研是灵活的，只要努力认真就可以了。

　　在之后的学习中，我更深刻地体会到了刘老师所说的科研需要的是认真与持之以恒的努力的意义。作为学术大家，刘老师已有很多业界公认的学术成果，但她从来没有停步，虽年近古稀，却一直保持着对科研的活力和热忱，经常让我这个年轻人感到汗颜。

　　老师的几个学生做的具体方向都不相同，所以她不仅要开学术会议，做科学研究，还要对每名学生做具体的指导，非常辛苦。去年带我们几个研究生到苏州开会，老师不顾旅途疲惫，刚到酒店安顿下就开始讨论大家最近遇到的研究问题。刘老师认为有很多地方做得不够细致，不够深入，让大家用最快的时间修改，两天后回到青岛再进行汇报。在美景如画的苏州，我们一直在按老师的要求做进一步的分析和总结。刘老师对学生的高标准严要求，让我感触颇深，也更深刻认识到做学问就是要一丝不苟，精益求精。

刘老师不仅日常关注我们的学习进度，还关心生活的其他方面。她有一条规定是：离开青岛要向她汇报，因为"你们是我的学生，所以我要对你们的学习生活以及个人安全负责任"。只要有相关的会议，老师就会让大家去交流学习，尽力给我们发放相关补助，让大家在更好的条件下学习。当连续在鱼山校区学习时，老师尽可能帮助安排住宿，让我们免于疲惫赶路。刘老师无微不至的关心爱护，让我们都非常感动。

老师不仅要进行繁重的科研工作，还负责学院的研究生教学、本科以及研究生毕业答辩的工作。我曾做过刘老师研究生课程的助教，能感受到她对课程教学的重视。她要求来上课的学生在她的课堂上要学到真东西，而不是为凑学分。

刘老师在很多人的眼中是学术大家，年轻人会认为与她交流压力很大，一如当初的我，因为有敬重也有敬畏。其实刘老师很平易近人，特别是在学术的交流上。她不怕别人提出质疑，只要有问题，就一起讨论，从来不会用自己的德高望重"吓退"讨论者。学生们与老师一起讨论已是常态，甚至会有质疑和激烈的争论。刘老师不仅愿意和年轻后辈们进行交流，而且只要是遇到不清楚或有疑之处，就会立刻提问，比如在听取学术报告时。若听到一些跨研究方向的课题报告，刘老师会敏锐地感觉到可与自己现在的方向相结合，就会认真学习新的方向。有一次廖谦教授到学院做关于水下 PIV 实验系统的报告，刘老师表示了浓厚的兴趣，当时就提出了很多关于实验方面的问题，进行了探讨，想把实验系统与出海观测相结合，发挥更大的作用。

刘老师用实际行动阐释着"活到老，学到老"的真正含义。很多时候，年轻学生都有累了的感觉，对学习倦怠了，但是看到老师还在坚持学习，就会汗颜，也会更加努力。

教学科研兢兢业业，处理事务一丝不苟，与人相处平易近人，这就是我可敬可近的刘老师。师从三年，所学获益终身。文到最后，我想代表师兄师姐师弟师妹们对刘老师说：老师，您辛苦了，谢谢您对我们的教导！

☆ 致我可爱的老师们

袁梦琪

在海大学习的几年间,我遇到过许多不同风格的老师,有自称"四大名捕"的老师,课堂上风趣幽默,考场上却一剑把心虚的你击中;有温文尔雅的老师,生动的眼神,富有磁性的声音,讲起课来魅力十足,让你听得意犹未尽,不觉下课铃的姗姗来迟;也有活力十足的老师,年轻靓丽的身影飞满整个课堂,课上时时欢声笑语,而且老师每节课的衣服都不重样,让男生们大饱眼福,让女生们暗自学习了穿衣经;更有严肃内敛的老师,讲起课来一板一眼,而且大多讲的是复杂深奥的专业知识,稍不留神,就让你沉入了梦乡。还有更多个性鲜明的老师让我们"又爱又恨",作为海纳百川、取则行远的大学老师,我们深知他们肩上责任重大,他们励精图治、默默奉献的精神也让我们打心底里佩服。

但是说起老师,我最想说的还是学院里给我留下深刻印象的身边的老师。有一位老师C,专业研究微生物领域,因为是南方人,浓重的口音让大家乍一听面面相觑,不得不竖起耳朵一字一句认真听,不过听久了倒也习惯了这口音。老师在国外读书多年,性格也受外国人影响,最爱坐在第一排课桌上给大家讲课,于是往往一开始讲着专业知识,一会儿就跳跃到了上学时的轶事,或者做研究中有意思的事儿,这时大家往往听得更加投入,目不转睛地盯着眉飞色舞的老师。我想大学的课堂就是应该这样,求学的方法比单纯的知识更重要,学做人比学做事更有意义。

我的另一位老师Y,皮肤白白,走路慢慢,上课时一丝不苟,专业知识非常丰厚,是底栖生物学界的翘楚,如今业内的年轻同行遇到问题,仍会请教作为专家的老师。本科时我有个舍友曾经跟随Y老师做毕业论文,与Y老师相处久了,被老师的朴实谦逊言行感动得无以言表。在这个充满了课题、经费、影响因子等关键词的科研环境下,老师仍然能坚持亲自做实验,坚持给本科生长篇大论地上专业课,平日拎个环保布袋上下班,下班后亲自到校门口接孩子下晚自习……我想,这才是我心目中的老师,不张扬,不浮躁,爱事业,爱家庭,能在自己的研究领域奉献一生,这种执著令我们感动到心底。

还有我的导师W,风姿绰约,气质优雅,大家见到她的第一句话往往是:你们老师真美。不禁猜想老师在上学时,让班里的男生该是怎样倾倒。如果别人说自己的老师像百合、像兰花，高雅清新，我却觉得我们的老师永远是玫瑰，漂亮而深沉。熟悉起来就知道，W老师不但有吸引人目光的外表，更有令你心悦诚服的顶尖学术水平。平日实验室里开 seminar，每当美女老师的身影飘进会议室，都会让大家心头一颤，因为你无论如何费尽心机隐藏你的实验漏洞，老师总会一眼洞穿，毫不留情地一一数尽，但是同时又提供给你一个完美的改进方案。看到我们的老师，不禁让人感叹什么样的美女最可怕，那就是你美丽而聪慧的老师。

最后是我的另一位老师T，曾经白白胖胖，酷爱抽烟，戴个框极大的眼镜，天天坐在电脑前，像是一只可爱的熊猫。有一天，老师突然觉醒，给自己的每个学生发E-mail，正式宣布戒烟，承诺做出了就不能反悔，所有学生都是监督人。老师于是靠自己惊人的控制力真的戒烟成功，同时加强锻炼，爬山、游泳、打球、健身。如今他已成为一个运动狂人，胳膊上练出了厚厚的肌肉，曾经的那些也早已成为师兄师姐们流传下来的传说。如今我见到的老师，年轻健康、精神抖擞、身体壮硕，混在学生堆里很难被认出来，年轻得令周围所有人嫉妒。如果说老师虚怀若谷、春风化雨的师德令我们如沐春风，那么老师惊人的毅力和非凡的自控力则让我们心服口服。

本科毕业后，我选择继续读书，在成为女博士后被身边的同学狠狠嘲笑了一通。虽然现在当学生的日子过得清苦，我却乐得其中，并且分外珍惜眼前的时光，因为我身边有一群素质极高的老师在引导我前进。我想这是我生命中最珍贵的财富之一，千金不换，我愿永远做老师们的学生。

毕业后，有同班同学去了国家海洋局南海分局工作，虽然是在远离青岛的广州，但她去后兴奋地跟我们说，那里工作的大部分人，都是我们优秀的海大人，甚至身边白发飘飘的专家级同事，也是由当年的鱼山校区走出。无数的师兄师姐已经走上工作岗位为国家的海洋事业作出了贡献。想当年我们刚来到海大时，都是一张张蓝色的纸，是老师们默默耕耘，用白色的粉笔在纸上画出一段段浪花的旋律，它们交相融合，汇成了一首海洋的交响曲，飘扬在国家的蓝色国土上，远至西沙，遥至南极，都有我们海大人留下的奉献祖国的足迹。这是我们的骄傲，更是老师们的光荣，没有他们年复一年的辛勤耕耘，哪来一代代海大人奉献祖国的力量！我的老师们，或许你们曾经只教过我一门课，但是你们更教会了我一种奉献国家海洋事业的精神。一个社会，只有更多人潜心学术研究，我们国家未来才有更强的底气去蓬勃发展，我们作为一个海洋强国才能立在时代潮头，劈风斩浪，高歌前行。

试想多年以后，将海大作为母校去回忆时，想起这些可爱可敬的老师，仍然会感觉十分亲切，仿佛还在他们的课堂上，一节节絮絮叨叨讲某个公式，一级级反反复复讲某个趣事。然而上不完的课终归还是有一个节点，未来跟这些可爱的老师们终归要说再见，但是他们仍在教导一代代新的海大人。智者在讲台上默默耕耘，年轻人在讲台下求知若渴，这样的画面蕴含着海大永远的精、气、神，海大精神的瑰宝就这样一代代传扬下去，海大因这样的画面而充满了生机和希望。

我愿替这片海洋、替青春、替未来、替所有美好的事情谢谢你们，我永远的老师！

☆ 我的偶像李扬老师

万山红

网络上曾经流行过一个段子：大学老师靠什么维持上座率？——一流老师靠人格魅力，二流老师靠学术，三流老师靠泄题，四流老师靠作业，五流老师靠点名。对于这样被大学生们疯狂转载的说法，我且一笑置之，但我却不由得想起，在我的母校——中国海洋大学，有这样一位老师，他的课堂从来不点名，但你却怎么也不舍得翘他的课。他就是我们中文系的老师李扬。

第一次见李老师，是大二时的民俗学课堂。临近上课，08级中文系学生已经把教室挤得满满当当。这时，只见一个身材瘦削但十分精神的男子走进课堂。因为那时对李老师了解甚少，对这门课仅限于觉得课程名很吸引人，还有一小部分心理是抱着一种上完必修课的态度来到这里的。当多媒体设备缓缓打开，李老师开始把目光投射到我们身上，那种既深邃又亲和的眼神，像魔法般抓回了我们神游到天际的心，让我们去关注这个老师接下来会讲些什么。

我想，大概中文系的学生没法一一记得李老师所讲的知识点，但所有上过课的人都不会忘记他幽默风趣、儒雅大方、生动活泼的课堂风格。这样的风格也很自然地成为这门课成功的重要因素之一。试想，一门课可以带你领略世界各地的民俗文化，把各地区的饮食、服饰、节庆、民俗、信仰通通给你介绍个遍，去上课就好像是去乘坐一艘时空飞船，你可以带着无尽的遐想恣意遨游，这本身就是一件很有意思的事。再加上一个很会制造轻松愉快气氛的"船长"，那情景，岂是"兴奋"二字了得？记得有一堂课，大概是讲到民俗的变化时，李老师举例说："你们所生活的这个年代，应该不会觉得别人直呼你父亲的姓名是对你的不尊重吧。但在我小的时候，别人有意对着你直呼你父亲的大名，是对你的一种嘲弄甚至是侮辱。就拿我来说吧，我的父亲叫李开华，童年那些个一起玩的小孩一见到我就开始大声唱'山丹丹那个开花哟，红艳艳……'，这让我极端地生气。所以说，从小，我就是过着这般'悲惨屈辱'的生活。"全场同学无一不是笑得肠子都打结了，在这样很明显的玩笑话中，我们也很是深刻地体会到了时代发展带给民俗习惯的变化。

四年的大学生活，我也不记得总共写过多少篇期末论文了，但毫不夸张地说，民俗学课程的期末论文，是我写得最认真的一篇。当时李老师给我们的是一个开放性的题目：介绍家乡的一项民俗。我在选材上斟酌了半天，脑袋里一遍一遍去回想李老师上课的知识点，突然想起了小时候外婆给我唱的很多家乡民谣。我立马打电话给外婆，让她给我重新唱上几句。这时的我，突然觉得，从小到大，一直都在忙于学习，没有好好关心周围美好的事物，今天有幸在老师的激励下，去发现家乡的美，去感受家乡独特的文化，这种心情很是奇妙。模仿外婆的语调，我也用家乡话唱起了童年的民谣，自己用电脑录成 MP3，一同提交给了李老师。经过老师的指导，这篇论文顺利地通过。这大概就是这门课或者更直接地说，是李扬老师的魅力，让学生觉得学习是件那么有趣的事。很自然地，学生们会很自觉、很情愿地去参与，去和老师互动，去认真完成学习任务。能在大学学习中遇到这样一位老师，是一件无比幸运的事。

我想说李扬老师是我的恩师，因为他给我开创了一个五彩缤纷的学术世界，让我学会寻找学习的快乐。但我更想说，李扬老师是我的偶像。一位中文系的教授，具备文学硕士和哲学博士学位，在影视文化方面亦有着很深的造诣，他还有着超级强悍的英文功底，迄今为止译著了多本西方民俗学方面论著。有言道："师如灯塔，照亮且指引着你前进的方向。"李扬老师就像这样的一盏明灯。在我的大学生活中，他似一抹灿烂的光芒，他的学识、他的故事，也激励着我不断学习，不断进步，向着偶像的高峰，努力攀登。

九月，是桃李成熟、芳香飘满天下的时节。在此，祝福李扬老师和全天下所有的老师：身体健康，工作顺利，生活亦如这清爽甘醇的九月，一派丰收，幸福满满。

望之俨然，即之也温

朱仲本

来海大已经七个年头，这期间遇到的老师很多，有的温文尔雅、落落大方，有的思维缜密、细致入微，也有的豪爽洒脱、气宇轩昂。海大的老师们在我的成长道路上都起到了非常重要的作用，这之中对我影响最大的是我的硕士研究生导师工程学院王建国教授。

初遇王老师是在大三的控制仪表及装置课上，当时对王老师的感觉就是他太厉害了，随手就能在黑板上画出各种复杂电路图并一一详细讲解。那些在我们看来太过高深的电路在他手里应用得如此自如，心中不由升腾起无比的崇拜，这也为我最终师从王老师埋下了伏笔。大四上学期申请保研时，由于我没太参与过实践类的项目，技术和理论基础都很薄弱。王老师是我们自动化系德高望重的老师，项目经验非常丰富，所以第一次去找王老师时心里特别没有底，就凭借着一种初生牛犊不怕虎的精神。王老师没有明确答应我，他说："你先跟着做东西，看看吧！"之后跟着他的研究生做声控智能小车，我这才发现自己基础的薄弱，开始恶补。最后在王老师的指导下，我寒假加班，使工作基本达到了设计指标，他才允许我进入实验室。在学习上他不只看重学生是怎么说的，更看重学生是如何做的，"行胜于言"是王老师一直秉持的原则。

我印象最深刻的一次是我本科毕业设计电路板的设计过程。器件布局布线是电路板设计非常关键的一步，我最初花了两天时间完成了电路板的初步工作，给王老师看时他感觉不好，就决定从头到尾给我演示重新做。在他办公室整整一下午的时间，他一直保持右手握鼠标左手按键盘的姿势给我讲解，手累了活动下手指，腰板累了伸伸腰。要知道当时王老师已经五十六岁，我自己做这项工作的时候还时不时喝点水休息下，他一下午一口水没喝给我讲解。最终在王老师的耐心指导下，我花了三个多星期的时间把电路板设计终稿拿了出来。但在最终发板之前，王老师突然意识到一个排座的位置摆得不好。如果按照我当时的摆法用起来是没有问题的，但就是影响美观。这个问题应该在一开始就发现的，但是到了最后阶段，一个小的改动就会引起整体电路板的重新设计。我当时内心十分不想改，毕竟坚持了一个多月，已经临近发板，就试探着问王老师："这样不改也行吧，不耽误使用的。"王老师沉思了一会儿，然后斩钉截铁地对我说："改吧,必须要改!做设计要追求百分之百的完美,细节决定成败。"我又花了两天时间按照最佳的要求完成了设计。现在想来,改与不改,功能上可能没有太大差别,但是对于设计的成败却有很大影响,作品敢不敢拿出去给别人展示,一个小的瑕疵就会影响整体的设计。这件事让我受益终身。

三年的研究生生涯,王老师对我影响最大的不仅在做事上,还在做人上。他敢于担当而又安于平淡,他诲人无数而又不图回报。每次教师节我们给王老师送点小礼物都要被他数落。他反对学生在物质上对他回报,始终认为学生的良好发展是对他最好的报答。现在王老师已近退休年龄,但他一直保持着"活到老,学到老"的观念,很希望和我们年轻人沟通,他也经常说在我们年轻人身上学到了很多东西。每次去找他,我都喜欢在沟通完工作后和他闲聊几句,也正是在这闲谈中我也切身感受到了王老师对弟子们的深切希望。他希望我们能把他的设计理念和设计思路真正学透,最终走向社会能独当一面。

在王老师身上看到更多的是持之以恒的坚韧。他告诉我们:"生活和事业如爬坡,该冲的时候不冲,永远过不去,该突击的时候就要突击,过去这个坎,前面就是一片光明。人有时候就是需要这点强悍的韧劲。"对于学习新知识,他要我们努力把别人的东西变成自己的想法,变成自己理论体系的一部分。把东西吃透,用自己第一人称说出来,这才是自己的,不能迷信权威,要有和别人争辩的自信。

跟王老师接触时间长了,发现"望之俨然,即之也温"是对王老师风度的最好描述。跟王老师学习的几年,我不仅接受了科学知识和工程意识的教育,更为重要的是得到了思想境界和人品修养的提升。我相信,王老师只是千百个海大优秀教师的缩影,我也想通过校报向王老师以及海大的所有老师说声:"谢谢,您辛苦了!"

☆ 我岸上的灯塔,郑荣儿老师

杜增丰

眨眼间,已至青岛的秋天;眨眼间,我与郑荣儿老师相识已经七个年头,我被时光之河裹挟而下,从那个懵懂无知的本科生成长为一个成熟稳重的博士生。在海大的这七年里,时光之河静静流淌,但是与老师相处的那些记忆,不仅没有随风消逝,反而沉淀下来,成为时光之河中一粒粒熠熠生辉的珍珠。生活中的点滴也自时光之河中翻涌而上,让我心起涟漪。

  2006年,我刚来到中国海洋大学时,除了躁动的好奇,就是对未知的忐忑。冥冥之中我遇到了后来可以改变我求学生涯的郑老师。到现在我还记得,在新生教育时她那诙谐有趣的谈吐,和蔼可亲的风格,让我对大学生活有了直观的了解,更让我有了一种宾至如归的感觉。那时,她还是一头黑发,宽阔的额上还没有皱纹。

  还记得刚进入大三那年,那时的我,对高深的专业课满心敬畏。那学期恰逢郑老师为我们讲授激光原理课程,她深入浅出的讲解、语重心长的教诲顿时让我踌躇满志。那年,我还懵懂如少年,对未来毫无规划,又是郑老师,在学习和生活上无微不至的关怀让我不再迷茫,使我心中再一次闪现光芒,为我以后进入到现在的课题组,继续追随她的脚步奠定了基础。无意中我发现,一丝华发在那时已悄然爬上郑老师的发梢。读本科的这些年里,我就像一棵小树苗,在以郑老师为代表的那些优秀园艺师们的手里,枝干渐渐粗壮,枝丫向更高远的天空抽芽,我的根也向更深的大地延展。

  转眼四年的本科生涯结束,我放弃了就业的机会,毅然选择了郑荣儿老师所在的课题组读研究生。那是2010年,我刚进入物理系光谱技术与海洋探测实验室那年,也正好是郑老师知天命之年。她生日那天,已经毕业的师兄师姐们也都如乳燕归巢般返回青岛为她祝寿,我们这些还未离巢的雏燕更是衷心地祝福她。生日宴上,郑老师开玩笑说自己已经处于消激发的状态,但还是会一直发光发热,自己已知天命,看到众位弟子有所成就是自己最满足的事!那次,听师兄师姐讲了省教学名师郑老师的许多故事,能感觉到郑老师的学识魅力、人格力量、学识风范深深教育感染了每一个学生。如今我已是二年级的博士生了。郑老师如灯塔,不断引领我远航,更指引我归时的方向。

  时光流逝,那些片段,至今还在头脑中回放;那谆谆教导,依然还在耳旁萦绕。郑老师经常说要想好好工作,必须先有强健的体魄。是啊,在她的带动下,我们都养成了不坐电梯的习惯,虽然我们的办公室在五楼。并且我们课题组还养成了晚饭后走山的习惯,不仅有助于消化,在绕五子顶散步的那半个小时里,更成为了我们师生的休闲时光:讨论学术,聊聊人生,畅言理想。郑老师还经常对我们说要学会铭记,学会感恩。前些日子的寻根之旅,我们从鱼山走到浮山,一路走来一路行,一路欢歌一路笑。在路上,郑老师一直在充当排头兵,引领大家向前,就像在学术和生活上始终指引大家一样。期间,老师向我们讲述实验室的渊源,让我们了解历史;有的同学跟不上队伍,她又在一旁给大家鼓劲加油,让我们放眼未来。这时我才发现,风霜已染白了郑老师的头发。

过多的话,不需多言,过多的情,不需多念。一年四季悄然转变,时光之河无声流逝,一路走来的相聚相散,就是生命里卷起又铺开的华章。一些遇见,注定会挂念,一些人,注定会铭记。我很荣幸,能够成为郑荣儿老师的弟子,不仅解我惑,更传我道授我业。您额头的皱纹是我们成长的年轮,您头上的白发是我们成长的枝丫。学生的感恩之心之情,难以言表,唯有更加努力地向下扎根汲取更深厚的营养,更加努力地抽出向上的枝丫探索更高远的天空,做出些许成就,不负老师的期许。

☆ 让我喜欢文学的老师

傅刚

1978年,我在本市城乡结合部一所中学的理科班开始读高中。那年是改革开放恢复高考后的第二年,在中学生当中流行的口号是"学好数理化,走遍天下都不怕"。当时初中生大都经历了"文革"中的"开门办学",不但数理化基础差,而且其他各科基础也比较弱。我在初中时就偏科,喜欢琢磨数学和物理题,但很不喜欢语文。

第一次上语文课前,就听初中在该校学习的同学说校办工厂的摘帽"右派"钱大宇"师傅"要给我们上语文课。钱"师傅"给我们的印象是江浙口音,个头不高。他上课一般都不带课本,只在黑板上写下几个大字后就侃侃而谈。三十多年后的今天回忆他第一堂课讲的内容记不清了,但清楚地记得他强调了语文学习的重要性。他还布置了与众不同的作文题目,要求以自己的亲身感受和经历,自己命题写一篇作文,自愿上交。他出的题目与当时流行的中学生作文题目如《记一次有意义的学农劳动》等大不相同。我花费大约两周的时间写了一篇名为《无名之花》的作文,大意是在一次学校为中学生组织的清明节给革命烈士扫墓活动中,我看到了烈士墓前有很多粉红色的"无名之花",由此联想到无数革命先烈为新中国的建立而抛头颅、洒热血,建立了丰功伟绩,他们就像这些"无名之花"一样。文中用了多少排比句、多少设问句都记不清了。作文上交后的某天课间,钱老师把我叫到他的办公室。他先对我的选题和作文结构等进行了点评,然后逐字逐句地给我讲解了他的修改意见,最后要我修改后再给他看。

过了没多久就有同学传悄悄话,傅刚的文章发表了,课前课后我也注意到了一些异样的目光。后来才知道钱老师把我的作文《无名之花》修改后送到区文化馆的一个文艺报的副刊上发表了。当我看到原来修改得不成样子的文章变成铅字印刷的作品时,心中不但充满了对钱老师的感激,而且也理解了钱老师的良苦用心,坚定了把语文学好的决心。

由于钱老师的循循善诱,我所在的理科班大多数同学逐渐改变了过去轻视语文学习的不良习惯。钱老师利用课余时间自己刻蜡纸油印《诗经》《离骚》等名篇发给我们阅读,他不但给我们讲风、雅、颂,还讲形式逻辑的概念、判断、推理。由于他的不懈努力,同学们不但开阔了视野,摒弃了过去只注重学好数、理、化的狭隘观念,而且极大提高了学习积极性,学习成绩也大幅度提高。1980年高考成绩公布后,我所在理科班的语文最高成绩和平均成绩都高于本校的文科班。

在即将跨入大学校门之际,我和几个同学去拜访尊敬的钱老师,那时他也准备调回家乡浙江湖州师专任教。临别前夕,我们有幸再次聆听了他的谆谆教诲,他所告诫我们的正如科学巨匠钱学森所言:"一个大写的人必须由科学与人文两个支柱来支撑。"

1987年我研究生毕业后留校任教,虽然一直在教学第一线工作,但对照钱大宇老师的学识和工作热情深感不如。工作后也舞文弄墨,在报纸杂志上偶有作品发表,内心深深感激恩师钱老师当年给我们打下了相对扎实的基础。

在9月的第29个教师节,用以上文字感谢我们最尊敬的钱老师。为了不辜负他的期望,用以下小诗向他老人家致敬:

小溪

涓涓溪水流山间,催绿扶红润心田。
漫天青枝回眸望,伴携春风笑嫣然。

今天,我们如何做老师

徐妍

浑然不觉,在依山傍海的中国海洋大学教书已经八年多了。迎来送往的不光是海上蓬勃的朝阳和唱晚的落日,更有那青葱岁月中的一拨又一拨的可爱的学生们。一个人的生命,倘若能够与一所美丽的大学、美丽的青春生命联系在一起,应该说是一种福分。但生命的本质不是满足于现实,而是探询现实。身为大学教师,在这个时时变化的时代,对自我的追问是在所不免的。所以,当日子悄无声息地流逝的时候,我会问:今日中国的大学教师何为?

如果睁开眼看,便会发现:今日中国,恐怕是相遇了她历史上最复杂的"大时代"。可以毫不夸张地说:无论是两千多年的传统中国,还是一百年来的现代中国,从没有任何一个时代的固有价值观遭遇如此猝不及防的激变。如果借用鲁迅的话表达,便是:"我觉得中国现在是进向大时代的时代。但这所谓大,并不一定指可以由此得生,而也可以由此得死。"(《而已集〈尘影〉题辞》)虽然鲁迅所言"大时代"特指"大革命"时代,与今日中国现实的性状完全不同,但置身于今日中国的现实,仍然可以目睹历史的惊人相似之处:许多为爱、为理想的献身者,经由转型期的"大时代",已经由此得死,或死后重生。远的不说,就说上世纪八十年代充溢着理想主义的"三观",大有被物质主义的"三观"所替代之趋势。据此,可以说,转型期"大时代"一方面确实给若干人以发展的多种可能,同时也给若干人以重压。"这重压除去的时候,不是死,就是生。这才是大时代。"(《而已集〈尘影〉题辞》)当然,我们要选择活下去。不光活下去,更要好好地活下去。

大学,作为中国社会素有"象牙塔"之美誉的文化重镇,在转型期"大时代"的背景下,自然面临了自身重新定位的历史性机缘或困境。而大学教师,作为中国现代知识分子中的一翼——学院知识分子,注定了要经历思路和言路被瞬间轰毁的精神"劫难",注定了由此"劫难"而重生。事实上,自中国被"现代"以来,中国知识分子的灵魂就注定了成为无家可归的精神"游魂",并因此而不断寻找精神的皈依之途。比如,整个二十世纪中国的知识分子精神史,可以大致被描述为:个人梦想如何与国家梦想联系在一起。然而,历史上一次次的运动以及内部的分化又不断地动摇了他们的信念。特别是,上世纪九十年代中期中国社会进入转型期之后,中国知识分子(包括学院知识分子)所信奉的历史价值观念和主流价值观念被各种时尚潮流和非主流观念所冲击,因此而陷入相对主义价值观的选择困境中。比如,如果你选择了一种历史观念或主流观念,各种时尚观念和非主流观念就会结盟向你包围过去,然后以凌厉的眼神逼视你退却。如果你主张历史的理性观念,便会有历史的非理性观念迎面而来;如果你坚持主流的英雄主义,就会有各种凡庸主义包抄过来;如果你相信善良是人的美德,就会有《甄嬛传》所调动的恶之私欲,等等。最终,在转型期"大时代"中,中国知识分子集体地犹疑于自己的选择,乃至竟会怀疑自己曾经所追寻的理想与信念是否早已灰飞烟灭。

　　大学教师同样承受着转型期"大时代"背景下中国知识分子的苦痛和挣扎。不得不承认,两千多年的"传道受业解惑"(韩愈语)的师道传统在今天渐行渐远;一百年来现代大学的启蒙精神也被逐日消解。如此概括教师形象在传统和现代的维度上两相告急的态势,并非危言耸听。如果阅读 80 后、90 后的文学作品,便会发现其中端倪:他们笔下几乎没有塑造正面的教师形象,更不用说传统意义上的神圣教师与现代的启蒙者教师了。当然,海大承传了中国传统文化中最坚实的师道传统,一切都秩序井然。特别是,海大师生之间的情感关系经受了转型期"大时代"的冲击后,依旧如此深厚。但是,海大再自足,也仍然无法游离于整个社会观念的变迁之外。市场经济时代大学校园的各种浮躁风气,也会不可避免地吹拂到海大校园之中。海大师生与转型期中国所有的大学师生一样,皆经历着转型期"大时代"所生成的各种迷茫。最突出的困扰就是:海大师生与今日大多数中国人一样大多只在意当下性目标,而缺少人生的终极性目标。个人生活中很多重大的人生选择不是出自个人生命深处的需求,而是出自时代潮流的裹挟。

　　所以,当下大学,在我看来,最迫切的问题莫过于如何重新建立大学的精神内核,重新确立大学教师的新型身份。大学不等同于技校,不等同于公务员培训机构和留学生预备校,甚至不等同于等级制划分出来的一般意义上的高校;大学教师不等同于"高智商的利己主义者"(钱理群语),不等同于新贵和权贵阶层代言人,甚至不等同于学术打工仔和项目承包人。大学的存在使命正如被誉为"20 世纪最具人文情怀的大学校长"的赫钦斯所说:"大学不在训练人力(manpower),而在培育'人之独立性'(manhood)。大学教育在知识以外,更应重视德性的问题。"遵循这样的大学理念,大学教师至高无上的使命则是以对学术的近乎圣徒之心来拨动学生的求知欲,培育具有创造精神的独立之人。但是,转型期的大学和大学教师应该如何重新定位？要思考这样的问题，最根本的方式就是要深入了解转型期中国社会变化的复杂性。但这又谈何容易呢？这样的艰难工作，自然不是任何一位大学教师的个人力量所能够完成——它需要中国社会各个阶层的协力合作。但大学教师，说到底，也是由个个人组成。作为个人意义上的大学教师，又不能坐等一个理想化的大学的精神内核的自行界定，也不能期待一种确定性的新型大学教师身份从天而降。个体意义上的大学教师唯一能够担负的还是先做好个人的事情，借助孟子的话来说就是"尽其心以事天"。当然，孟子所言的良心自律只针对良心自觉的有境界的人更为有效。但身为大学教师，还有什么会比良心更重要呢？知识，可以学习；头衔，可以获得；职称，可以评聘；财富，可以累积。唯有良心，大概只有自身不断修炼才能守护得住。

不过，孟子所言应该有其限定性。它指涉的应该是传统中国社会中具有人格操守的君子圈。而对于现代人而言，仅仅依靠良心自律，有时并不那么可靠。现代人的人性深处固然有良知的一面，同时也有其放纵各种欲念的另一面。那么，转型期"大时代"，作为个人意义上的大学教师究竟能够做些什么？我个人的理解是：回归岗位，介入现实。

回归岗位的意识是与九十年代以后中国知识分子的转型状况联系在一起的。当时，中国知识分子转型的方式主要表现为两种：下"海"经商或"退守岗位"。前者成为了投资人、地产大亨、民营企业家等商界精英，后者便形成了九十年代以后学院知识分子即大学教师的阵容。相比较八十年代大学教师所兼具的知识分子的广场意识，九十年代转型期的大学教师更看重学者的岗位意识。他们立足于自己的学术岗位，通过知识传播的方式参与大学文化精神的建设，实现大学教师身份的重新确立。曾经指点江山的豪情壮志转换为低调的学术工作；象牙塔的乌托邦之梦被替代以世俗世界的人间烟火气。只是，在此转型过程中，寂寞是大学教师日常生活的常态。在寂寞中，大学教师是否持有定力，把持住自己，在闹中取静，决定了他在学术之路究竟能够走多远，能否走出自己的路。老实说，忍耐此种寂寞，并不是一件容易的事情。因为"虚荣之心，人皆有之，拒绝成为'闻人'，其实不容易。生活上甘于淡泊者，未见得就能抵御得住'多快好省'迅速出名的诱惑"。（北大中文系教授陈平原语）况且，在媒体帝国的转型期"大时代"，学院知识分子的社会影响力是无法与影视巨星、大牌主持人、商界精英乃至网络大V的公众知名度相比的。而大学教师的授课对象却恰恰是依赖新媒体长大的80后和90后大学生，彼此兴趣点的错位使得大学教师的寂寞在所难免。

因为在当下大学生的成长世界中，网媒上的公众人物总是比纸媒上的学院知识分子更迅捷地吸引他们的注意力。记得有一次，我在课堂上问学生："哪些学者和作家对你们的成长有深刻的影响？"几乎没有人回答。我列数了几位我熟悉的学者和作家的名字，还是没有回应。终于有学生提到了王小波，但响应者还是寥寥。还记得今年中文系本科生中国现当代文学学科的毕业论文的选题让我非常吃惊：大多数学生选择了影视剧作为研究对象，纸媒传统作家研究反而被边缘化了。从诸多症候来说，中文系大学教师曾经借助经典文学的力量实现师生之间的兴奋互动的幸福时代终结了。这种状况应该不只表现在中文系，其他院系的师生之间的传统的传播和接受的方式也会受到空前冲击。但是，大学教师在今日可以不断退守，调适，再退守，再调适，但不能失守于大学教师的岗位。今日大学教师的岗位职责——以传播知识、创造知识的方式作用于新世纪大学生的心灵必得履行。这样，在这个失序、重建的转型期"大时代"，作为大学教师，固然不再夸大自己的岗位职责，但也不该轻慢自己的岗位职责。那方大学讲坛，在如今，虽然换成了多媒体课件，可它在大学教师眼中永远是庄严的所在。身为大学教师，在日常生活中，尽管可以凡庸，多面，但一经登上大学讲坛，就意味着从事着一种庄严的职业，从服饰到举止到言谈都要尽显大学教师的职业形象。

　　回归岗位当然并不意味着囿于岗位。以立足岗位的方式来介入现实可谓转型期大学教师的新质。长期以来，中国知识分子被人诟病的一个重要原因就是他们缺少改变现实的行动力。"怯懦者"是他们与生俱来的难以摆脱的集体形象。所以，中国知识分子在传统中国与现代中国，大多渴望通过进入仕途来实现生命的最大价值。即便今日，中国知识分子也依旧倾向于将政坛的官员与商界的商人作为自身成功的首选职业。的确，大学教师由于岗位的限定，改变现实的力量确有限度，但并不因此妨碍介入现实。也许，大学教师难以直接进入现实，但一本学术著作、一篇学术文章、一个学术项目、一场学术讲座、一节大学课堂的问题意识则源自现实关怀。其实，大学教师从来就不缺乏具有现实关怀意识的知识分子。曾经作为中山大学教授的鲁迅，目睹了"大革命"时期广州的剧变，正是借助学术演讲《魏晋风度及文章与药及酒之关系》隐喻了"大时代"中知识分子无处逃离的现实责任：总不能超于尘世，而且，于朝政还是留心。国学大师陈寅恪著述中影响最大的《柳如是别传》写于1953至1963年，貌似只谈美人风月，不问现实政治，但吴宓说此书"藉以察出当时政治（夷夏）道德（气节）之真实情况，盖有深意存焉。绝非消闲风趣之行动也"。可谓道破陈寅恪胸中块垒。当下,将专业知识与社会需求结合在一起的现实关怀意识,已然成为越来越多的大学教师的自觉选择。先以海大为例:海大的科研成果既可以参与国家海洋战略的设定,也可以服务于现实民生。再以北大为例:北京大学一直延续了介入现实的人文传统。钱理群的学术著作《丰富的痛苦》就是通过对周氏兄弟的对比性解读,剖解了转型期伊始中国知识分子的矛盾性和复杂性;当代文学史家温儒敏既研究中国现代文学史,又投身到中学教育的现实生活中;学者型作家曹文轩一面从事学术和创作,一面又亲临小学生的阅读生活中。"眼睛向下,接触生活",这八字箴言是温儒敏讲学海大时曾经留给我的赠语,也是北大教师的人文传统。

来海大工作确实已经八年多了。在八年多时间里,不仅自己增长了八岁,而且亲历了大学教师的转型困境。特别是,随着时间节奏的加速,大学生们的代际更替更为让人应接不暇。初到海大,我面对的 85 前的大学生,很快变成了 85 后了,再后来是 90 后,今天已接近 95 后了。虽然大学生永远是二十岁左右的蓬勃面孔,但一代大学生有一代大学生的文化性格。每代大学生的知识结构、成长记忆乃至成长环境都是不同的。作为一位大学教师,若想能够为大学生提供正能量的新型知识结构,就必须时时更新自己的知识结构和生命结构。换言之,对于大学教师来说,学生的心灵可以长大,但教师的心灵不能衰老。而对抗心灵衰老的秘籍就是对大学教师这一岗位保有永久的热爱。唯有保有这份爱,才能够让我们在转型期"大时代"的困境中得以自救。

☆ 师者之随想

高山红

当我迈出办公楼时,校园里的路灯已经亮起。回到家中,发现茶几上的花瓶里插着十来支康乃馨。问正在写作业的女儿,这花是不是送给我明天教师节的礼物?答案是否定的,女儿说它们明早将被送给自己的老师。我心里不免有点小失落。

教师节的清晨,我照常送女儿上学。一路上,几乎随时可见身着校服、手捧鲜花、小脸洋溢笑容的小学生。我对女儿说,今天小学老师最幸福。女儿说,我觉得也是,你这个大学老师还不如我们老师。我无言以对。女儿又说,听说明年教师节要改到9月28日——孔子生日那天。是啊,清明与端午节早已成为法定节日,教师节也要跟着回归传统了。我想,作为教师节主角的教师,其传统定义大概就是大家知晓的"师者,所以传道、受业、解惑也"。

　　古今中外,很多名人与他们老师的故事已广为传播,流传为美谈佳话,如鲁迅与藤野先生,毛泽东与徐特立先生,周恩来与张伯苓先生,居里夫人与欧班先生,李政道与束星北先生。几乎每个人都有那么几位终身难以忘怀的先生,特别是年少时的先生。作为一个普通人,我心中也始终装有自己的先生。

　　二十二年前,我远离荆楚故土,来青岛求学。到如今,时空的阻隔并没有消除年少时故土的两位先生给我留下的深刻印象。这两位先生分别是小学语文老师与中学物理老师。长于穷乡僻壤的我,小学所学早已彻底忘却,倒是顽皮之事与先生所教的歌曲记忆犹新:夏日,爬树掏鸟窝,菜田偷瓜;冬日,池塘捞冰,操场滚雪球;课余,先生她教我们唱"走在乡间的小路上"。记不清多少次了,每当我哼着这曲子时,故乡的山山水水立刻浮现在我眼前,故乡空气中弥漫的质朴与勤劳气息又将我的心灵浸润一遍。那位物理老师上课很严厉,板书工工整整,批改作业十分严格,细致到小数点后面有效数字保留的位数,苛刻到每一个标点符号,尽管他并不兼任语文老师。当时对他很是敬畏甚至有点惧怕,于是学习格外认真仔细,生怕受他责备。现在回想起来,从他身上受益匪浅,有时觉得自己有些行事风格竟来源于他。这些美好的憧憬、质朴的情愫与严谨的态度,皆是师者所传之道吧。

　　细想起来,师者传给我们最重要的东西既不是几个生硬的定理或公式,也不是几句人云亦云的格言警句,而是在朝夕相处之间不经意发生的一件事、不经意说出的一句话或蹦出的一个词,感染了我,触动了你,在我们内心深处激起几圈涟漪,不知什么时候就感受到它们仍在荡漾。

　　现在,我作为一名大学教师,从事教学工作也已十年有余,被他人与学生喊为老师也耳顺了。尽管如此,但一旦萌生自己是师者这一想法,内心便会诚惶诚恐。教师是社会职业称谓,我不得不接受;老师是他人对我的尊称,岂能无礼拒答;唯独师者,我敬畏之。"中国好声音"导师刘欢老师称自己为唱匠,我向他借鉴,在我奢望成为一名师者而努力之前,姑且称自己为教书匠吧。师者的首要任务是传道。向学生传道,自己必须有道才行。只有身正,站在讲台上才有范。其次是受业。学高为师,学业不精,何以受?最后是解惑。这不是受业过程之中的解答疑问，而是受业场合之外的热心助人，无私提携后辈。相传韩愈"好为人师"，于是常有素不相识的青年学子给他写信讨教，他总是毫不犹豫地提笔回信解惑。其中，"推敲"一词的典故出处就是一个解惑的明证。虽然夫子曰，"三人行，必有我师焉"，有人学问是比你高，但是当你向他请教时，他却不理会，这样的人绝对称不上师者。由此看来，我这个教书匠距离师者之谓还差得很远。

当下社会经济蒸蒸日上，但我们却深感世风日下、人心不古。古人没有宝马来畅快地奔驰，只有骑驴马辛苦地星驰；古人不靠微博来扬名，只渴望汗青留美名。但是，他们的思想已经超越我们千年，早就一针见血地指出"天下熙熙皆为利来，天下攘攘皆为利往"。如今社会，充斥着太多的"鸢飞戾天者"与"经纶世务者"，不正之风已经渗透到高等学府。不淡泊明志，无以为师者，就达不到宁静而致远的境界。其结果或是万户冲天，终将殒也；或如夸父逐日，终将竭也。年少时，小学师者给我们启蒙，让我们憧憬美好；年壮时，大学师者给我们传正道，授技能，辨真伪。如果不教正道，不授技能，何为教授？如果不上讲台，记不住几个学生的名字或者不被学生记住名字，何为教学名师？

大学之大，非大楼之大，有大师之谓也。首先是师者，然后才是大师者。倘若一个大学有了为数众多的师者，那么它浓厚的思想、学术氛围就能够产生强大的气场。闯入其中的"鸢飞戾天者"，只能"望峰息心"；误入其中的"经纶世务者"，不得不"窥谷忘返"。林肯曾说一个永远不会从地球消失的政府应该是这样的政府：of the people, by the people, and for the people。我想，一个拥有众多师者的大学一定是这样的大学：of the teachers, by the teachers, and for the teachers。我再想，一个师者一定是这样的学者：of the students, by the students, and for the students。

二〇一三年十二月月末版

文圣常：鲐背之年的故事人生

冯文波

在历史悠久的海大园有一条路，叫院士小路；有一座楼，叫文苑楼；有一个"万字号"的奖学金，叫文苑奖学金……这一切都紧密联系着一个人——我国海浪学科的开拓者，中国科学院资深院士文圣常。时至今日，文圣常院士已走过了92个春秋，但他依然关心学校的发展，并以自己的方式奉献着力量。凝望这位鲐背之年的老者，他的人生里承载了太多的故事，太多的感动，值得我们年青一代去学习，去领悟，去践行。

有情有义文圣常

人非草木，孰能无情。一个人能将生死放弃，却无法放弃那一个"情"字。文圣常就是一个重情重义之人，他对故乡的思念之情，他对海大的热爱之情，他对海洋的奉献之情，他对学生的培育之情……无不昭示着他的无价情义。

光山县，地处河南省的东南部，与湖北省相邻，南依大别山，是一个山清水秀、人杰地灵的地方。一代名相司马光，党和国家的卓越领导人、中国妇女运动的先驱邓颖超等家喻户晓的名人皆出生于此。1921年11月1日，文圣常诞生在这片人才辈出的土地上。

2012年11月16日晚，在河南省光山县文化中心举行的首届"感动光山人物"颁奖晚会上，出生于该县砖桥镇的文圣常荣膺"十大情系光山人物"首位，主持人宣读的颁奖词中这样描述：作为一个学者、教授，文圣常一生的研究成果和获得的殊荣不胜枚举。作为一个光山人，1999年获得了何梁何利基金科学与技术进步奖，获得奖金20万港币。获奖后，他一分不留，将20万港币全部捐给了祖国的教育事业，其中10万港币捐给了家乡的学校。文老，是学界泰斗，是大别山骄子，是我们光山人的骄傲。他对家乡殷殷情、拳拳心，怎能不让家乡人民为之感动？

2000年11月中旬，文圣常回到了阔别近60年的家乡，亲手把10万港币的汇票交到时任光山县委书记张国晖的手中。文圣常在与张国晖的交谈中说，他几十年来总想报效家乡，但一生教书，没有积蓄，这次将获得的何梁何利奖的一半捐给家乡，多少也算是尽点对家乡的报答之情。当地政府用这笔善款在砖桥镇初级中学建造了一座四层的海洋希望教学楼，建筑的设计风格形似起伏的波浪，似乎寓意着这栋地处中原地带的教学楼与文圣常与海洋的关系。

2013年11月下旬，笔者一行二人奔赴光山县，实地走访了这所中学，并与校长、教师、学生进行了交流，听他们讲述文圣常与这所学校的渊源。

砖桥镇初级中学校长陈立家介绍，除了捐建教学楼，文圣常院士还曾于2011年12月份向学校捐赠了一批海洋科普图书，学校图书室也设立了"文圣常赠书专柜"，以此鼓励引导学生们向文圣常院士那样热爱海洋、关注海洋。此外，文圣常院士还与学校的学生们互通信件，对孩子们的成长成才加以指导和勉励。文圣常在写给该校学生李赛洋的信中这样说："我很惭愧，没给家乡做什么事，虽然这和我从事的专业的特殊性有些关系。我已高龄，能做的事愈来愈少了，但对力所能及的事，我将努力做好，来报答乡亲们的浓情厚意。"

文圣常对家乡的殷殷情意，不仅体现在对教育事业的资助上，还体现在他对文氏家族的眷恋，对亲人的思念上。

他的侄子文贤敏给笔者展示了2001年新修订的《文氏宗谱——圣常公传》里记载的文圣常2000年回乡探亲与族人促膝长谈的情景：

> 此次荣归故里的圣常公，不辞一路风尘与官方应酬的劳顿，会见与探视了诸多家族亲人。在会见中，兄台给余的印象是：平易、谦虚、健谈、风趣而机敏。在会见仪式上，精神矍铄的圣常公致词云："一个人要热爱自己的国家，热爱立身的社会。然，热爱国家，热爱社会，首先要从热爱自己的家乡，热爱自己的家族做起。如果连家乡家族都忘记了，又何谈热爱国家，热爱社会？为了事业，为了报效国家，我离别家乡六十载。然六十年来我无时无刻不在思念我的家乡，思念我的家族。今日，在座诸君全都是我的文氏族人，我的兄弟、侄儿。此时此刻，这么多文姓共聚一堂，共叙天伦，终于了却我六十年的心愿，何其乐也。"

文圣常在同族兄弟中排行老四，在自家兄弟姐妹中排行老二。但子侄们还是习惯于称呼他"四爷"，在与侄子文纪武的书信来往中，最后的落款也是"四爷"。文圣常虽远行他乡，但乡音乡情未变，血脉相连，桑梓情深。

文圣常用情至深处不仅有他的家乡，还有他无私热爱、勤勉工作了60年的海洋大学。

2000年文圣常把何梁何利奖的另外10万元港币捐给了海大,设立了文苑奖学金,用以每年从全校1万多名本科生中选出品学兼优、富有创造精神和实践能力的3名优秀学生进行表彰。此奖学金代表着学生在海大学习的最高荣誉,俗称"万字号"奖学金,截至目前共有42名优秀学子获此殊荣。为了让这一奖学金保持长久,2006年,文圣常主动给校领导写信,表示想从自己的工资收入中拿出一部分补充到文苑奖学金。11月16日下午,第七届文苑奖学金颁奖仪式结束后,文圣常打开了他手中的一个黑色塑料袋,里面装着他从银行取的10万元现金。他希望学校收下这笔钱继续奖励海大的优秀学子,此情此景令无数人感动。2009年他又把获得的青岛市2008年科学技术最高奖的50万元奖金中的20万元捐给了文苑奖学金,另外30万元依照《中国海洋大学本科生研究发展计划实施办法》有关规定,捐供本科生研究发展使用。

于志刚书记说,文圣常院士犹如一座精神的灯塔,引领着海大进取的方向。吴德星校长说,以文院士为典型代表的老一辈海大人的无私奉献精神积淀形成了今天海大独特的校园文化和优良传统,这也是海大精神的精髓所在。

先生有情,如此挚爱着海大;海大也有情,向先生致敬!

巧文善思文圣常

文圣常大学期间学的是机械工程,后来又从事海浪研究,一生都与理工科打交道,但他却是一位极具人文情怀的科学家,思维灵动,文采飞扬,逻辑缜密。管华诗院士称赞他是"集科学精神与人文精神于一身的完美结合者"。

文圣常在武汉大学求学期间,就喜欢阅读新闻、文艺、哲学、逻辑学之类的书籍,对于世界经典名著,通常直接读原著或者英译本。他觉得亚里士多德对他的逻辑思维影响较深。

说文圣常巧文善思,是一位极具思辨能力和人文情怀的科学家,我们不妨从一个个生动的事例中去洞悉和领悟他的才华。

在某一年的新春团拜会上,文圣常即兴发言,对海大的校训"海纳百川,取则行远"进行了拆分解读:"海大有容、纳贤礼士、百舸扬帆、川流不息、取经求法、则明理析、行云流水、远无不及。"经他一拆解,不仅妙趣横生,而且充满了哲理与韵味。他对校训的即兴表达,被现任文学与新闻传播学院党委书记陈鷟记录了下来,并引用到了以后的文章中。

2008年10月28日上午,文圣常院士题写的"浩海求索,立言济世"海洋环境学院院训揭幕。吴德星校长曾解释说:"浩海求索"是鼓励海洋学子在充满奥秘的大自然中去探索,取得新的发现,获得新的认知;"立言济世"是让我们崇尚学术,严谨求实,脚踏实地。八个字不仅涵盖了海洋科研的伟大精神,也给热爱海洋的人指明了成长和努力的方向。

1946年去美国航空机械学校进修时,文圣常曾翻译了加拿大人罗伯森著的《原子轰击与原子弹》一书,在该书的译者序言中他这样写道:

> 原子弹的使用,将人类文明带入一个新的时代。做个现代国民,似乎应具有一些原子方面的常识。所以在美国,除了广泛的通俗读物,电影、广播中也有讲述原子的节目。这本小书的译出,对读物贫乏的祖国的读者,谅不无些微帮助吧。

序言中的文字朴实而又亲切,流畅而又十分明了,让人读来心领神会,不得不佩服作者的语言文字驾驭能力。

陈鷟在文章《有心之器,其无文欤?聊聊语言文字的功用与魅力》一文中还引用了文圣常院士《海浪原理》的绪论:

> 海浪是种久被习知的现象。它密切地关系着许多海上的活动。这首先表现在波浪对船只的影响。由于波浪的颠簸,船身各部结构可引起种种变形和应力,有些在第二次世界大战期间建造的船只,因对海浪情况估计不足而遭到损坏;颠簸对乘客的舒适和货品的储放是不利的;颠簸可引起船只的共振,如从前有只俄国船经过中国东海的时候,由于船身的共振,船长被舱壁碰破头而死;海浪还影响船只航行的方向和速度……

看这样的文字,毫无晦涩难懂可言,如同一位老者向你讲述一则引人入胜的故事,娓娓道来,通俗易懂,深入人心。

勤勉清廉文圣常

在鱼山校区学习或工作的人可能会注意到,每天中午时分,总有一位老人,身材瘦弱,拎着一个黑色的布兜,缓缓独行在去往文苑楼的路上,寒暑不易,风雨无阻。他就是海洋大学的老校长文圣常院士。虽然已经年过九十,但他仍在为学校的学术事业贡献着自己的心血。时间久了,文圣常院士行走在路上的情形已成为海大园的一道风景。他必经的那条路,也被人们亲切地称为"院士小路"。

文圣常一生勤奋好学,只要是自己看准的事,都会认真完成。1946年,25岁的他在美国留学,为了让国人多了解一些与原子弹有关的知识,他制定了严格的工作计划,翻译《原子轰击与原子弹》一书:1946年4月27日购于美国圣安尼托城,5月12日至8月20日译完初稿(101天),8月20日至9月7日抄完初稿(共19天),9月8日至9月29日一校完毕(共22天),9月30日至10月13日二校完毕(共14天)。这期间,他还承担着学习美国航空机械知识的任务,翻译工作大部分是在学习之余完成的,他的勤奋刻苦着实令人敬佩。

文圣常钟爱海浪研究工作,孜孜以求,乐此不疲。1997年元旦,76岁的他还曾赋诗一首,表达自己虽年事已高,但依然可以为科研事业效力的心境:

对镜难觅青丝在,幸留瘦肢耐疾行。

莫嫌余晖热温微,洒向人间也暖情。

随着年龄的增长,这位长年生活在海边、聆听阵阵涛声的慈祥老人,耳朵已经有些背了,从科研一线退居到二线,凝聚着心血的物理海洋实验室也不常去了。但他一刻也不得闲,总想发挥自己的能力,为学校做点什么。

2002年,《中国海洋大学学报》(英文版)创刊,文圣常任主编。12年来,他始终坚持终审每篇待出版的文章,而且逐字逐句审查修改,许多作者至今还保存着他的亲笔修改稿,以此鞭策自己保持对科研工作的严谨与执著。

据长期与文圣常院士搭档的学报英文版编辑季德春老师介绍,审读专业性学术论文,不仅要平心静气,耐得住寂寞,还要有深厚的英语基础,这两点很多年轻人都难以胜任,可是如今92岁高龄的文院士依然在坚持,着实令人敬佩。12年里,文圣常院士审核了近700篇论文,大到文章的谋篇立意,小到一个单词、一个标点他都标得仔细清楚。

文圣常是一个勤勉的人,也是一个清廉的人,从不以自己院士的身份谋私利。他的侄子文纪武给我们讲述了这样一则故事。

前些年,文纪武的两个儿子退伍转业,他就给文圣常写信,请他帮忙给家乡的领导打个招呼,在县里给安排个好差事,却被文院士回绝了。在给侄子的回信中,文圣常说,两个孩子还年轻,让他们自己好好努力吧。

时过境迁,现如今文纪武的两个儿子都有了自己的生意,日子过得幸福而且温馨。谈起当年的事情,文纪武说,他不会埋怨四爹,因为他就是一个那样清廉的人。

耕海踏浪文圣常

文圣常与海洋结缘,源于他1946年1月乘船去美国深造。在浩瀚的太平洋上,他乘坐的几千吨的轮船竟像纸船似的随着波浪起伏摇摆,他为这排山倒海的波涛惊叹。惊叹之余,他的脑海里闪过一丝灵光,这滚滚的波涛又何尝不是一种取之不尽用之不竭的能源呢?

他利用自己已有的动力机械知识和能量转换常识,又阅读了大量关于海浪的文献资料,经过精心研究,很快设计出一种利用海浪能量的动力装置。1947年回国后,他曾经利用自己出差之际,先后在嘉陵江畔、北戴河边、青岛汇泉湾内成功地进行了多次试验。依托这些试验成果,文圣常撰写了《利用海洋动力的一个建议》一文,于1953年在《机械工程学报》上刊发。迄今所知,这是我国学者最早进行的海浪能量利用的试验。

文圣常在1998年发表的《我是怎样结识海洋的》一文中这样写道:

>(当年),我研究波浪利用的念头的确是幼稚的,因为我并不理解海上残酷条件下工作难度的分量,这念头也的确是冒险的,因为我舍弃唾手可得的工程师职位,而去追寻一个可能成为笑柄的目标。但决心还是暗暗地下定了,并构想出实现这一目标的方案……

回国后,文圣常也曾打听国内哪儿有从事海洋研究的机构,但当时的情形下我国还没有专业的海洋研究院所,只是在青岛观象台的海洋科曾开展过为数不多的海洋调查活动。文圣常专门写信给青岛观象台,表达想从事海洋研究的愿望,但没有回音。

1953年山东大学海洋系成立,首任系主任、我国著名物理海洋学家赫崇本教授广揽人才,经青岛观象台推荐,聘请文圣常来山东大学教授海浪课。从此,文圣常犹如鱼儿入海,在这所因海而生的校园里耕海踏浪,取得了一个又一个开创性的海浪科研成果。

上世纪50年代中期,文圣常主要从事海浪谱的研究。针对当时国际上盛行的两种研究海浪的方法,文圣常提出了"普遍风浪谱及其应用"的著名论断,在涌浪研究中他提出了"涌浪谱"的理论。鉴于这两大成果的学术价值,经著名地球物理学家赵九章教授和赫崇本教授联名推荐,在中国最高学术刊物《中国科学》上以英文发表。后来又译成俄文,在前苏联著名海洋学家克累洛夫编的《风浪》论文集中全文刊出。

上世纪60年代中期,文圣常主持了国家科委海洋组海浪预报方法研究组的技术工作,该研究组提出的海浪计算方法很快在国内得到广泛应用。在这一成果的基础上,70年代文圣常又制定出近岸工程设计和管理的技术标准,经多次改进后该成果作为国家级的规范列入交通部《港口工程技术规范》第二篇《水文》的第一册《海港水文》中,荣获1985年国家科技进步二等奖。

尽管在20世纪50年代文圣常创设了自己的风浪谱理论,但他一直认为该理论还有进一步提升和完善的空间。经过一段时间的努力,他又提出了理论风浪谱。与国际上提出的各种风浪谱相比较,文氏理论风浪谱更能对风浪随风速、风时、风区、水域的变化进行较系统的描述,还可以利用有效的参量来描述谱形,便于应用。

20世纪的最后十年,联合国教科文组织提出了"国际减灾十年"的号召,年逾古稀的文圣常承担起专题项目"灾害性海浪客观分析、四维同化和数值预报产品的研制"的研究工作。研究成果不仅在国家海洋环境预报中心应用于风浪预报,还用于中央电视台灾害海浪预报,在防灾减灾中取得了重大的社会效益和经济效益。鉴于文圣常在我国海浪研究领域取得的重大成就和为推动海洋科教事业发展作出的突出贡献,在1993年他当选为中国科学院院士,他也是海洋大学历史上的第一位院士。

潜心科研的同时,文圣常还把自己的成果汇集成专著和教材,传授给那些对海洋充满梦想的莘莘学子。

1962年出版的《海浪原理》,是国内外出版的第一部海浪理论专著。1984年文圣常与他人合著的《海浪理论与计算原理》出版,该书系统地介绍了国际上截止到80年代初的海浪研究成果,在500余篇文献中,近400篇是70年代以后发表的。《海浪理论与计算原理》成为我国海洋学界广为引用的专著,对促进我国海浪研究、培养海洋科技人才和指导生产实践发挥了重要作用。此外,文圣常还为我国的海洋教育事业编著了《海浪学》《液体波动原理》《图解与近似计算》《海洋近岸工程》等教材。

"桃李芬芳海洋科学尊先圣,波澜壮阔原理创新超寻常。"这副由中国遥感地学之父陈述彭院士在文圣常院士80岁生日时题写的寿联概括了他为国家海浪科研和海洋人才培养作出的卓越贡献。

虚怀若谷文圣常

从1953年受赫崇本教授之邀来校,到今天,文圣常已经在海大的校园里度过了60个春秋。60年来,这位老人不仅创造了丰硕的海浪科研成果,培育了许多优秀的海洋人才,而且还给我们树立了淡泊名利、勇于奉献、崇德守朴、勤恳敬业的人文精神。

这位献身海洋科学的老人，向来都是低调的，谢绝参加任何和其专业无关的社会活动，他说："对于未知的领域，我没有发言权。"他更喜欢以一颗平静的心投入自己的工作。

作为我国海浪学的开拓者，文圣常在海洋学术界有很高的的威望，人们都敬仰他，尊重他，他却始终认为自己的工作不足称道。

即使面对自己的亲人他也保持这种谦逊内敛的风格。在2002年1月写给侄子文纪武的信中，他提到2001年11月1日学校举行了海洋环境学院建置55周年暨文圣常从教50年庆祝大会。"学校将我办公的一栋楼命名为'文苑楼'（我再三请辞，才不用我的名字），还举行了学术报告会，学校的报纸出了增刊。总之，给我了很大荣誉，我当然很惭愧……我将校报增刊寄给你，你可了解更详细些……你们也不要给人留下'炫耀'的误解。"

文圣常院士这种淡泊名利、谦恭低调的品质堪称表率和典范，时刻感染和影响着中国海洋大学的每一个人。

故事人生文圣常

梧桐树的故事

2013年11月28日下午，在中国海洋大学第十四届文苑奖学金颁奖仪式上，文圣常院士给大家讲述了这样一则故事。

文圣常院士现在居住的房子是开山修建的，部分山体作了保留，其中有一块很大的石块儿与山体间有一个细小的缝隙，以他的视力是看不到这个缝隙的。每天上下班，文院士都从这个大石头前走过。

不知何时，有一颗梧桐树的种子掉进了这个狭小的缝隙里，过了一段时间它竟然发出了一棵翠绿的嫩芽，这个新生的嫩芽令每天路过于此的文院士感到喜爱，可他又为这棵嫩芽未来的发展和成长感到忧虑，因为总担心风吹、日晒、雨淋等恶劣的环境会危及它的生命。在文院士的担心中，时间一天天过去，上下班的时候他也密切地观察着这小生命。令人意想不到的是，这棵嫩芽竟然成长为一棵细小的树苗，小树苗依然是令人喜爱的。但是，对于小树苗的前程文院士还是感到忧虑。时间依然在流逝，文院士每天还是从石头前走过，这棵幼小的树苗竟然从一毫米粗细慢慢地长到了几毫米，后来长到了直径一厘米左右，这令他非常高兴，也让他看到了这棵树未来成长的希望。

寒来暑往，转眼二十多年过去了，如今那棵直径一厘米的小树苗，竟然长成了一棵直径达四十厘米的大树，在文院士的房后接受雨淋日晒，随风歌唱，沿着阳光向上生长。

文院士说，原来他担心那个大石块儿会阻碍威胁这棵树苗的生长，现在反过来了，梧桐树越长越粗，把石块儿向外挤压，以至于人走到那个石块儿跟前，觉得那个石块儿岌岌可危，随时会倒下来。他还说，这一方面让他感到生命的伟大，令人敬畏；另一方面，他想告诉大家这种生命的顽强是一种天赋，是生命进化的结果，是天生的，是不能改变的，但是我们人类不仅有天赋还有智慧，而智慧是可以在人的生活、学习和工作中不断发展的。他希望广大同学既要珍惜自己的天赋，又要发展自己的智慧，更好地服务国家建设。

两斤点心的故事

在2012年的一次校友座谈会上，中国海洋大学时任文学与新闻传播学院党委书记陈鷟给大家讲述了这样一则故事。

陈鷟在校长办公室工作的时候，有一次与校办其他同志一起陪文圣常院士去医院看病。回校之后，文院士竟买了两斤点心拎到胜利楼校长办公室。当时校办的年青同志对文院士不是很熟悉，就问"老先生你找谁"，文院士说："我是文圣常，我来感谢你们陪我去看病。"此语一出，现场的年轻人感动不已。

陈鷟说，通过这样一件小事，我们能感受到的是文院士没有觉得自己是院士，学校人员陪他去看病是理所应当享受的特权，而是怀着一颗感恩的心，向对方表示感谢。

叔侄团聚的故事

2013年11月下旬，笔者去光山县采访，文圣常院士的侄子文纪武给我们讲述了这样一则叔侄团聚的故事。

上世纪四五十年代后，文圣常与老家的亲人失去了联系，且长达好多年。有一天，文纪武的一个邻居拿着一张《光明日报》找到他，说上面刊登了一则山东海洋学院的新闻，里面提到一个叫文圣常的人，应该就是他失散多年的叔叔，建议文纪武联系下。于是，文纪武赶紧给位于青岛的山东海洋学院写信，但信寄出去一两个月却没有回音。他又写了一封，过了没多久他终于收到了自己叔叔的来信。至此，叔侄得以联系上，并最终团聚。

关于文圣常院士的故事还有很多，如身份证的故事、他每天形影不离的黑色手提包的故事等。这位鲐背之年的老者，如同一个精神的宝藏，需要人们去挖掘，去领会，去学习。

侯国本：敢为天下第一吼

丁东

我于1968年从山东海洋学院地质系毕业，分配到青海祁连地质队工作多年，后来以专业归口的原因调回青岛。由于从事黄河口研究，我与侯国本先生相识并得到学术上的指导，开拓了思路，解决了课题上的许多问题。我有幸在成长过程中遇到这样的恩师，终生难忘。

多年来侯先生的谆谆教导，慈祥温和的目光，一起考察黄河时的谈笑风生……我时常想起，记忆犹新。先生平易近人，在一起讨论问题时，我们都可以畅所欲言，无拘无束。先生总是和蔼地回答大家提出的问题，气氛和谐，愉快轻松。先生知识渊博，专业知识扎实，特别善于思考，常常在谈话中使大家获得很多知识和受益一生的宝贵启迪。

侯先生长期从事水利工程和海洋工程的研究，一生都献给了海洋科学与教育事业。先生在港口建设领域的贡献为世瞩目。他参加了淮河治理工程、佛子岭水库、梅山水库、官厅水库、小丰满水电站的建设工作，参加了黄河三门峡截流工程，提出采用"管柱法截流"方案，成功拦截了黄河，使工程顺利进行。先生研究的"大型集水池"、"扭工字块"、"栅栏板"被列入交通部设计规范；主持了日本富士号钻井船滑移试验、毛里塔尼亚共和国港口工程、马耳他共和国港口工程、船坞工程等30多项试验项目，获得交通部、石油部等部委的高度评价。先生关注黄河的治理和黄河三角洲的建设，提出的"黄河口无潮区建深水大港"、"黄河口挖沙降河，稳定流路"的建议被采纳，为黄河的治理和保障胜利油田的稳定生产起到了很大的作用。先生积极参与青岛"引黄济青"、"胶州湾保护"、"黄岛电厂海水冷却、防波堤"、"海湾大桥"、"海底隧道"的建议论证，对青岛市的建设和发展起到了很好的促进作用。

力主在深水大港日照建港

日照港和东营港，这两个港口建设的传奇故事，在科技界广为流传。有一次侯先生和我与中科院院士任美锷先生在东营相遇，散步时谈到有关建设港口问题，任先生感慨地说，一个人一生能参与建设一个港口就很有成绩，像您侯先生这样建了两个大港口，是少有的。

山东日照沿海有着良好的建港自然条件，石臼湾海域广阔，水深不冻不淤，基底为花岗岩,水动力条件良好,岸线变化不大,又是远离大江大河的入海口,是建设国际名港的绝佳港址。但在当时全国五届人大通过了一项决议,决定在江苏连云港建造一座10万吨级深水大港,交通部也很快与荷兰签好了援建协议。由于国家投入的资金有限,这一决议就使得日照建大港存在相当的困难。侯先生认为,连云港不适合建设国际大港,建成了也守不住,因为连云港地处黄河故道,淤积了大量的泥沙。连云港外航道处在海洋风暴潮和台风袭击的范围之内,在50年一遇的大风浪情况下,会出现灾难性淤塞泥沙。即便是挖沙后把港建成了,长期的海洋动力作用,大风浪过后,港口会严重淤积,每年清淤的成本将会非常昂贵。1978年在全国科技工作大会小组座谈会上,侯先生向邓小平进言,建议改建日照港。邓小平听了侯先生的发言,认为有道理。侯先生立即行动,当即用20分钟写了一份书面材料。下午,邓小平就做出批示,连云港项目暂缓,组织专家对日照港进行论证。

乘当时"实践是检验真理的唯一标准"的东风,侯先生在全国第一届科学大会上"日照港是深水大港的港址"的建议被采纳。在同年12月,李先念召集的120余人参加的论证会上,侯先生的主张遭到了许多江苏专家、学者的反对。会场上争论十分激烈。侯先生依据两个海区的自然地理和海洋动力条件,依据建港理论,据理力争。那几天对于侯先生来说,是一生中最为艰难的日子,每天都反复地思考、认真地分析所遇到的问题,寻找解决的途径。经过一系列的努力,最后,80%的专家表决通过了在日照建港,江苏一部分讲究严谨与科学的专家也投了赞成票。1979年春,由交通部牵头组织全国的港口专家、学者,先后到山东日照、江苏连云港进行实地考察,然后集中到北京对港址进行选址论证。在专家论证会上,侯先生从理论、数据和国内外工程实例等方面,全面阐述了在山东日照石臼建港的可行性、优越性。各方面的专家对港口选址的地理、地质、交通、水域、水文气象、腹地及地方建筑材料等条件进行了全面对比,反复论证,最终采纳了侯先生的建议。

1982年2月,日照港主体工程正式开工。1985年,我国最大的两个10万吨级深水煤炭泊位在石臼所建成。当年5月,李鹏视察日照时亲笔题词:"黄河滩头千年睡,日照东岸巨港出"。1988年日照撤县建市时,费孝通指着山东省新版地图开玩笑说:"侯教授,您了不起,把日照在地图上一个小点变成一个圈。"1989年,日照港被列入我国十大名港口之一,现吞吐量已超亿吨,是山东第二个年吞吐量过亿吨的大港,成为镶嵌在黄海之滨的一颗璀璨的明珠。

在黄河淤积区建东营港

在淤泥质海岸,只要水动力条件适合,也同样可以建港,这也是一个大胆的实践突破。20世纪60年代,胜利油田在黄河三角洲发现并发展。但是长期以来,有海无港、有河无航的现实严重制约着东营市的发展和黄河三角洲的开发。胜利油田的原油需要经过很长的输油管道,加温加压送往300千米外的青岛黄岛油港,才能向外输出,每年都花费巨额的费用敷设管道。只有在黄河三角洲北部建港,直接输送原油在经济上才是最合理的。

1982年,在全国人大会上,原国家石油部部长找到侯先生,希望他在黄河三角洲寻找一个合适的港址,以解决胜利油田石油和其他物质的输出、输入问题,同时为开采渤海湾石油做好准备,这对于华北煤炭的外输也是有利的。

黄河河口是泥沙大量淤积的岸线,黄河三角洲是淤泥质海岸,一向被认为是建港的禁区。要在这里建港口,从理论上需要突破,在实践上也面临着不同意见者的反对。几年前,侯先生曾说连云港是黄河故道,淤积严重不适合建港,淤积更严重的黄河口要建港,确实很多人不能理解。但侯先生决心解决这一问题。

他与科研人员一起在波涛汹涌的大海中认真调查和测量。经过两年多艰苦细致的调查研究,侯先生发现,渤海湾的两股沿岸海流在黄河三角洲的桩西沿海交汇,使黄河三角洲的神仙沟沟口形成一个无潮区。无潮区的特征是潮差小,流速大,不会淤积,加之该区水动力条件良好,属蚀退型海岸,冲刷能力较强。在无潮区附近,潮差小于0.5米,潮流速度最大可达150厘米/秒以上,因此,这里侵蚀最强。鉴于本海区的潮流以半日潮流为主,在半日潮流中,又以M2分潮流占优势,椭圆长轴方向近于与岸线平行。侯先生简单地举例说明这一问题,潮流的涨落是具有动能和势能的能量转换的。在无潮区,潮差小,其潮高变化的势能转化为沿岸流动的潮流动能。这种能量的作用使无潮区的泥沙被沿岸流带走,使无潮区泥沙不易淤积,这恰是建设深水大港的良好条件。淤泥质海岸的无潮区完全可以建港,打破了长期以来形成的在淤泥质海岸难以建港的认识。这是一个重大创新,是海岸带建港的一个重要突破。

侯先生感到异常兴奋,随即撰写了论文《关于黄河三角洲海港建设与水运建设的设想》。时任胜利油田党委书记兼东营市委书记的李晔读了后,激动不已,挥笔写道:"天下事,难,就难在,吼出了第一声!"在以后的工作中,任凭风浪翻滚,他们同舟共济,患难与共,结成最好的朋友。

1984年2月,侯先生在胜利油田向当时的总书记胡耀邦同志汇报了这一设想,得到鼓舞和支持。4月,国务院领导亲自到无潮区海域视察,详细询问当地情况,随后向有关领导表示,筑港问题,侯教授的意见应予以论证。

同年9月10日,时任山东省省委书记苏毅然等领导同志主持的"黄河口三角洲无潮区建设深水港港址论证会"在东营市举行,全国200多名海洋动力专家应邀参加会议。与会专家通过了建设"黄河海港"的决策,并提出了先筑一个试验港,作为胜利油田在海上采油的"工作船只码头",港口泊位3 000吨,水深35米。

"工作船只码头"1984年底施工,1989年竣工。经过四年的使用,港池不仅没有淤积,而且航道已冲刷到5米深,完全验证了侯先生的理论是正确的。至此,所有研究海港的专家在无潮区筑大港的问题上达成了共识。

挖沙降河治黄河

新中国成立后,河口治理研究也迎来了春天。面对错综复杂的黄河入海口,所有关心黄河的人开始以科学的眼光加以审视。多年来,许多领导、专家、学者深情关注河口治理。当把清水沟流路可稳定40年到50年的研究成果公之于世后,强烈的社会反响把黄河口治理研究与探索推向了有史以来的高潮。

然而科学治河毕竟不是件容易的事情。确立河口治理方向与思路,稳定现行入海流路,需要严密的科学理论和大量的实验数据,需要以博大的胸怀接纳不同建议与意见,百花齐放,百家争鸣。近年来,各种以稳定黄河入海流路为主的理论、观点如雨后春笋,破土而出。

侯先生对于中国历史上的治河方法,进行了仔细研究,先后推出了"挖沙降河、疏浚拖淤、分洪放淤减沙、束水攻沙、输沙入海"等主张和见解。他重点借鉴了长期以来得到很高评价的王景治河经验。从史料记载看,王景筑堤后的黄河经历800多年没有发生大改道,决溢也为数不多。王景测量地形,打通山陵,清除水中沙石,直接切断大沟深涧,在要害之处筑起堤坝,又疏通引导阻塞积聚的水流,每十里修造一座水闸,使得水流能够来回灌注,不再有溃决之害。

对于黄河的治理和开发利用,侯先生付出了毕生的心血。他几乎年年都要考察黄河。1992年10月、1993年11月23日至12月5日、1996年4月11日至29日以及1998年夏天,侯先生数次带领我们对黄河流域进行深入细致的考察和研究。从黄河口的东营,向西而上,踏遍山东省黄河两岸,如滨州、德州、济南、泰安、聊城、菏泽等。从高村水文站到河口的利津水文站,所有的水文站、泄洪区都走访遍。河南省、陕西省的沿黄重要地方也都是研究的重要站点,如洛阳、郑州、花园口、华阴、韩城以及渭河流域的宝鸡和渭河口。所到之处,均与当地领导联系,取得他们的支持和帮助;与当地的科技人员、水库工作人员及居民座谈,了解情况,观察现场。除有关黄河的问题外,他也深入了解当地居民的生活问题,关心他们的疾苦。每一次考察回来,侯先生都会带领我们向省、市领导汇报,听取他们的指示和意见。所有这些都为他的研究和向有关部门反映问题提供了丰富的第一手实践资料。所有问题及其解决方案,均成为他日后向人大和有关会议提交的议案,充分维护人民的利益。

在快速的泥沙淤积和各种自然作用力的共同影响下,黄河流路每10年左右改道一次。流路的频繁变迁,严重制约着胜利油田、东营市的生产建设及黄河三角洲的开发。

1982年,国务院领导来东营视察工作,要侯先生针对治理黄河流路变迁谈谈看法。侯先生认为黄河之治必自河口始,提出了"挖沙降河"的理论,即每年在黄河口挖取泥沙,降低河口段河床,按照反馈冲刷原理,中下游河道的泥沙就会被逐渐冲刷而使河床降低。中央领导在听取汇报后说,一定要认真考虑侯教授的意见。

侯先生经常给我们讲解这一理论,并推算出可能的挖沙量。他相信,只要每年挖沙不止,30年后黄河中下游河道内积存的大约600亿立方米的泥沙就会被冲刷掉,黄河就会成为一条稳定的地下河……此论一出,众皆哗然。按照每年最少挖出五亿立方米的泥沙,如果堆成高、宽各一米的长堤,可以环绕地球赤道12圈。如此巨量的泥沙要挖出,无论人力和财力都难以办到。为此,黄委会的众多科技人员写信向上反映这一问题。国务院领导回答:这个问题的产生,是因为双方站在不同的角度看问题。侯教授是从海上看黄河,而他们是从陆地上看黄河。

1984年4月,中央领导在东营市听取了侯先生对挖沙降河、使天河变地下河可能性的汇报后,向身边当时的省委书记苏毅然说,治河问题一定要"深挖河,高筑田",认真考虑侯教授的意见。当年6月,山东省政府发出关于成立"黄河口挖沙可行性研究小组"的通知,成立了由50多位专家组成的研究小组。1988年6月,费孝通、钱伟长、姜春云等领导同志召集200名专家进行论证,一致通过了"挖沙降河"的方案,由胜利油田指挥部组织施工。

挖沙降河在1988年进行了一次,当年八次洪峰安然入海。1996年进行了一次,河口流路缩短了60千米,当年洪水安全通过。1998年,黄河三角洲又一次挖河固堤。在侯先生"挖沙降河"理论的指导下,黄河流路频繁变迁的现象已成为历史。黄河实施统一调水,黄河不再断流。

有意思的是,"挖沙降河"与"构筑相对地下河"的治理思路有共同之处,十几年后,黄委会也采取了相应的治河工程。国家计委和水利部审查通过的《黄河治理开发规划纲要》中,明确黄河治理需要采取拦、排、放、调、挖多种措施。自此,"挖沙降河",也成了黄河治理的重要措施之一。

从1997年11月23日治黄史上首次挖河固堤举行启动仪式开始,在河口治理史上,一次跨越七年时间,三次组织施工,历经三次调水调沙的挖河固堤工程于2004年6月30日全部结束,以实际行动展现了"团结、务实、开拓、拼搏、奉献"的黄河精神。挖掘机、自卸车、组合泥浆泵、挖泥船等多种机械设备相互配合,近万人参加,一共挖出泥沙1 057万立方米,加固堤防24.8千米,开挖疏浚河道总长度53.6千米。

"挖沙降河"理论,是对我国3 000余年传统治黄方法的重大突破。经过不懈的治理,清水沟流路走过了30年的稳定过程,始终保持单一、顺直、畅通入海的河道。许多专家认为,现行黄河清水沟流路在未来水沙条件不断变化的情况下,加强治理,再继续行河50年左右是完全有可能的。

截流三门峡水库黄河水

在三门峡水库建设中,侯先生曾因截流黄河水而作出贡献。1958年在黄河三门峡截流会议上,建议"管术法截流方案"被采纳,一举成功。

汹涌的黄河水,要想截断它,是很不容易的。经过数次的努力均未成功,就连苏联专家也没有更好的办法。侯先生经过反复考虑,决定使用"管术法截流方案"来完成。具体做法就是先在黄河河道中打入铁桩,密度可加大,起到充分的阻挡作用,然后抛石。由于铁桩密度大,石头就不会被洪流冲走,以达到截流的目的,把奔腾咆哮的黄河拦腰截断,像一条钢铁的锁链,缚住了黄河,使有史以来桀骜不驯危害人民的黄龙,乖乖听从人民使唤,为社会主义建设造福。为表彰其取得的功绩,当年的中秋节,周恩来总理接见了侯先生。

在带领我们考察黄河中下游时,侯先生提起往事,以非常崇敬的心情谈到周总理。在1964年周总理亲自主持的四省长会议及专家会议上,总理在协调两会议的关系中,循循诱之,谆谆教之,感人肺腑。最后在各种意见的汇聚下,制定出三门峡水库的使用、管理、扩建、改建的原则:三门峡水库上游"确保西安",下游"确保下游的防洪安全",以后称为"两个确保"。

在宝鸡开会和研讨黄河流域自然灾害会议中,侯先生给我们介绍水科院的黄万里先生和黄委会的温善章是如何坚持真理、敢于讲实话的。温善章毕业后，参加了三门峡水库的建设。他对于许多问题的看法，坚持真理。他不是对权威和官方方案加以补充和完善，而是提出了原则上的修正，这在当时是十分罕见的。有些看法与苏联专家、有关领导意见相左，这会有极大的政治风险。温善章的观点，得到了周总理的重视。侯先生鼓励我们向他学习，敢于坚持正确的观点，这是科技人员应具有的优良品质。

侯先生带领我们对三门峡水库考察，了解到了较多的情况。与水库的负责人戴全宝总工程师和技术人员的交谈，使我们更深地认识到存在的问题。三门峡水库的运行使陕西省付出了沉重的代价。现在的三门峡水库80%在关中平原，因为老水库水位高，已经淹没了渭南100万亩良田，43万人口受影响。目前由此带来的灾荒未减，没有达到"扶贫"的目的和标准。为此，侯先生向陕西省水利厅做了专门的研究汇报，并提出黄河治理的有关问题。

千方百计保护胶州湾

先生十分关心青岛的胶州湾建设，对于它的开发利用和保护问题提出自己的看法和建议，受到各级领导的重视。

胶州湾是青岛的母亲湾，港深水阔、淤积量小、无冰冻，是一个难得的天然良港。但胶州湾水域面积日趋减少，从1928年到2003年，面积缩小了35%。胶州湾海域面积的不断缩小造成海湾的纳潮量急剧减少，对气候调节能力降低，水动力强度减弱，水体交换和挟沙能力下降，导致海洋自净能力降低，生态环境恶化，海洋生物多样性减少，自然和生态环境受到很大影响，保护胶州湾已经刻不容缓。

侯先生认为，自然变异和人为开发是造成胶州湾不断缩小的主要原因，若再不严格控制，将会危及港口和航运安全，破坏生态环境，影响海水养殖，进而制约青岛市的整体发展。

1978年出席第一届科学大会时，侯先生就提出"胶州湾保护重于开发"的建议；1997年他在出席北京国际海洋大会时，向时任国家发改委主任曾培炎同志提出在青岛建设北方航运中心的建议。他组织海大、中科院海洋所、国家海洋局一所、海洋地质所等单位的老教授、专家联名上书时任青岛市长王家瑞，呼吁保护胶州湾，建设北方航运中心。王家瑞市长批示给予肯定，并指示组织专家研究。

1985年3月25日黄岛开发区破土兴建的那一天起，解决"青黄不接"的青黄海上通道问题就提到议事日程。侯先生是力主建设海底隧道的召集人，他组织了国内外著名隧道专家对胶州湾的风、浪、涌、地质、地震、气象、水文、海动力、经济等问题进行了长达20年的调研,并在海大的海动力实验室进行模拟实验。他十几次上书中央、省、市领导,呼吁保护沧口水道。1993年国家计委在青召开青黄通道讨论会,由于隧桥之争难分伯仲,时任市委书记俞正声同志在会议结束时表示:"我们这一代人搞不清楚的事,让下一代人决策吧!" 2005年3月国家发改委正式批复,在北桥位建设青黄跨海大桥,避开了对胶州湾沧口水道的影响,也符合胶州湾功能区划的指导思想。为了胶州湾的开发利用和青岛市的经济发展,侯先生呕心沥血,宣传正确的方法,抵制错误的、有损于自然环境的方案和做法,保护母亲湾。

几十年来,侯先生先后在几百项有关大河截流、船坞排灌水、港湾防波堤、大型海洋浮标等工程的模拟实验中,解决了许多技术难题,作出了重要贡献。他的挖沙降河的治黄方案、关于解决青岛胶州湾问题的方案等,都有独到的见解,闪耀着智慧的光芒。他注重科学发展观,注重生态环境的保护,一生追求真理,为政府决策提供科学的依据,为人民的利益四处奔波。

他是一位让人民惦记的人,是一个伟大的人。

二〇一四年四月月末版

☆ 家风重提:向传统温情的致意

王淑芳

中央台记者在街头随机提问"你的家风是什么",因延续了随机问"你幸福吗"的方式,而被无数网友吐槽和拍砖。其中固然饱含着对太多社会和人生的无奈且凄然的愤懑,也不乏偏执的偏见:只要是中央电视台所做的,就必须要反对;只要是代表意识形态意味的,就一定要解构威严性。这是一个消解意义解构终极价值的时代,是历史虚无主义盛行的时代,然而"家风"仍然带着它不可被消逝的气质,蜿蜒地、迂回地、优雅地在许多人的内心激起涟漪,回荡不止。虽是意识形态的召唤,却在民间获得了接续文化传统的回应。

是的,我们离开这个话题已经太过久远,以至于早已忘却了来时的路。这一路风风雨雨,拼拼杀杀,不停地否定落伍的反动的过去,追逐着美好的光明的未来,肆意抛弃、糟蹋着旧的、过去的、不合潮流的一切,文化、思想、道德、技术等等,抛却了才能无负重地前进。然而,在某个成功时刻驻足,却恍然发现:追求理想,理想不再;追求美好,却接近了丑恶;所谓巅峰,只不过站在云中。当品格、学识、爱情、艺术、良心,所有美好的事物被利益定价时,均已变得无趣无味;当所有美德都被功利之心权力之掌操控时,世界失却了它的良心,人类迷失了他的本心。处身道德缺席、文化精神苍白、权力吞噬权利、功利侵蚀良知的时代,我们惊异地发现,"家风"早已经成了陌生的字眼、陌生的文化。

无论是士人"修身齐家治国平天下"、"为天地立心、为生民立命、为往圣继绝学、为万世开太平"的高远志向,普通百姓勤俭持家、祥和富足、康宁长寿、好德善终的处世之道和人生愿望,还是农业文明下"耕读传家久,诗书继世长"的人生理想和"诚心经营,童叟无欺"的为商之念,一一都变得很遥远,而这些,正是我们,和我们的民族可以源远流长的根基。数千年来,无论城头变幻什么大王旗,这根基都不曾动摇过。因为,无论士、农、学、商之家,他们的家风已经成为民族文化重要的组成部分,成为人们世世代代的一个信仰,融在血液里、化在灵魂中,换句话说,家风是中国人的文化乡愁。可是,在并不算久远的曾经,人们在"革命"名义的号召下,与过去决裂,万众一心,众志成城,大义凛然地亲手摧毁了家风,任凭其荒芜湮没，绝尘而去，不作留恋的告别，哪怕这荒芜中还有微弱的哀伤的呼告。家风的断裂，使一代代中国人的文化乡愁无处安放，是中国文化的断裂。

终于，到了回首凝望的这一刻。因为终有不肯忘记断裂之痛的心灵。

陈寅恪先生在为王国维先生自沉后所写的纪念辞中，说"凡一种文化值衰落之时，为此文化所化之人，必感苦痛，其表现为此文化之程量愈宏，则其所受之苦痛亦愈甚，迨既达极深之度，殆非出于自杀无以求一己之心安而义尽也"，阐明王国维先生所殉是为文化。这是士之理想所向，而站在普通人的角度述及时，不妨将语中"文化"范围缩小为"家风"。沉心细味，家风断裂，虽不至身殉，却也有深深的精神痛楚——家风不传，家亦不家，亦为国之伤。纵观数千年传统，家风曼延而为国风，家风与国风在终极价值上指向一致，家幸国幸，家是国之内，国是家之外，内外相依相存。在文化的意义上，可以发现，即使国有伤，家风却不堕，因为文化还活着，家风不堕，文化不绝，筚路蓝缕支撑着中国文明蜿蜒前行。然而文化的断裂，意味着一切的断裂，家风不振，国风萎靡，灵魂左冲右突无处安放，必然呈现一片颓败景象——我们的现实正在不断上演着"文化失根"的丰富剧目。

回述家风，在个人，是对自己"来自何处，终将何处"的一次血脉梳理，是和自己祖先的一次温情对话。在国家，是对根于何处的文化审视，对向何处去的理性思考。在社会，重提家风，是为不失本心，不忘初心，是个体生命如何立身天地间的一次深刻的道德重振，是向文化传统数千年坚韧不辍的一次温情致意。

由家风而国风，显然，是一个有效的途径。

☆ 回忆我的父亲方宗熙

方菁

1953年应当时山东大学副校长童第周的邀请，我们一家从北京搬到青岛，开始了我们在青岛的生活。我记得我家住在鱼山路26号的日子，童伯母有时候会到我家来和我母亲聊天，父亲在家的时候一般都是在书房里，不过有时候也会在玻璃房里种些花草。

小时候只记得和父亲到第一海水浴场游泳一次,他游得很好,而且会坐在水面。偶尔有朋友来就会去金口一路下边的网球场打打网球,有时候会带我们去场边捡球,但是他的大部分时间还是看书写作。到我上学以后就没有看见他再做任何运动,唯一的"运动"就是上下班走路。

父亲生活非常节俭,棉毛衫裤破了都是自己缝缝,很少买新衣服。记得20世纪60年代生产救灾那几年,生活很苦,因为把粮食省给我和弟弟吃,他自己营养不良,所以患了水肿病。因为他的水肿病,所以每个月有一定量的国家配给的白面和带鱼,但往往是他舍不得吃,最后留给我们吃。他说小孩子在长身体,所以营养要够。后来情况稍微好一些后,教授每个月有一张票,凭这张票可以去饭馆吃五块钱的饭菜,所以每个周末都是我母亲带我和弟弟去中山路指定的餐馆吃一顿。那时候每到周末是我最快乐的日子,我最喜欢的就是炸里脊,每次必点,可是父亲从来不和我们出去吃饭,因为那点东西也就够几个孩子吃的。

父亲是海洋生物遗传学家,同时也是科普作家。他年轻的时候就喜欢写作,在英国留学期间他给新加坡的期刊写文章,标题为《伦敦通讯》。据说他写了好几篇《伦敦通讯》发表在新加坡的期刊上,但是我这里只有一篇,内容是介绍英国的风土人情。他的文笔流畅,语言简练,非常生动。回国后他为青少年写了十几本科普著作,最著名的就是《古猿怎样变成人》。这本书我还是在他去世后读的,真没有想到他的文笔这么好。他用简单易懂的文字把深奥的科学道理讲述得非常清楚。像父亲这样自己是科学家,同时又是科普作家的寥寥无几。

父亲除了写了十几本科普著作外,还和别人合译了几部达尔文的著作,最著名的是《物种起源》。他还写了好几本专著,作为大学教材的有《普通遗传学》和《进化论》等。

父亲是大学教授,除了上课做实验、带研究生外,只要有时间他就在写东西。他写东西不用书桌,因为"文革"期间让出两间房间给掺沙子的人,我们家住得很挤,他就坐在和我同龄的单人旧沙发上,拿个硬纸夹垫着写,这个习惯一直延续到他去世前。父亲写东西的时候很专注,和他说话,他听不见。有时候需要一些生物图,他会摘了眼镜趴在家里唯一的桌子上,用硫酸纸自己亲自画图。早晨上班前、饭前饭后、晚上他都在写,节假日也是如此。有的春节他竟然是在实验室度过的。上下班的路上他总是低着头走路,脑子在构思他的著作或者是实验内容。因此有时候别人对面走过和他打招呼,他竟然没有看见。由于他担任的职位太多,所以经常要出差开会,但是他还写了上百万字的科普著作和专著,他的时间就是这样一点一点挤出来的。

父亲是个性格内向的人,平常话不多,但是他对工作的认真态度和良好的生活习惯对我影响很大。一直到现在,我都是沿袭了父亲的生活习惯,早睡早起,按时吃饭,认真工作。我是做出版工作的,有些稿件我就是和父亲一样挤时间审读,早晨上班前我会工作一会儿,饭前和晚上,包括周末和节假日,只要有稿件我都会在家认真审读。

父亲已离我们远去,但是他的精神永存。

✩ 勤

说起家风,思绪挺多,静心想一想,一个"勤"字越来越清晰地占据我的脑海。"勤",顾名思义,包含勤劳、勤俭、勤奋、勤恳等意思。"勤"在中华传统文化里占据重要位置,具有重要价值,也是我们家的本色。

我跟绝大多数国人一样,出身农家,尽管祖父母新中国成立前的一个时期在东北、天津做过货栈生意,属小资本家,但新中国成立后很快成为"劳动人民的一员",自食其力,养家糊口。父母是纯粹的农民,干过多年的生产队长。小时候在生产队的打麦场上经常听社员说,他是很聪明、很能干的生产队长。在我的记忆里,父母起早贪黑、披星戴月,一年绝大部分时间都在地里劳作,忙于一家人(父亲还要为一队人)的生计。改革开放后国家在农村推行联产承包责任制,父母能稍微轻松一些,但仍要辛勤种地、打粮、卖粮换钱,应付家用,日子过得比较苦,比较紧。当然这恐怕也是当年全国大多数人和家庭的生活景象。我家兄弟姊妹比较多,在当年吃饭、穿衣都是大的刚性"需求",还有我们的上学、就业、成家,都需要父母辛勤操持,且精打细算、省吃俭用。今天我们兄妹都有了自己比较宽裕幸福的小康之家,真切感恩父母!同时也从他们身上自然学到了勤劳、勤俭的美德。

特别是我的母亲,年届八十,勤劳、勤俭是她老人家大半生的人生写照,刚强、坚韧是她历经磨难而日益鲜明的品格。她晚年仍终日忙碌,擦地、扫院子、拾掇房前屋后,不愿清闲,家里窗明几净,井井有条,来的人都啧啧称道。尽管家里经济状况较以前富裕了许多,且有养老保险金,但她仍精打细算,从不滥花一分钱,不愿糟蹋一点东西,自己一日三餐粗茶淡饭,能省则省,喝杯奶都不舍得,有好吃的都放着留给儿孙。母亲的刚强、坚韧,在村子里、在亲戚朋友中,是出了名的,她不求人,不麻烦人,遇到难为的事自己担着,自己忍受着。母亲勤劳、勤俭、刚强、坚韧的品格深深地影响着我的人生态度和生活方式。

我的禀赋一般,但一直比较勤奋、勤勉,信奉"天道酬勤"、"勤能补拙"。在求学时期,我勤奋学习,不甘落后,自立自强,坚信"事在人为,关键在自己"。珍惜韶华,勤于思考,勇于实践,努力打牢基础知识,广泛汲取新知识,刻苦掌握专业技能。通过在芦洋学校、蓬莱三中和中国海洋大学受到良好的教育和锻炼,我具备了生存和发展的基本素质及能力。大学毕业后有幸留校工作,先做学生教育管理工作,后做宣传思想工作。我专心做事,勤勤恳恳,不敢怠惰。坚持日事日毕,日清日高,注重日积月累,厚积薄发。通过参加活动、推荐书籍、党课培训、言传身教等方式,热心为学生服务,在青年人的成长成才过程中,尽心尽力地发挥自己的作用。还善于与来自四面八方的不同性格、不同特点的人合作共进,友善待人,诚恳待人,相互支持,相互帮助,着力于做事情,努力发挥集体和团队的最大力量。同时,自己崇尚简约、沉静的生活,志于做一个"生活俭朴,内心丰富"的人。其方式之一是喜好买书、读书,通过阅读,跨越时空,领略学人大家思想,丰厚学养,并省察自我,感悟人生,提升生命质量,寻求人生真滋味。

我的人生态度和生活方式也逐渐地影响到孩子。孩子原来有些贪玩,但随着年龄的增长,特别是自初三以后,有了不少的变化。孩子理解了勤奋的价值,明白了每天进步一点点的重要性,也明白了父母的苦心,并能努力做好自己的事情,通过孜孜不倦地学习、思考,逐步提高学习成绩,不断进步。家风有传承,不忘本色,这是最值得高兴的事情。

☆ 笃信好学
——镌刻在骨子里的家风

曹志敏

每到春节，除了省亲拜祖，还免不了受长辈一番教诲。

今年与往常不同，感获甚多。经历了"扶不扶"、"让不让"等道德事件的"撞击"，人们开始关注中华民族的文化传统。重建社会道德体系的思考令我们这些教育工作者不得不严肃面对。"家风在哪里？"成为炙手可热的话题。看到荧屏上中央电视台记者把话筒对准普通民众的提问，家父就像要抢答似的捧出《曹氏族谱》，指着扉页上"笃信好学"四个字说："这就是我们的家风！"我忙查其含义："笃信"即忠实信仰，对道德和事业抱有坚定的信心；"好学"即勤学好问（我则宁可解读为要"学好"）。

《论语·第八章·泰伯篇》载，子曰："笃信好学，守死善道，危邦不入，乱邦不居。天下有道则见，无道则隐。邦有道，贫且贱焉，耻也；邦无道，富且贵焉，耻也。"据称孔子给弟子们传授学问之道，"天下有道则见，无道则隐"是处世重要原则，认为个人贫贱荣辱与国家兴衰存亡攸关。

以前深受"新"思潮影响，从未如此认真研读过"宗谱"《柏林堂记》。原来，500年前姬姓改曹，载有宋封先祖彬谥武惠王；明宣德十一世祖官仕衢州府；清十四世祖汉章曾任统领，参加辛亥革命；民国攀桂领导地方农民起义，兴学、修桥、铺路；十五世祖父宗槐追随彭雪枫领导的第七支队在豫皖边区游击抗日。到了家父这一代为十六世，十四岁随其父、兄在抗日游击队"颠沛流离"，作为通讯（联络）员。十六岁正式参军，随刘邓大军挺进大别山，1947年回师北上参加淮海战役，华北解放后渡江南下（渡江战役、东南解放、中南解放奖章在"文革"中遗失），随第二野战军十八军途经豫、皖、苏、浙、赣、湘、桂，由黔入川，一年时间"八千里路云和月"徒步挺进大西南，之后进军西藏……以致后来直谏受屈顶冠"右派"，也从未放弃信仰，一如既往地践行着"笃信好学"的家风祖训。八十岁高龄写下二十余万字的回忆录《风雨兼程》，让我等后辈晓以民族大义，发扬"追求真理，御侮强国"的忠诚精神；到我这里是家族的十七世，尽管和父亲似同"路标"式的记述视角不尽相同，或者无法完全读懂父辈，我依然应坚定地记下这镌刻在骨子里、融化在血液中的家风，努力做到对事业执著，为人诚实，不断地向好人学习。

☆ 我的父亲，一位胸怀坦荡的老学究

沈小平　沈秀平

我们的父亲沈汉祥让我们难以忘怀，这不仅仅是因为血缘关系使然，更因为他为人正直、胸怀坦荡，面对一生的坎坷经历，泰然处之。为了实现他一生的追求，他勇于奉献，给后人留下了宝贵的精神财富。

父亲生于1908年9月，是遗腹子。有两个姐姐，跟着奶奶相依为命。儿时随堂哥念私塾，读师范，当小学老师；考取集美商船专科学校后因为眼睛近视不能上船当船长，考入厦门大学生物系，年年得奖学金。以上两所学校都是著名华侨陈嘉庚先生创办的教育机构。

1945年抗战胜利后，父亲和另外四位志士仁人考取留美研习渔业工程的机会，两年后学成回国，他把先进的围网和拖网技术引进中国。他先后在农林部下属的渔业机构创办实业，赴台湾创办渔业办事处等，后均被有背景的人接替任职，他由此看到了国民党政府的腐败无能。1948年父亲接受山东大学水产系主任朱树屏先生的聘请，来青岛任教，聘为教授，从此踏入水产教育高等学府，为中国的水产教育事业奉献了全部才智。

也曾辉煌也蒙冤

1949年青岛解放后，朱树屏先生调黄海水产研究所任所长，我父亲成为新中国水产系的第一任系主任。他为水产系的建设呕心沥血，先后聘请了陈修白、邹源林、闵菊初等一批专家学者来青任教，提升了水产教学质量，为新中国的水产事业培养了大批人才，可谓桃李满天下。他被誉为水产界的老前辈，在任水产系主任的同时，一面教学，一面著书立说，在上个世纪50年代就有两本专著手稿被海洋出版社约稿。

就在父亲年富力强、专注于教育事业的建设和发展的1958年，"反右运动"开始了。当他知道自己要领导水产系的"反右运动"时，他直率和坦诚的一句话"我觉得外行不能领导内行说得没有错误"给命运投下了阴影，在随后的向党交心中，完成了3%"右派分子"的"补课"。由此受到的不公正对待是前所未料的——首先被免去系主任职务；教授降为助教待遇；发配到青岛郊区的女姑口养鱼场劳动改造；两部专著手稿被出版社退回；水产部委员和民盟青岛委员被除名；从鱼山路2号山东大学"教授楼"搬到丹东路4号3楼3居室，和柴象浩、刘永斌、初民开（教务处）、刘刚夫妇（后勤处）、郭靖安（体育室）等教职员为邻……

父亲的正直是众所周知的,他对水产专业的造诣颇深也是大家熟知的。所以他的人缘很好,受到学生们的尊敬。1962年,时任水产系党支部副书记的王如才先生坚持为我们的父亲摘掉"右派"帽子,做出了极大的努力。父亲得以"回到人民队伍"的大家庭。1964年荣幸地当选为"四清工作队"成员,到崂山县中韩公社午山大队搞"四清运动"。

以豁达面对艰辛

1966年开始的"无产阶级文化大革命"把政治运动推向了最高峰,也把亿万公民卷入了一场六亲不认的阶级斗争中。我们一家也随着父亲经历了一场前所未有的噩梦。

父亲被从"四清工作队"抓回学校批斗的时候,"狗血喷头"的恶作剧已经过去,但是被抄家、戴高帽批斗却没有逃脱。家里的所谓封资修和"四旧"都被烧的烧、扔的扔、抄走的抄走。家中一片狼藉,大门上还贴了一张"反党、反社会主义、反革命分子、反动学术权威沈汉祥"的大字报……父亲还没有进牛棚以前在水产系里打扫卫生、接受改造和受审讯、写检查,结果受到了个别学生和老师的文攻武斗,后背的一边肋骨被踢断了两根。等着父亲被允许去医院检查拍片的时候,断骨已经错位长在一起了。

1968年全家五口被迫搬到大学路的一间20平方米的北向房间里,没有厨房,只能在靠近自家门的走廊角落做饭,接水是在厕所里的水龙头。厕所三家合用。父亲在最艰苦的环境中还是保持着乐观豁达的态度,认真学习"最高指示"和时事报告,相信组织上会正确处理好历史遗留的问题。在生活中也是不顾年事已高,和我们一起去买蜂窝煤球,一起用洗澡的大铁盆和木板往楼上搬运煤球。他当时对我们说的一句话"煤是最干净的"至今记忆犹新。孩时的理解只局限在搬煤球弄脏了手,父亲的一句宽慰的话。现在想起来又有了新的感受——煤如同蜡烛,燃烧和奉献了自己,给他人和社会带来了温暖和光明……在那人鬼难分的时期,父辈受害,连累子女。我们兄弟姊妹四个,上面一个姐姐和一个哥哥都下乡插队,老三只能去做临时工,直到"文革"结束才到父亲单位安排了正式工作。母亲为了儿子能回江苏老家插队,不顾多年的高血压病和儿子迁户口去了农村生活。1970年水产系搬到烟台水产学校,脱离了山东海洋学院,我们一家人分了山东海阳、烟台、青岛和江苏江阴四个地方生活,可见生活的艰难。

两袖清风做学问

粉碎"四人帮","文革"结束以后,父亲的冤案得到改正。虽然没有恢复系主任的职务,但是职称和待遇都恢复到教授级别,生活水平得到改善。1978年高校恢复高考招生以后,很多专业都缺少师资力量。父亲在70岁高龄义不容辞地走上讲堂为新生讲大课,后来还给硕士、博士研究生开课。他还编写了《水产学通论》交给学校出版社出版,作为学生的基础课教材学习。

父亲73岁办了正式退休,学院继续返聘他讲课。家人看到他讲好大课回家,都要打一盆热水擦身,换下被汗水沁湿的汗衫,就几次劝父亲不要为了30元返聘费去受累了。父亲总是说:现在有了教学的机会,就是不给返聘费也要去讲课。这充分体现了老一代知识分子的执著精神。父亲在解放初期教过的学生,70年代以后都成为中国水产教育和研究机构的领导和学术带头人。父亲意识到著书立说的紧迫性。为了水产事业的发展,他带领在水产界有学术研究成果的学生李善勋、陈小曼等出版了专著《远洋渔业》,填补了国内的空白,受到海洋水产界的重视和欢迎,指导了远洋渔业的开展和教学的课程拓展。专著脱销后出版社又进行了再版印刷,这在当时是比较少见的现象。每每看到父亲在家里写作、亲自画图,母亲帮着誊写、校对的情景,都让我们感慨万千。

父亲的一生胸怀坦荡,学识渊博,平易近人,真正体现了老一辈知识分子"两袖清风做学问,一身正气学做人"。父亲在病重期间,管华诗校长让办公室主任送到医院的花篮上写着:"沈老师您是我老师的老师,祝您早日康复。"这也是父亲的心愿,但是他终究没有在1996年脑中风之后康复。但是他给我们留下的精神遗产却是永生难忘的。

谨此怀念文章献给我们的父亲。

☆ 母亲教我如何面对人生

曾左

又是樱花盛开的时节。

记得25年前我与妈妈在中山公园樱花树下曾经合影。放大并回放那时母女二人生活中的亲热镜头画面,心里充满的尽是甜蜜。

恍惚中仿佛妈妈真的又站在了樱花树下,面带微笑招呼着我们。笑容里有她一颗跳动的心和对生活的爱,也有她对我们人生的要求;微笑中饱含了她对儿女们人生的美好祝福和期盼……但是照片中还算年轻的我告诉自己,时光早已流逝,亲人早已远去,场景也已不是当年,妈妈永远不可能再站在樱花树下,自己也早已不是当年与爸妈生活在一起的单身姑娘,爸妈都早已远离了我们。只有照片留住了我和妈妈在一起的身影和时光,留住了妈妈永久的微笑,也留给了我永久美好且带有伤感的回忆。

  面对照片我泪流满面。脑中泛起的除了思念还是思念、思念,无尽的思念带我回到了与爸妈共同生活的年代……我的妈妈尹左芬为祖国的水产教育事业贡献了毕生精力,也为我们姐弟三人的成长付出了全部。妈妈一生经历坎坷,命运多舛,但也收获颇丰。她事业有成,受到尊重;生活中她收获了以她的姓氏和名字取名的我们姐弟三人——这是她和我爸爸的最大骄傲。妈妈人品正直,为人宽容坦诚,做事率真,从不懈怠,给人留下了美好的记忆。她是学生、同事和友人们眼中的好师长、好领导、好朋友,父母口中的好女儿,家中孩子和晚辈们心中的好妈妈、好榜样。我为有这样的好妈妈感到自豪。

  妈妈教育我们要"严于责己,宽以待人",对人对事都不可斤斤计较,患得患失。妈妈说,"严于责己"是要做事严格认真,对他人和自己负责,内心无愧且踏实,可以让自己更稳、更快地不断进步;"宽以待人"可以让别人体会到你做人的真实,感到内心放松且无压力。要让他人感受到你做人磊落光明、不卑不亢的一面和做事坚柔并存的另一面。与外人友好相处,与家人团结和睦,让自己的心胸更加开阔也能令别人心情愉快,于人于己都有百利而无一害。妈妈的教导直接影响了我们的人生,意义深远。

  "文革"浩劫中她受到无端的迫害,身心受到严重摧残,但却丝毫没有撼动她对事业的孜孜追求和对美好生活向往的信念。逆境中她产生过悲观,也有过不良情绪,但最终还是靠着她坚韧的个性,笑着活出了自我,走出了逆境。她说过,你们面对的社会和人生,会有多种不测,各种事情都有可能发生。不管是什么样的人生,出现了什么样的问题,你们都不可以退缩,要敢于迎面解决,无论结果如何你都要面对;尽管有些事情不是你自己选择的,结果更不是你想要的。这些教导不就是当下所谓的"直面人生"教育吗?妈妈的教导正是契合了眼下的时代要求。她还说过,对那些你自己选择的事情结果更不要有分毫的埋怨,因为那是你自己决定的。怨天尤人不能解决任何问题,只能加深加重你对人生的不满和怨恨。

年轻时的我很不听话,总是把爸妈的话当成耳旁风,特别是在"女大当嫁"的问题上尤为突出,最终悲剧酿成,体悟了"吃亏在眼前"的古训。

1991年初妈妈离世,爸爸也已近暮年。"吃亏"后的我还是一个单身姑娘,那之后心里真的是着急了。想想妈妈在世时说过的话,面对我自己选择的人生之路,心里满是悔恨,可是自己要对此负责啊,要对垂暮的爸爸负责啊,说穿了就是自酿的苦酒要自己喝啊。

爸爸更是心急如焚。眼看年近九十的他身体日渐衰弱,我内心倍感愧疚。1994年的夏天经人介绍认识了我的丈夫,1995年3月在妈妈生日那天我们领了结婚证,与他和他九岁的儿子组成了四口之家。我在因"不听老人言"而自选的生活道路上正式上路了。

路上的一切都很陌生,新的生活和新的家庭成员。年近不惑的我开始了自己选择的"新生活"。心里牢记着妈妈的教导,正确面对不称心但却是自己决定的事情,丝毫没有怨恨,只有乐观向上。妈妈说过要对自己负责。

面对迟到的婚姻我很看重也很珍惜。丈夫在部队医院工作,为人厚道,工作踏实肯干,业务水平高,工作能力强;有耐心,能吃苦,善于学习,有爱心,对我爸爸也好,我很感激他。爸爸与我们共同生活了近三年,这期间丈夫边工作边帮我照顾后来生病的爸爸,直到1997年10月我爸过世。

在对待家庭上,特别是这样一个非正常的家庭,我谨记妈妈的教导"严于责己、宽以待人",用敞开的心胸包容老人和家人,使老人的晚年生活愉快,让家人的生活满足满意;用智慧巧妙地处理家里家外的各种关系,使得一家人生活在明媚的阳光里、满盈的幸福中。

我做到了孝敬公婆,善待孩子。对待继子我更是尽心尽力,视为己出。在他从小学到中学直至完成大学学业的12年里,再到毕业后谋得工作,我全程不遗余力,曾被朋友和同事们戏称为"八年抗战"(小学、初中阶段)和"四年解放战争"(大学本科阶段)出生入死的"女战斗英雄",最终将其培养成材,完成了他求学、求职和娶妻生子人生三部曲的谱写,对国、对家都算有了圆满的交代。2003年在学校评选"校园十佳优秀母亲和家庭"活动中,我榜上有名,光荣地成为十佳之一,这个荣誉是对我对家庭和孩子付出的充分肯定。

1998年元旦我的儿子出生,取小名元元,学名张十工,希望他将来能投入"十"倍的精力去"工"作。现在正上高二年级的小东西俨然是一个身高一米八多的大小伙子了。我仍然记得妈妈的话,帮助他引导他也要以"严于责己、宽以待人"的标准做人做事,期盼他能健康快乐地成长,正确选择他自己的人生道路,不做让自己后悔的事情,做勇于担当的男子汉。

妈妈的教导一直伴在我的耳边。不知不觉地我不如意的坡路人生走到了知命之年。虽然工作和生活中有各种的不如意,但在有苦有甜的生活道路上我没有迷失方向,我依旧在自己选择的道路上辛苦地"爬坡"。尽管一路上荆棘遍地,困难重重,难以应对,但我牢记妈妈对我们的人生教诲,秉承着爸妈留下的作风,依照和把握着"责己"和"待人"的分寸,正确处理好与外人和家人的关系。我学着妈妈的方式笑着面对人生,十二万分地珍惜迟到的婚姻,尽全力经营好生活,像妈妈爱我们那样全力爱我的孩子,爱丈夫和家人。

我的生活道路上虽然有些沟沟坎坎,走过不少弯路,婚姻生活崎岖不平,没有像普通人那样行进在正常的道路上,但那些对我的幸福指数影响不大。我坚持以坚柔并存的方式行走在内心开满鲜花的路上,生活在阳光明媚充满希望的世上。那是爸妈希望看到的。

☆ 话说我们的家风

刘洪滨

家风是今年中央电视台讨论的一个话题。可以说,不同的家庭有不同的家风,多数好的家风大体相似。我们家的家风从老辈延续到现在,一直都是孝敬父母、尊老爱幼、家庭和睦。母亲已经近九十高龄,我们兄弟姊妹四个,包括子女、孙子、孙女共四代,几十口人都非常孝顺老母亲,家里一直继承着勤俭节约的美德。父母都是从革命战争年代走过来的人,做事情都是从国家、集体、他人的利益考虑的多。我们家的家风比较淳朴,老一辈重视言传身教,以自己的行动做表率,对我们影响最大,所以我们后辈都是以身作则,教育孩子们诚实、老老实实做人。

父亲没有上过学,从小跟亲戚闯关东。1947年哈尔滨汽车驾校毕业后参了军,参加过东北解放战争和抗美援朝,上过前线,打过仗,负过伤,立过功。严酷的军旅生活,使他养成了严格、说一不二的硬汉作风。工作中他一丝不苟,兢兢业业，严于律己，在部队多次立功受奖，在地方是个合格的基层领导。家庭生活中，父亲话不多，但句句算数。从小我清晰记住的一句话就是，"家有家规，国有国法，没有规矩不成方圆"。父亲对我们兄弟姊妹要求严格，我们吵了架、犯了错，首先挨批的是我这个大哥，体罚、挨打也是常事。顽皮的我们小时都怕他，父亲一回家，我们兄妹几个像小猫一样马上躲了起来，鸦雀无声。父亲要求我们吃饭不说话，碗筷、东西要按规矩放；要守时，不能随便迟到，不占公家的便宜等。我还记得，1956年我上小学时用了几张部队的信纸做算数演算题。父亲发现后，大发雷霆，严厉地告诉我公私要分清，公家的东西，一针一线也不能私用。

这件事母亲也受到了批评，父亲嫌她对我管教不够，让我乱用公家的东西。

五十年代中后期父亲给空军首长开车，父亲的车时常停在家门口，但我们家人从来没有搭过便车，更不要说公车私用了。1968年，参军送别时父亲嘱托我到部队要好好干，千万不要做"一失足成千古恨的事"。我在部队时，父亲的首长成了空军政委，我住的营房与空军司令部只隔着公主坟一条马路，我和政委的儿子从小是耍伴。我把这种情况告诉了父亲，他叮嘱我不要去看张政委，不要打扰他，好好工作。我一直没有再见到父亲的首长和其家人，只有母亲在父亲去世后，带弟弟到北京见过张政委，受到了热情接待。我把父亲的话牢记心中，无论在部队执行保卫党中央、毛主席的任务还是在后来40多年的人生中，都能遵纪守法、严格要求自己。

1975年夏父亲查出患了癌症。我大学刚刚毕业，手头没有多少积蓄。为了给父亲治病，我请假、借款、东奔西走，到处求医问药，淘换药方、偏方，花光了积蓄，卖掉了心爱的手表（当时一只25钻梅花表400多元，相当于普通职工一年的工资）。1976年父亲临终时，拉着我的手，慈祥地说，让你受累了。这样一句带有谢意的话让我终生不忘。

父亲虽然严厉，却非常孝敬老人。爷爷奶奶在旧社会早早去世，父亲未能尽孝道。父亲把对长辈的爱，放在了姥姥身上，他对姥姥非常孝敬，有好吃的让妈妈留着，让我们给姥姥送去，还经常接姥姥来家小住。姥姥有三个儿子，但她特别喜欢父亲，从中可见一斑。回想与严父在一起是很有限的时光，小时战乱，我随母住在姥姥家。我们随军后，适逢抗美援朝，爸爸在家时间不多。回乡后爸爸在公社、县里上班，我们住在相距十多里的农村，父亲只有部分周末回家。我13岁离家上中学，接着参军、工作，离乡50年。父亲英年早逝，我与父亲在一起的时间并不多，但他的音容笑貌仍留在我心间。他身教胜于言教，对我影响很大。过去对父亲的教诲有时不很理解，面对训斥还有抵触情绪。现在回想父亲的嘱咐声里,蕴藏了多少的爱与希望!

母亲是个普通家庭妇女,生在山东农村,十多岁就随家人闯关东,长大在城市,但农村的苦日子她是有体验的。她没有上过学,仅仅能读写自己的名字。解放战争期间,曾在解放军军服厂做过工。后因有了我们兄妹几个,就一直随军在家照应我们。50年代父亲的工资每月80多元,养我们一家五口足够,在当时来说生活水平是好的。家中经常有肉吃,偶尔父亲出差回来还带烧鸡改善生活。我清楚记得,有时我带农村的同学到家里做作业,母亲总是留他们在家吃饭。做的菜也就是东北白菜炖粉条肉一类的家常菜。看到同学吃白米饭狼吞虎咽的样子,母亲总是多做一些饭,让同学临走时带一些回家。母亲经常照顾邻里。特别是老家亲戚朋友来信,诉说生活困难,父母总是拿出一些积蓄,资助他们。

1958年父亲因为伤残,我们一家随父亲转业回到山东农村老家。短暂的好奇、新鲜之后,面对现实,我发现了生活的巨大反差。在部队我家住的是日本小洋房,楼上楼下,室内有电灯、暖气、自来水、厕所。农村的草房又黑又矮,放学后要去拾柴、割草。晚上在煤油灯下做作业,灯头像枣核一样大,做完作业还要用针把灯芯往下压一压,节约煤油;吃水要到井里打,挑回家。厕所在院子里,是个大坑,和猪圈往往一体。冬天井台结冰很滑,从十多米的井中打上水来,既费力又危险。母亲重新回到农村,要带领我们适应这一切。她除了参加生产队劳动外,还担起了家庭生活的重担。特别是1960年生活困难时期,缺衣少食。为了能填饱肚子,我们挖野菜、吃树叶,过着糠菜半年粮日子。春天最难熬,家家存粮有限,靠地瓜干、野菜、树叶度日,菜团子像吃中药一样难吃。恰逢年少,长身体的时间,饭食没有油水,不耐饥,饿得晚上睡不着觉。有时饿了,吃咸菜喝凉水,把肚子撑起来。那时的咸菜就是家中放在院子里的大缸用海水晒的大粒盐腌的萝卜头、红萝卜、白菜疙瘩等。就是那样的咸菜也有限,不能敞开吃,所以整天觉得像自己饿狼一样,到处找东西吃。直到参军后,才感觉真正吃饱了饭。母亲勤俭持家,粗粮细做,地里复收的冻地瓜洗净,用水浸泡,而后打成糊烙饼,用地瓜面包元宵,野菜、树叶也是开水煮后,用清水多浸泡几遍,加点玉米面或地瓜面和盐做菜团子,以减轻苦味。野菜团子对大人还好说,对孩子就像吃中药,所以母亲尽量做得可口一点。我们平时穿的衣服大多带补丁,有时补丁摞补丁。尽管如此,母亲把我们打扮得还是整整齐齐、干干净净。那个年代,衣服是老大穿了老二穿,一个个往下传。因为我是老大,特别不愿意穿新衣服,原因是衣服搞脏了划破了要挨训、挨打。

1963年我考入了县城一中,离家二十多里路,要住校。当时不但没有公交车,连自行车也是奢侈品。我们只能周五放学后从学校结伴步行回家,周末在生产队干农活。周日下午或周一清晨带一周的干粮赶往学校。为了在家多干半天农活,往往周一清晨返校。这样夏季还好说,冬天就得起大早。清晨院子里漆黑,我在睡梦中听到母亲窸窸窣窣地起床了,一会儿风箱呱嗒呱嗒地响起来。五点我被喊起来,这时灶间充满了蒸气,滚烫的地瓜、窝窝头蒸好了。匆匆吃过早饭,六点左右背上一周约二十斤的干粮、咸菜赶往县城,在八点上课前到校。为了不迟到,瘦小的我在黑蒙蒙的山间小路上要快走,那时冬天比现在冷,但是一会儿就出汗了。这样的日子持续了三年,母亲从来没有抱怨。

入伍前母亲买了三双新袜子,连夜一针一线密密麻麻地给我纳了袜底、后跟和袜帮,这样穿起来舒服、结实。到部队后前三年没有回过家,也没有见过家里的亲人,与家中联系的唯一渠道是书信。妈妈临行缝的袜子一直舍不得穿,想家时拿出来看看,成了我精神寄托。这使我体验到"慈母手中线,游子身上衣,临行密密缝"的深刻含义。母亲年纪大了爱说话,有时嫌她唠叨。记得十多年前,青岛市文史学家鲁海先生对我说,他人到七十还有个娘。当时体会不深,今天明白了老人健康长寿,是我们晚辈的福气,但愿老娘能活到100岁,多享几天清福。

到了我们这一代,艰苦朴素、勤俭持家的家风保持下来。剩饭剩菜一般都留到下顿吃光,饭粒掉到地上要捡起来吃掉。一件外套穿十年八年很正常,我四十年前的军大衣、中山装仍然在衣橱里,偶尔还穿穿。我的内衣有补丁是常事,我现在还经常自己补袜子,不是没有新的,而是养成了习惯,舍不得丢掉旧的,感觉丢了是浪费、犯罪。看到食堂丢掉的馒头、垃圾桶的衣物,我就心痛。我宁可自己穿得朴素一点,也愿意向灾区、困难的人多捐、资助一点。受我们的影响,女儿也不乱花钱,生活简朴。其实我们的家风与多数家庭一样,就是艰苦朴素、勤俭持家、孝敬长辈、诚实待人,很简单、朴实。

☆ 家和万事兴,国安享太平

史 鹏

我时常与朋友们探讨生活中的喜与悲,大伙都认为富贵与贫穷虽由命运摆布，但多数情况下更是事在人为。生活中的经验告诉我们，家庭和睦的人往往人气和财运都十分顺畅。有道是单丝不成线，独木不成林，一人难成事，齐心可断金。家人齐心，尊老爱幼，不拘小节，有事共担当，绝对是一个家族兴旺发达的先决条件。从我记事起，奶奶就经常在我们面前说起"家和万事兴，国安享太平"这句话，并且一说就是几十年，我家也一直这样坚定不移地遵守着。

　　了解我的人都知道我很少在朋友面前提及我的爷爷，那是因为我对爷爷的印象仅仅停留在几张发黄的老照片还有奶奶的往事回忆中。我爷爷是一名八路军的军官，经历过抗日战争和解放战争。新中国成立后，他就职于上海市和陕西省多个地方，直至病逝。爷爷病逝那年我的父亲刚上初中，我最大的姑姑也不过刚刚高中毕业。按照老人家的遗愿，叶落归根，奶奶带着她的孩子们回到泰安老家，如今算来也有四十多个年头了。

　　在奶奶的记忆中，刚回老家的那些年，周围都是外人异样的眼光，她还要独自一人靠着政府抚恤金和辛苦耕作得来的微薄收入抚养着六个孩子。即便在生活最困难的时候，奶奶还是想尽一切办法让我的伯父、姑姑还有我的父亲完成学业，直到他们全部走向工作岗位。每次讲到这段历史，我都能从奶奶的眼神中读出"艰辛"的字样。奶奶成长在一个社会动荡的时代，经历了国破家亡、流离失所和早年丧偶的悲痛，所以她最大的愿望就是社会太平和家族兴旺。她比任何人都渴望和平和幸福，也更加珍惜今天所拥有的一切。在这近半个世纪里，奶奶操持着整个家实为不易。岁月把奶奶雕琢成了一个女强人，也使我家从贫穷走向富裕，从一个平凡普通的小家，变成了一个令大多数人羡慕的大家庭，这其中功劳最大的当属我的奶奶。奶奶没上过学，一个字都不识，却深刻地明白"和"的重要意义：人和使家旺，家和则国昌。奶奶用自己的实际行动把她的孩子们紧紧地团结在一起，克服了一个个困难，并且把她的这种人生哲学深深印在我们每个人的心中，并影响着儿孙们。

　　今年奶奶已经八十五岁高龄，俗话说家有"老"如得宝，奶奶的确算是我家的"镇宅宝"。从我出生起奶奶就一直在我父母身边，如今我已步入而立之年。几十年来，我的母亲服侍奶奶从未有过怨言，娘俩也从未吵过架，奶奶待我母亲也如同己出。尤其是近几年，奶奶腿脚渐渐不灵便，母亲更是与奶奶形影不离。奶奶由我父母照顾着，所以我家自然就成了伯父和姑姑们的集中之地。在我的印象中，我家很少有"冷清"的时候。姑父们也都很合得来，无论谁家遇到困难，大伙都会尽最大努力相互帮助，并且不计得失。父亲退休后，这几年身体也不太好,伯父、姑姑和姑父们忙前忙后,继续为这个家无私奉献着。尽管大家各有各的工作和家庭,但是每逢节日和奶奶生日必定是我家大聚会的日子,几十年来雷打不动。如今整个大家庭人丁兴旺,四世同堂,伯父、姑姑还有我的父母以他们的孝心、慈爱、豁达和宽容,让这个大家庭处处洋溢着温馨和幸福,我在其中深受感染。

父辈们的和睦相处深深影响着我们这一代人,长辈们为我们创造了良好的成长环境,我们从小耳濡目染,骨子里也都继承了父辈们的优良家风。我们几个表兄弟都是独生子,却有着比亲兄弟还深的情谊。我们从小一起玩到大,现在表兄弟们在全国各地求学和工作,平时大家忙,见面的机会不太多,但一到节假日,表兄弟们必定会效仿长辈们,大家凑到一起小聚一下,交流各自的心得,互相勉励。表兄弟中多半已经成家,还有了下一代,生活美满。我们哥几个都见证了一个家庭的和睦带给家人们的幸福感,所以我们也都一致希望良好的家风要一代代地传递下去。

"家和万事兴,国安享太平"这个道理知道的人是很多,却并不是所有的人都能够拥有这份福气。我和我的表兄弟们是幸运的,成长在这样一个和睦的家庭中,这些是奶奶、父辈们共同创造的。奶奶虽然没念过书,却懂得人间最大的智慧,我们年轻一代也会不遗余力地将良好的家族传统继承下去。儒家讲"仁、义、礼、智、信、恕、忠、孝、悌",我看其中无不渗透着"和"字。对于小家而言,和气生财,和气致祥;对于国家而言,各族人民和衷共济,精诚合作,我们国家也一样欣欣向荣,和谐兴盛!

☆ "你看不到你自己"

薛原

"你看不到你自己。"这话是母亲当年常挂在嘴上的。这话还只是一半,母亲还会在说完这句后,再补上一句:"头上三尺有神灵,神灵在看着你。"当年母亲说这话往往是在教训我们时。说这个"我们",是指我和我的小姐姐。在我的记忆里,尤其是童年记忆,母亲是威严的,母亲的威严不仅来自她对我们的态度,还来自她说到做到。例如,母亲不允许我一个人离开胡同站到马路边上看小伙伴们在马路边玩耍,这样的玩耍对今天的孩子来说,已经是陌生甚至是无法理解,例如"打木头"、"滚铁环"、"滑钢轮车"……如果母亲知道我一个人又悄悄溜到了马路边——这往往是我某一个姐姐看到了我把我拽回家——母亲往往二话不说立刻抓起扫帚倒拿着然后开始惩罚我——狠劲用扫帚把敲打着我……这也是童年给我最深的印象。

曾有年青朋友问我童年如何开始喜欢上了读书,我说最主要的原因是因为母亲不允许我出门与小朋友玩耍。70年代初期直到"文革"结束,正是我的童年,母亲不允许我出门的一个重要理由是"怕我跟着坏孩子学坏了",不允许我和同龄的小伙伴在胡同里乱窜,更不允许我跑到马路边和半大小子扎堆。被关在家里的童年,让我养成了读书的习惯,也养成了对绘画的喜爱。其实也正是因为来自严格的家教,养成了我对书的迷恋。

在我们那片胡同里,母亲对子女的管教非常出名。记得我刚上小学时,跟着几个同学去另一个同学家,同学的父母问起我们的名字和住在哪里,问到我时,同学母亲说:哦,你是老薛家的小儿子啊,你妈妈管家可真是有方!然后说到我的姐姐和哥哥。然后对我同学说,你看看人家穿个衣服多干净,不像你,一天就像在泥里打滚了一样……童年时我已经习惯了邻居长辈们对我的这种表扬——我的衣服总是整整洁洁,这主要是两方面原因:其一,我们家我的姐姐多,我的衣服随时都会被姐姐们拿去洗;其二,母亲对我这方面要求也很是严格,例如不准坐在马路台阶上,在胡同和街上若想坐下,只允许坐在小板凳上,若是实落落坐到了地上,不用说,又会揍我一顿。

说这些,是因为有朋友问起了一个当下已经被"世俗"了的问题:这就是"家风"。朋友问到了"家风",我却突然先想到了这些。其实,之所以想到这些,正是因为想到了我们家的"家风",母亲当年习惯说"门风"。她常常在教训我们时说:"不能让你们给坏了门风!"母亲说到"门风"是很认真的,当年我不懂得什么是"门风",但我知道我要老老实实地听母亲的话,否则就会坏了我们家的门风。但是,当年的我,却常常有意学坏,好像惹得母亲恼火会让我开心一样。例如到了腊月里,母亲叮嘱我和小姐姐说话要注意了,不要乱说,但我们却往往乱说,然后赶紧跑掉。腊月里的母亲对我们的有些乱说虽然也是教训我们,但往往不是如往常那样狠劲揍我们,而是眼睛一瞪,呵斥一句:"看你还敢乱说!"这种乱说往往与过年有关,例如新蒸的过年馒头,开锅后,有些裂口的,母亲和姐姐们会说

"这个馒头笑了",我和小姐姐往往会特意说:"快看,这个馒头破了。"

日常生活里的母亲对我们的教育很是严格,只要在家里,只要我是在看书,或者看我在纸上瞎画,母亲总是很高兴,从来不问我看的是啥书。母亲来自旧式的大家族,女孩子是不送去上学的。母亲不识字,但却对我们看书很高兴。我们家姊妹兄弟七人,我的上边有五个姐姐一个哥哥,我和哥哥相差十二岁,我的大姐年长我二十岁。这样一个大家庭里,母亲对子女的教育非常严格,更是一视同仁。如果有什么区别,就是在揍我的时候,比起揍哥哥来要轻得多。我童年的印象哥哥已经工作了,但是,若是母亲认为他的行为"坏了门风"也会抓过来拿着扫帚把狠狠揍一顿,与揍我不同,揍我是打屁股,揍哥哥是打头。

严厉的母亲,给我们许多限制,也给我们许多规矩,这些限制和规矩都是为了"不能坏了门风!"例如,我们家的人都不喝酒,也不准抽烟。当年我五个姐姐找对象,母亲择婿的条件中包括一条:不碰烟酒。后来我们知道,其实母亲家当年还是家乡酿酒的大户,但母亲说,从她老辈起,家里的自家人都不准碰酒,每次尝"酒引子"的是请来的酒管家,自家人从来不碰的。母亲习惯说,人在做,天在看。你做了坏事,就会遭报应。"你看不到你自己,神灵在盯着你。"这是母亲对我们的告诫。记得我当年曾问母亲,神灵在哪里?母亲说,在你的头上三尺。记得十多岁时,我懵懵懂懂,有一阵我常常盯着镜子里我的头顶看,我想知道,头上三尺的那个神灵到底有没有。

母亲说,从老一辈传下来的,就是门风不能坏,孩子要学好,积德行善,勤俭持家,金银财宝传不了家,富不过三代,只有好好读书才能传家。这些话也是母亲当年常挂在嘴上的。母亲虽然不识字,却对书和读书怀着敬畏。我家阁楼上哥哥姐姐们在"文革"时期偷偷带回家的书,母亲从来不问是不是坏书,这些书也成了我童年连蒙加猜的启蒙读物。其实在当时,这些书几乎都是"坏书",例如《安娜·卡列尼娜》《复活》《艰难时世》《嘉莉妹妹》《青春之歌》《苦菜花》《野火春风斗古城》《烈火金刚》……我读中学时,"文革"已经结束。有次我从新华书店买回印刷的四幅一套卷轴的郑板桥书画,时常拿出一幅挂在我房间的窗边,因为窄窄的一个竖条幅正好可以挂着。母亲见了,摇摇头说,当年你老爷爷的堂屋里墙上挂着的竹子比这个大多了,这样窄窄的多难看……母亲给我们传下的"门风",结果就是,我们现在兄弟姊妹大家庭聚会时,桌上有丰盛的菜肴,却没有酒,仍是以茶代酒。我哥哥今年满六十岁要退休了,本来他可以多干两年,因为他所供职的某建筑集团,让他当集团常务副总。常务副总的年薪颇可观(之前哥哥一直做建筑项目负责技术业务的项目经理),但哥哥考虑再三,还是拒绝了,拒绝的主要原因就是,若做了集团常务副总,有些场合无法避免,这样的场合,往往要喝酒,这是他厌恶的,还是不做的好。用哥哥的玩笑话说,"咱家没传下来喝酒的门风"。

☆ 追忆一些家事

许国辉

我是在东北农村一个小屯子里出生的。

我还小、父母亲还年轻的时候,过年,一个个小家庭要轮流请一大家族的人吃饭,排着号。我印象中这是一直延续着的传统。通常,请客的父辈大人忙忙碌碌准备酒菜、安置桌椅,太爷、爷爷辈分的老人坐在热炕上聊天,我等孩子们围着听。有印象的较早的场景是太爷辈的老人端坐于炕上,给他们的儿孙重孙们讲从山东到东北的创业史,还有人情世故;能够记得的则是爷爷们端坐于热炕上给我们讲的故事。

太爷辈的人很艰辛,与他们的父辈找到一片靠河荒原,团泥筑屋,安顿谋生。最早完全靠镐锨锄头,开荒拓植,一帮兄弟逐渐拥有了大片的可耕种土地,有了马匹,还买了胶轮车。那时是家族式劳动生活模式,八太爷当家。当家人须是虎实人,涉及各个小家庭的资源利益分配等问题,要公正能摆得平。若有哪家犯了规矩,八太爷必定惩治,自己的孩子也不能偏袒,因此执事的八太爷被大家敬之远之。太爷是老中医,属于有文化的人,态度谦和,常对各房孩子施以援手,接济帮助,一大家子人都喜欢他,同时在其行医的一带,很受尊重。

有个故事,在闹胡子的时候,一次一队胡子骑马直奔家族院落大门而来。事先得到消息的八太爷站在院墙垛楼上,一杆长枪,一枪打掉前面驰马者的帽子,于是整个胡子马队转弯奔驰而去。大爷讲此中是有规矩的:胡子知道这一家有硬家伙,枪直溜;还非常讲究,以打掉帽子来告之,故不再纠缠。

新中国成立前两年,太爷辈们分了家。太爷这个老中医不爱执事,当家之责落在了我爷爷身上。爷爷的脾气禀性与八太爷相似,照章办事,没什么情面可讲。听说大哥有一次从仓库里拿了些玉米回去炒了吃,被爷爷一顿狠打。大哥是爷爷的亲孙子。当家人也不容易，凡是要做表率。有一年近冬天时，爷爷因光着腿在粪塘中倒粪肥，腿冰了很久，还扎坏感染了，没治好，成了瘸子。我一直的印象，爷爷就是个偻偻的瘸老头。大爷不管事，很能干，也潇洒，人缘好，爱和孩子们玩。父亲曾经有过严重的胃病，大爷偷偷给父亲些钱让他抓紧去治病，正因为有这些钱的及时治疗，胃病才好了。父亲也一直对大爷尊重有加，到现在还常常说起，感激不已。

爷爷执掌家计的时代，大伯，还有年龄与他相仿的老爷，因受不了家里的苦苦艰辛和管束，去了黑龙江。听说发展得很好，有了大片的耕种土地，一帮孩子，生活较富裕。家族里的人也很认可，惦记着他们那儿的一大家人。家族在一起生活的时代，也没有听到长辈们说起各个小家庭闹矛盾互有积怨的事情。

父亲是高小毕业的，曾做过几年小学教师，后来当了生产队长。父亲当队长时，我记得两件事，一件是到黑龙江买了几车木材，一件是到张家口买回一群牛。因为生产队的收入实在可怜，父亲想通过这些买卖给队里挣些钱，结果生产队挣了一点钱，我家却留下了一些破烂木头和两头瘦牛，卖不掉的自家借钱买了。到了土地承包之后，父亲除了种地之外，开始了各种创业尝试，养马养牛，开办粉坊，与人合办卫生香厂子，买拖拉机跑运输，每一个项目都颇为艰难地开始，最后因营销不利而告终。家庭经济虽没有跨越式地发展起来，但家底却一点点厚实些了。

或许因老太爷受人敬重的影响，父母亲一直支持我们念书。在我小的时候，母亲还常常在闲时给我们读读书上的内容。或许因为不认字时就觉得书中有各种各样的事很神奇，我从小就喜欢学习并能坚持到考上大学。现在我自己有了孩子，也常鼓励她多看书多思考。

父母传下来的影响不仅读书一事。爷爷腿疾不能下床后各家轮流看护，父亲尽心帮着爷爷翻身擦拭，我们也帮忙，母亲做出家里最好吃的给爷爷；一位远房称呼为姥爷的孤老，无家照顾，一直在我们家里生活，吃住一起，很融洽。家里一段艰辛时光里，来了客人要向邻居借碗筷借米面，每次归还时，碗里要装上一两份菜，米面要多出一两碗。承包的土地较多，父亲因以往没有重体力劳动的锻炼，干活慢，虽然我们孩子们尽力干些活，春种秋收时，还是要有朋友亲戚过来帮忙才行。这时家里总要尽量做出好的酒菜招待来帮忙的人，临走尽可能给他们带些白糖、糕点或者酒等东西以致谢意。亲戚朋友有点难处时，父母则是尽力施以援手的。

家里有一段困难时期,我总要穿改过的哥哥的旧衣服,有一次闹情绪被母亲一顿打,就此老实了。哥哥姐姐们也不敢伸手张口要东要西。偶尔有好吃的东西,一般是全家人都在时分着吃,我们是不敢私下偷吃的,追查出来要有皮肉之苦。我们兄弟姐妹间也不敢闹矛盾打架,因为大的挨打小的挨批。

　　以上零散地追忆了家里的些许事,在东北农村小屯子里普通人家发生过的事情。没有什么纸记牌录碑书的家规训诫的教导,一辈一辈人过来,有规有矩地生活着。

　　因校报孙丽君编辑约写点关于家风的小文,故凑成了如上的家事追忆。若把这些事总结出些说词,大概也可以讲为:执家有序,掌家有责,不畏豪强,利器从德;勇于创业,勤能补拙,感恩帮助,取少予多;敬老爱小,尊重选择,家庭和睦,节俭生活。

　　我想,中国的很多家庭也有过和有着类似的故事吧。

☆ 家风伴我成长

杜威

　　家风是一个家族、家庭整体风气的简称。它蕴含着一个家族、家庭的精、气、神,集中体现出一个家族、家庭的核心价值观,深刻地影响着家族、家庭成员的精神、品德及行为。每个家族、家庭都有自己的家风。众所周知,有的家风良好,有的则不良。良好的家风不仅显然有利于家族、家庭的和睦、幸福,而且还明显有利于子女、后代的教育和成长,甚至还有利于整个社会和国家的和平、和谐。

　　和善、正直、自强的家风,给我很多非常宝贵的人生教益。中小学语文老师的父亲和农民母亲,给我从小就营造了一种善良、诗书、正直的家庭环境。父亲除了一些书和一辆结婚时置备的飞鸽牌自行车,再没有什么别的像样财产,所以让我早早就摆弄起了书、笔、本子,从小养成爱好读书、写字、学习的好习惯,并逐渐成长为善良、正直、自强之人。而父母与世无争、遇事忍让的处事态度,则让我尽量不与人发生矛盾、冲突,遇到冲突也懂得主动退让,以换得平和、安宁。

　　打从我记事起,我就记得父亲反复告诫我读书的重要性。他总是用北宋郭茂倩所编的《乐府诗集·长歌行》中的名言"少壮不努力,老大徒伤悲"教育我一定要勤奋学习,不然将来长大了会一事无成。善良、淳朴的母亲则经常教导我"怕人是怕自己",并且不要欺负、伤害别人,也不要与别人争斗、见高低。父母还谆谆教诲我,好男儿志在四方,因此要求我既要有远大的志向,又要专心念书,切勿因为眼前的一些小利而迷失方向,也不要因为小事与人发生没必要的抵牾。

我家虽穷——毫不夸张地说,真可谓家徒四壁,但父母总是教育我要"人穷志不短"和有正确的钱财观。尽管出生、成长于富裕之家,但是父亲却不爱钱财,所以既没有参与争抢我地主曾祖父留下的万贯家产,也没有事后问伯父们索要。母亲也不爱钱财,所以就从来没有打心里责怪父亲这么做有什么不对。正是因为有父母的这种钱财观,所以我耳濡目染,形成了同样的钱财观,并且还深信林则徐"子孙若如我,留钱做什么?贤而多财,则损其志;子孙不如我,留钱做什么?愚而多财,则增其过"家教对联所蕴含的深刻道理。

家风虽然是无形的,但却时时刻刻显示出强大的力量,左右着我们的言行举止和思想道德,甚至择偶标准的确立。父母亲常对我说,穷不会扎根,只要努力向上,迟早会脱贫。对我家来说,脱贫的唯一路子就是勤奋读书。为此,父母省吃俭用,辛辛苦苦地把我兄妹两个从县城初中送到市里最好的高中——延安中学读书,然后继续供我俩念大学,毕业后我俩都自己独立地找到了较好的工作。在择偶上,父亲给我俩列出了一个大原则,就是要代代都能可持续发展。具体来说,就是念书要好、人品要好、性格要好,而绝不要贪图人家的长相和家庭条件。

家风还塑造了我的婚姻家庭观。由于时代的原因和姻缘的安排,父亲与母亲结了婚,组建了自己的小家庭。我和妹妹小的时候,理想不敌现实的父亲对母亲的家庭暴力很严重,实在无法忍受的母亲被迫提出离婚。但在亲人们的苦苦劝说之下,注重家庭远胜过逃避家暴的母亲也看着我与妹妹太可怜,不忍心让我们遭罪,于是在最后一刹那选择了撤诉,父亲也从此有了改变。我们兄妹从而得以幸运地继续在亲生父母搭建的家中身心健康地成长。我和妹妹长大后,父母总是严肃地告诉我俩,结婚是人生大事,尤其是有了孩子,不能自私地只顾自己,而不管孩子,说离婚就离婚。不仅如此,父母还常好心劝告亲戚,为了孩子着想,但凡能不离婚,就别离婚。这对我的婚姻家庭观的形成与巩固有极大的影响。

总而言之,家风对我的影响是非常全面、深刻、有力、持久的,而且这样的影响,我相信,还会通过我将组建的家庭而传递下去。满怀感恩心地说,正是得益于这样的良好家风,我才能够从陕北黄土高原延安的土窑洞中飞出来,成为一名

"985工程"国家重点大学的人民教师。这样的家风,早已融进了我的心髓,塑造了我做人处事要与人为善、谦让正直、积极乐观、自强不息、不贪钱财、注重家庭的核心价值观,从而让我受益终身。有幸沐浴在这样的家风之中,我才能够读书成长、成材成人、教书育人、研究教育、评论教育,成为一个对家庭、社会都有益的人。

后　记

2014年金秋十月,我们迎来中国海洋大学建校90周年。

而此时,校报也已走过83年历程。83年,校报与学校蓬勃发展的脉搏共跳动,呕心沥血,焚膏继晷,一路走来,出版校报1 865期,忠实"史记"83载。

按照"以马克思主义新闻观和唯物史观为指导,既尊重新闻规律,又尊重历史事实,既注重历史厚重感,又体现人文底蕴,实事求是,科学严谨,体例统一,结构规范,高度负责,力出精品"的编纂原则及要求,2014年暑假以及开学后的周末,校报编辑同仁在不影响正常出报的情况下,加班加点从浩瀚的校报文字作品中精选出近百万字,编辑出版了这套浸透着校报编辑和全体海大人心血和汗水的"海大报文丛"——《共同走过》《心血结晶》《厚重海大》,旨在以90年校庆为契机,以校报报道为依据,对学校改革发展作一回顾,温故知新,"以史为镜可以知兴替,以人为镜可以知得失",从中总结出一条知兴替、知得失的海大科学发展之路,同时也为广大师生提供一套爱国爱校读本,为爱好新闻写作的大学生提供一套实用参考书,为校园文化建设作出积极贡献。除了技术细节外,编入作品力求保持原貌,努力做到既还原历史,更敬重历史,尊重作者、编者和读者。

多年来,在学校历届党政领导班子的高度重视和大力支持下,校报出版周期由双旬报演进为半月报、旬报、周报,开本也由四开四版扩为对开四版,黑白印刷渐进为套红印刷、单面彩印、双面彩印,铅字排版亦演进为激光照排,校报成为学校快速发展的一个缩影。随着学校改革发展的不断深入,办学规模的不断扩大,校报宣传报道的领域和空间越来越开阔。作为党委行政机关报,校报积极宣传党的路线方针政策,坚持正确的办报方向,把握正确的舆论导向,为党政中心工作服务,为广大师生员工学习、工作、生活服务,为学校改革发展建设服务,作出了积极努力,赢得了师生爱戴。办报质量、办报特色在国内高校校报界享有较高声誉。我们决心以90年校庆为契机,进一步提高办报质量和水平,努力打造特色和风格,唱响主旋律,打好主动仗,更好地为学校改革发展服务,更好地为实现学校建设特色显著的综合性、研究型高水平大学的奋斗目标贡献力量。

感谢宣传部、新闻中心领导和同仁们对校报的指导和帮助,感谢全校师生员工对校报的支持和厚爱,感谢学生记者和教工通讯员的辛勤耕耘。

  由于年代跨度较大,加之篇幅限制,难免挂一漏万,差错亦在所难免,敬请读者批评指正。

编者
2014 年 10 月